한국 석상의 원류를 찾아서

환태평양 석상기행

한국 석상의 원류를 찾아서

2011년 7월 25일 초판 인쇄
2011년 7월 30일 초판 발행

지은이 • 가종수 · 기무라 시게노부
펴낸이 • 이찬규
교정교열 • 정난진
펴낸곳 • 북코리아
등록번호 • 제03-01240호
주소 • 462-807 경기도 성남시 중원구 상대원동 146-8
　　　우림2차 A동 1007호
전화 • 02) 704-7840
팩스 • 02) 704-7848
이메일 • sunhaksa@korea.com
홈페이지 • www.bookorea.co.kr
ISBN • 978-89-6324-125-8 (93380)

값 25,000원

• 본서의 무단복제를 금하며, 잘못된 책은 바꾸어 드립니다.
• 이 도서의 국립중앙도서관 출판시도서목록(CIP)은 e-CIP홈페이지(http://www.nl.go.kr/ecip)와
　국가자료공동목록시스템(http://www.nl.go.kr/kolisnet)에서 이용하실 수 있습니다.
　(CIP제어번호: CIP2011003)

한국 석상의 원류를 찾아서

- 환태평양 석상기행 -

가종수 · 기무라 시게노부 지음

북코리아

 # 머리말

본서는 한국의 장승과 돌하르방에 대해 어떠한 특정 지역의 석상과 역사적인 영향 관계를 논하는 것이 아니다. 비교연구라는 것은 비교 대상의 양자를 잘 모르면 할 수 없다. 역사학은 과거에 있었던 일을 사료를 근거로 해서 지금까지 알려져 있지 않은 사실을 밝히는 것이다. 남겨진 사료증거evidence: 문헌, 발굴 자료, 문화재를 어떻게 해석할지가 큰 문제이다. 첫 단추를 잘 채워야 옷을 잘 입을 수 있듯이 사료를 어떻게 해석하느냐가 중요하다. 같은 사료를 가지고도 보는 각도와 입장이 다르면 결론이 달라지고 여러 가설이 제기된다. 한국의 장승과 돌하르방의 원류에 대해서도 여러 가설이 있는데 이러한 가설의 근거가 되는 역사적 사실에 대해서 어디까지 실증할 수 있을지가 문제이다. 한국의 장승과 돌하르방은 조형적으로도 매우 매력적인 석상으로 한국문화의 일면을 알려주는 귀중한 사료이다. 그러나 이들 석상을 기록한 문헌자료가 부족하고 고고학적인 발굴 조사를 통해서 규명할 수 있는 여지도 많지 않아 역사적으로 실증하기가 매우 어렵다.

해방 이후 민속·역사학자들의 다각적인 연구 실적에 의해서 일단 장승과 돌하르방에 관한 총체적인 인식이 어느 정도 가능해졌고 그 명칭, 분포, 성격과 기능, 의례 등은 거의 밝혀진 상태이다. 1990년대 이후 문화인류학적인 연구방법을 도입하여 장승과 돌하르방이 여러 나라 유사 석상과의 관련설이 제기된다.

그러나 종래의 대부분의 연구는 면밀한 현지조사에 의거한 것이 아니라 단기간의 답사여행에서 수집한 단편적인 자료를 토대로 한 것이어서 구체성이 결여된 측면을 부정할 수 없다.

"백문이불여일견百聞而不如一見"이라는 속담처럼 문화인류학에 있어서 현지조사는 무엇보다 중요하다. 문화인류학적인 연구방법의 가장 큰 특징은 자료를 수집해서 이론을 형성하고 가설 등을 검증하는 수단으로서 현지조사Field Work를 행하는 것이다. 현장은 문화인류학의 실험실이라 할 수 있으며 가능한 한 실증적이고 구체적으로 조사해서 작성되는 것이 민족지Ethnography이다. 역사학에 있어서도 기원전 5세기 이후의 헤로도토스 이래 조사와 연구가 기본이다. 조사와 연구는 두 개의 차륜과 같은 것으로 양자가 형평을 유지하여 기능하지 않으면 안 된다.

우수한 연구자가 미국이나 영국의 일류 대학에 유학하고 한국의 대학에 되돌아와서 대학교수가 되는 경우가 많다. 그것은 달리 비난의 대상이 되는 것은 아니다. 그러나 수사의 기본이 증거 확보와 현장검증이듯이 역사학·문화인류학의 기본은 연구자에 의한 장기간의 현지조사이다.

편자인 기무라 시게노부木村重信 선생님은 1956년부터 유럽의 구석기시대 동굴벽화 유적을 오토바이로 답사한 이래 지금까지 아시아, 아프리카, 오세아니아, 미국에서 민족미술에 관한 수많은 현지조사를 행해 왔다. 특히 1976~78년의 사하라 사막, 1985년의 오세아니아와 남아메리카의 현지조사는 국립 오사카 대학 창립 50주년 기념사업으로 추진한 미술 이외 분야의 연구자도 포함하는 대규모 학술조사였다. 사하라 사막에 대한 조사는 지중해의 알제리에서 남하하여 나이지리아, 에티오피아까지 약 2만 5,000km의 사막을 자동차로 주파하고 남태평양의 많은 섬을 배와 소형 비행기를 이용해 현지조사를 면밀히 해 왔다.

기무라 선생님은 오래전부터 일본의 대학교육에 있어서 和일본, 漢중국, 洋서양의 교육 편중으로부터의 탈피를 역설해 왔다. 특히 한국어, 한국문화, 한국 역사교육의 필요성을 강조해 왔다. 그러나 한국의 대학 사정도 일본과 그다지 다르지 않다. 어느 대학에나 영어영문학과, 일어일문학과, 중어중문학과가 설치되어 있지만 아프리카나 남아메리카는 차지하더라도 우리나라와 인접하여 있는 동남아시아의 문화나 역사를 가르치는 대학이 얼마나 될까? 또 이들 지역에서 장기간 체류해서 현지조사를 행한 연구자는 얼마나 될까?

필자는 극단적인 문화전파론자가 아니다. 더욱이 한국문화의 남방전래설동남아시아 전래설을 일방적으로 주장할 생각도 없다. 단지 중화사상이나 서울 중심의 사관으로부터의 탈피를 제시하고자 한다. 한국문화 전체가 중국 혹은 북방아시아에서 기원한다는 사고방식에는 찬성할 수 없다. 예를 들어 제주도는 서울에서 멀리 떨어진 절해의 고도가 아니다. 우리는 한국의 모든 문화를 서울에 중심을 두고 생각하는 사고방식에서 탈피해야 한다. 컴퍼스 축을 서울에 두고 제주도를 바라보는 것이 아니라 제주도에 그 축을 두어 세계를 볼 필요가 있다. 바다의 실크로드가 있듯이 해류를 통한 환태평양 사람들 간의 교류는 우리의 상상을 훨씬 뛰어넘고 있다.

본서는 환태평양의 넓은 지역에 분포하는 석상에 대해서 아전인수와 같이 자신의 학설만을 주장할 생각은 없다. 또 한국 석상의 동남아시아 기원설을 대변하는 것도 아니고, 여러 가설의 시시비비를 가리고자 하는 것도 아니다. 단지 편저자들이 환태평양의 넓은 지역을 장기간에 걸쳐 돌아다니면서 현지에서 수집한 석상 자료를 제공하는 것이 가장 큰 목적이다. 장승과 돌하르방의 원류를 규명하는 것은 주변 여러 나라의 유사 석상과 비교하여, 그 역사적인 관련성과 지역적인 친연성을 면밀히 살필 필요가 있다.

　　마지막으로 본서는 필자와 기무라 시게노부가 각각 두 권의 책으로 출판할
예정이었지만 출판사의 요청에 의해서 한 권으로 정리한 것이다. 세계적인 미술
사가 기무라 선생님민족예술학회 회장과 필자의 졸문이 하나가 된 것을 무한한 영광
으로 생각한다. 환태평양의 넓은 지역을 연구하는 학문의 길로 인도해주신 은사
오가와 고요小川光暘, 전 도시샤대학 교수, 전 환태평양학회 회장 선생님께 마음속으로부터
깊은 감사를 드린다.

2011년 7월

가 종 수

▌▌▌▌ Contents 차례

I.

장승과 돌하르방의 원류를 찾아서

일본의 석상

●● 아스카의 사루이시

학생들을 인솔해서 아스카를 답사한 것은 도시샤대학의 조교시절인 1980년대부터 지금까지 계속되고 있으므로 20여 년이 지났다. 아스카는 일본사람들의 마음의 고향이라고들 하지만 백제인의 마음의 고향이기도 하다. 나는 아스카에 가면 왠지 마음이 평안해진다. 아스카라는 지명에는 안숙安宿이라는 의미가 있다. 안숙은 마음이 편안해지고 고향 생각을 달래준다는 의미이다. 이 지명은 한반도에서 도래한 사람들이 명명한 이름으로 아스카는 백제의 왕도 부여와 매우 닮았다.

고대 한국으로부터 일본 최초의 수도 아스카에 여러 가지 새로운 문화가 전해졌다. 아스카는 일본의 고대국가와 문화가 형성된 중심무대였다. 아스카 주변지역에는 고분시대부터 한반도에서 농업기술과 농기구가 전해졌고, 5세기 말에는 한반도로부터 도래인이 잇따라 정착하여 큰 세력을 형성했다. 도래인이 가장 많이 정착한 히노쿠마의 이름을 딴 히노쿠마씨는 백제에서 도래해 온 일족이다.

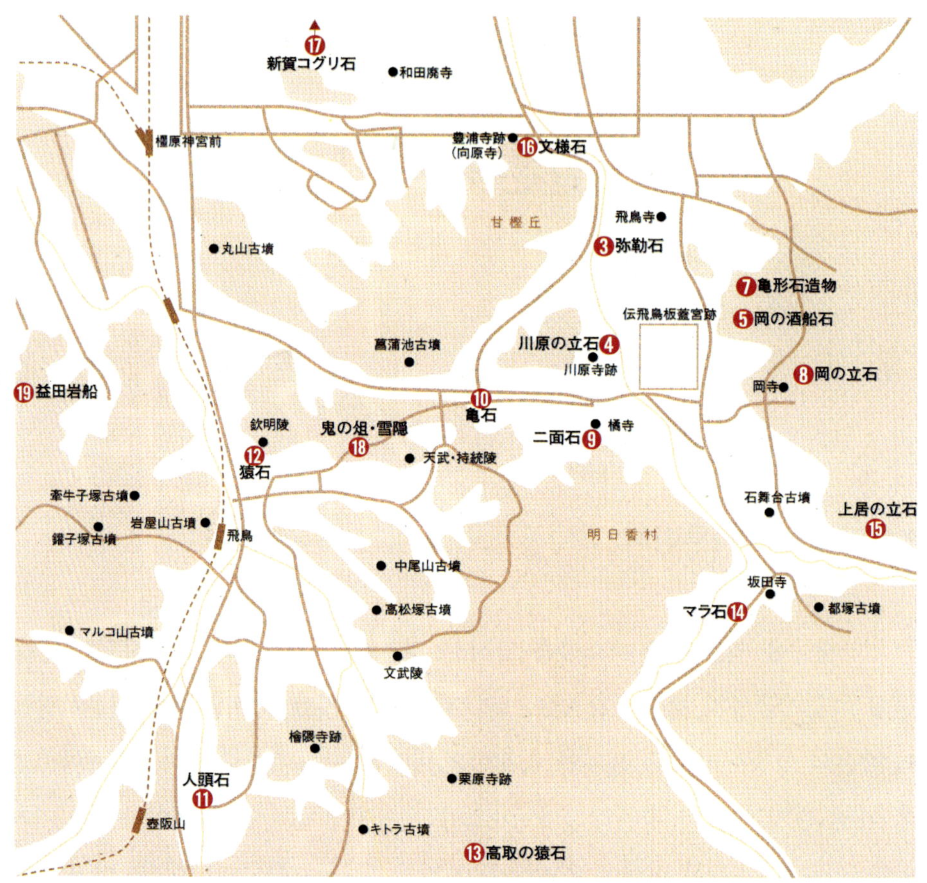

| 아스카의 석조물 일람 |

※ 현재 ①, ②는 아스카 자료관, ⑥은 교토
① 수미센석: 아스카천 이시가미 유적에서 출토   ② 석인상: 이시가미 유적에서 출토
③ 미륵석: 아스카사의 서남, 아스카천 동쪽   ④ 가와하라의 입석
⑤ 오카의 사카후네이시   ⑥ 출수의 사카후네이시
⑦ 가메가타   ⑧ 오카의 입석
⑨ 이면석(다치바나 사내)   ⑩ 가메이시(아스카무라 강변)
⑪ 인두석: 다카토리쵸 미츠나가사   ⑫ 사루이시: 아스카무라 히라타
⑬ 다카토리의 사루이시   ⑭ 마라이시
⑮ 죠고의 입석: 토지 분할의 기준석   ⑯ 도요우라사의 문양석
⑰ 신가고구리이시   ⑱ 오니노아네 · 셋진
⑲ 마스다 이와후네

그 히노쿠마씨가 중심이 되어 차례차례 도래해 오는 백제계 사람들을 모아서 대호족 집단이 된 것이 나중의 야마도노아야씨 일족이다.

그 후 아스카는 6~7세기가 되면서 친백제 세력인 소가씨의 본거지가 된다. 소가씨는 불교를 적극적으로 받아들인 일족으로 가문의 여자를 천황가에 시집보내어 그 사이에 태어난 왕자를 천황에 즉위시켜 권력을 휘두르게 된다. 불교가 백제를 통해서 건너왔듯이 불교를 포함한 아스카시대의 모든 문화의 기원은 백제라고 해도 과언이 아니다. 소가씨 일족의 무덤은 백제계의 횡혈식 석실분이 많고 소가우마코의 무덤이라고 생각되는 것이 이시부다이고분이다. 소가 일족이 세운 일본 최초의 불교사원인 원홍사현 아스카사에는 쇼토쿠 태자의 스승인 백제 승려 혜총과 고구려 승려 혜자가 살았고, 도처에 백제와 관련된 유적이나 지명이 남아 있다. 또한 아스카 주변에는 용도를 알 수 없는 많은 석조 유물들이 남아 있어 우리나라와의 관련이 주목된다.

긴테츠 아스카역의 동쪽 인근에 긴메이천황릉이라고 전해지는 전방후원분이 있고 그 왼쪽으로 약간 높은 언덕 위에 기비츠히메오보라고 불리는 작은 원분이 있다. 고분 자체가 우리나라의 백제 무덤과 매우 닮았다. 고분 안쪽에는 히라타의 사루이시라고 불리는 기묘한 석상 4기가 안치되어 있다. 에도시대의 문헌을 보면 석인, 석상, 돌 귀신, 산왕, 산노곤겐일본 신의 칭호 또는 석불 등의 이름으로 기록되어 있다.

기비츠히메오보는 일본 황족의 무덤으로 궁내청이 관리한다. 무덤 주위에는 화강암으로 만든 울타리가 호석처럼 둘러쳐져 있다. 천황이나 황족의 무덤은 천황가의 개인 재산으로 취급되어 무단으로 조사·연구할 수 없다. 사진 한 장이라도 궁내청의 허락을 받지 않으면 사용할 수 없다. 천황가의 출자를 숨기려는 의도가 있다고 보는 일본인 고고학자도 적지 않다.

| 히라타의 사루이시 |

　　사루이시는 중앙의 도리이를 사이에 두고 울타리 안의 오른쪽에 2기, 왼쪽에 2기가 모두 정면을 향하여 일렬로 배치되어 있다. 이들 사루이시는 이케다에서 발굴된 석상의 총칭으로 그 생김새로 각각 남자, 여자, 산노곤겐, 법사라 부르고 있다.

　　남자 상은 환하게 웃는 얼굴을 하고 있다. 남성의 나상으로 높이는 99cm이다. 뾰족한 턱과 입가에 수염을 길렀고 작은 눈과 입가는 웃고 있는 영감을 익살스럽게 표현하고 있다. 머리에는 벙거지 모자를 쓰고 자라목을 하고 있으며 손 밑의 아랫배에 툭 불거진 돌출부가 있다. 뒷면은 엎드린 마귀와 같은 모습이 부조되어 있다.

　　여자 상은 크고 살찐 원숭이가 웅크린 모습을 하고 있다. 북쪽 끝의 석상으로 높이 100cm 작은 달걀형의 안면에 긴 코와 눈, 큰 입 등이 새겨져 있고 안면이

| 오른쪽 2기(남자와 법사, 나라문화재연구소 제공) |

| 왼쪽 2기(여자와 산노곤겐, 나라문화재연구소 제공) |

차지하는 비율이 높다. 이 여자 상은 원석의 형태를 살려서 어깨를 표현하였고 세운 무릎 앞에 양팔을 내렸다. 가슴 앞에 축 처진 유방이, 국부에 여성의 심벌이, 석상 뒷면에 정체불명의 새의 얼굴이 조각되어 있다.

산노곤겐 상은 4기의 석상 중 가장 큰 것으로 몸통이 큰 침팬지를 연상케 한다높이 128cm. 흉부는 부풀어 있고 양손을 배에 두었으며 하복부에는 남성의 성기가 부조되었다. 이 석상만 무릎을 꿇고 앉아 있는 다리가 조각되었는데, 발가락 세부까지 세밀하게 표현되어 있다. 석상 뒷면에는 기괴한 짐승의 얼굴이 새겨져 있다.

법사 상은 날카로운 눈과 크게 벌린 입을 하고 갸름한 안면을 치켜든, 웅크린 원숭이의 모습을 연상케 한다높이 106cm. 크고 둥근 얼굴에는 양쪽 눈이 튀어나오고 이마와 볼에 주름이 조각되어 있다. 큰 코와 귀가 특징적이다.

하나의 조각에 복수의 인물상으로 표현하는 것을 '다면상'이라 한다. 불상 안에는 아수라상이나 십일면천수관음 같은 다면상도 있다. 그러나 그것은 하나의 불상의 다면적인 활동을 구체적으로 표현한 것에 지나지 않는다. 다면상의 원류는 인도에서 찾을 수 있지만 사루이시의 경우는 기상천외한 괴물 같은 느낌이 든다. 사루이시의 뒷면 조각은 앞면과 전혀 연관성이 없는 정체불명의 괴수의 모습으로 얼굴 부분만 표현되어 있다.

이러한 점을 보면 사루이시의 경우는 다면상이라기보다는 오히려 변신의 표현으로 생각된다. 인물 토용이나 불상에 보이지 않는 사루이시의 독특한 표현 형식이다. 또 하나의 조형적인 특징은 4기 모두 나상으로 성기가 표현되어 있다. 이것은 일반적인 사람의 자태를 나타내는 것보다 오히려 성기의 노출을 의도한 성신적인 우상이라는 지적도 있다. 장승이나 돌하르방과 같이 판에 박힌 형식에 구애되지 않는 소박하고 따뜻한 감성이 넘친다. 정교하고 섬세한 것을 좋아하는 일본인들의 미적 취향과는 맞지 않고 왠지 한국적인 느낌이 든다.

조형미술의 아름다움은 단지 보는 것만으로는 이해할 수 없다. 특히 조각 작품은 오감으로 느끼고 그것은 주로 촉감에 의한 이미지에서 유래한다. 촉감이라고 해도 단순히 만지는 것으로 느끼는 감촉뿐만이 아니다. 거기에는 여러 가지 스킨십에 기인하는 무게, 단단함, 반들반들함 등 여러 가지를 느낄 수 있다.

스킨십은 인간의 본능적인 것이며 인간은 각양각색의 감촉을 시각적 이미지와 합쳐서 기억하고 있다. 이러한 감성이 발달하면 굳이 손으로 만지지 않아도 대상의 촉감적인 이미지를 알 수 있다. 이것은 아이를 낳아서 키운 경험이 있는 여성이라면 남의 아이를 보는 것만으로도 그 아이의 상태를 알 수 있는 것과 비슷하다. 물론 촉감적 이미지의 미적 감각은 사람에 따라 다르다. 그러나 매시브한 조각을 보고 거기에서 어떤 아름다움을 느끼는 사람도 많다. 예를 들면 조각가 아리스티드 마욜과 오귀스트 로댕의 조각에는 이러한 효과를 노린 작품이 많다.

"매시브 조각에서 인간의 형태를 한 것은 머리나 몸통, 손발 등이 일체가 되어 이른바 덩어리의 조각과 같은 인상을 주는 경우가 많다"고 미술사가인 오가와 고요는 정의하고 있다. 역사적으로 보면 세계 여러 나라의 원시예술 안에서 이러한 형태의 석상을 많이 볼 수 있다. 일본의 경우 아스카의 사루이시와 같은 원시적 매시브네스를 느끼게 하는 것은 없다.

11세기의 설화집 『곤자쿠모노가타리』에 사루이시 석상은 히노쿠마릉현 긴메이천황릉의 연못 근처에 있다고 적혀 있다. 그 후 이들 석상은 땅속에 매장되어 겐로쿠 15년1702 가을, 긴메이 천황릉의 남쪽 논에서 4기의 사루이시가 발견되어 메이지 초기에 사이메이 천황의 어머니인 기비츠 공주의 묘 앞으로 옮겨졌다.

●● 다카토리의 사루이시

또 하나의 사루이시가 다카토리 성의 가시와모리로 빠지는 산길의 분기점
에 있다. 마치 원숭이가 웅크리고 앉아 있는 것 같은 석상이다. 히라타의 사루이
시보다는 조금 작지만 그 크기와 형상이 일본원숭이에 가깝다. 이 석상에도 남성
의 심벌이 조각되어 있다. 다카토리의 사루이시 역시 전형적인 매시브 석상이다.

왜 다카토리의 사루이시만 따로 떨어진 곳에 놓여 있는 것일까? 이것 역시
다카토리 성의 축성과 관련해서 생각할 필요가 있다. 중세 이후 일본 전역에 많
은 성곽이 세워지는데 각 지역의 영주들은 부하들에게 축성용의 석재 할당을 강
행한다. 양질의 석재가 없는 지역
에서는 지장보살 같은 석상도 공
출하였다. 히라타의 사루이시 석
상들을 땅에 묻은 시기는 중세 또
는 근세 초기로 여겨진다.

| 다카토리의 사루이시 |

다카토리 성은 1332년에 축
성되어, 도요토미 히데요시의 동
생인 히데나가가 본격적인 성곽
으로 정비하였다. 이로써 16~17
세기 초기에 아스카 일대에서 눈
에 띄는 석재는 종적을 감추게 된
다. 17세기 말경이 되어 히라타의
사루이시 석상들이 발굴된 것도
우연이 아니라 더 이상의 징발이

없다고 생각하여 전에 묻어두었던 사루이시를 마을 사람이 다시 파놓았다고 생각된다. 다카토리의 사루이시는 아마 성을 쌓던 사람들이 이 석상을 성벽의 석재로 사용하지 않고 부적으로 성문 앞에 그대로 둔 것으로 추정된다.

●●● 다치바나사의 이면석

다치바나사의 경내에 있는 이면석은 한 개의 자연석을 소재로 해서 좌우 양쪽으로 향하고 있는 얼굴 2면이 새겨져 있다. 이 석상 또한 언제 누가 무엇을 왜 만들었는지 모른다. 현재 위치하는 곳은 다치바나사의 태자당太子堂 남동 부근이지만 원래 땅속에 묻혀 있던 것을 19세기 초에 발견하여 절로 옮겨 온 것이다.

땅속에서 이상한 얼굴 두 개가 새겨진 석상이 나오자 마을 사람들이 토지신土地神으로 믿고 천벌을 두려워해 가까운 다치바나사로 가져왔다고 한다. 높이는 109cm이고 안면만 조각되어 있다. 평면을 보면 6각형 기둥을 두 개로 나눈 모양으로 바깥쪽 3면은 평평하게 가공했다. 아마 석상을 석재로 사용하기 위해서 가공하다가 그만둔 것 같다.

절에 전하여지는 전승은 "선과 악 두 가지 업은 하나의 마음에서 만들어진다

| 다치바나사의 이면석 |

善惡二業 一心所造"고 전해지고 있다. 『다카이치촌지』에는 "절에 전해지는 자연석에는 남쪽 면에 선, 북쪽 면에 악의 두 얼굴이 새겨져 있어, 선악의 업과는 달라도 그저 마음에서 만들어지는 것을 표상하는 것"이라고 기록되어 있다. 사원 내에 있는 석상이기 때문에 선과 악을 불교적으로 해석하고 있는데 과연 석상은 무슨 의미를 나타내는 것일까?

●●● 다치바나의 가메이시

| 다치바나의 가메이시(나라문화재연구소 제공) |

가메이시는 다치바나사의 서문에서 북쪽으로 조금 내려간 곳의 민가 가까이에 있다. 가메이시에 대해서는 "얼굴이 서쪽을 향하면 홍수가 난다"는 전설이 있다. 높이 약 2m, 폭 3m, 길이 4.6m의 화강암 자연석 밑자락 부분에 파상형의 곡선을 돌려서 얼굴을 조각하였다.

이 거석이 가메이시라고 불리는 것은 거북의 등 껍데기로 보이는 전체 형태와 그 밑자락에 가공된 얼굴 부분의 인상에 의한 것이다. 그러나 이 가메이시는 거북과 닮지 않은 면도 있다. 전체적인 외견은 거북을 닮아 있지만 눈썹이나 눈은 사람과 유사하고 코 부분은 거위의 부리같이 뾰족하다. 얼굴만 보면 개구리와도 많이 닮아 있다.

가메이시를 두꺼비라고 보는 견해도 있다. 중국에는 달 안에 여제蟾除라고 불리는 두꺼비가 있고, 이것이 비를 담당한다고 하는데 이러한 조형은 일본의 고분시대 동경에도 있다.

일본어의 가메거북는 가미神가 전음된 것이다. 가메야마龜山나 가메오카龜岡는 신의 산神山이자 신의 언덕神岡이었다. 따라서 가메이시龜石라든가 가미이시神石라고 불리는 거석지석묘를 포함을 숭배 대상으로 삼는 예를 일본 각지에서 볼 수 있다.

| 후나이시 신사의 지석묘(사가현) |

중국 사상을 바탕으로 한 거북형의 석조물로 귀부가 있다. 이러한 귀부가 가메이시의 원형이라는 견해도 있다. 그렇지만 다치바나의 가메이시는 조형적으로 귀부와는 완전히 다르다. 역시 가메이시는 더욱 토속적인 원신도原神道 혹은 한국의 민간신앙에서 전승되어 온 거북바위 신앙과 상통하는 것으로 볼 수 있다. 규슈지방에서는 지석묘를 후나이시舟石·가메이시거북바위라고 부르며 신앙의 대상으로 삼고 있다.

•• 이소노가미의 석인상과 수미산석

아스카 지방에 산재하는 용도를 알 수 없는 석조 유물 중에서 문헌적인 단서가 많은 것은 아스카무라 이소노가미에서 출토된 석인상과 수미산須彌山석이다. 아스카사의 북쪽 이소노가미의 농지에서 1902년 봄, 채석작업 중에 표면에 무늬가 부조된 세 개의 가공된 석재가 발견되었는데 이것이 수미산석이다. 1903년에는 의복을 입은 남녀가 서로 껴안고 있는 석상이 발견되어 이를 석인상이라고 부르고 있다.

석인상은 높이 1.7m, 폭 70cm의 화강암에 노인이 바위에 걸터앉아 있고, 그 뒤에 연로한 여성이 손을 노인의 어깨 위에 올려놓고 살짝 껴안고 있는 상이다. 양감이 있는 석상으로 하나의 석재에 남녀를 합체시킨 점이 큰 특색이다. 석상 아랫부분의 중앙에서 중간 정도까지 약 4cm 정도의 구멍이 뚫려 있는데, 이것이 남녀의 입으로 통해 있어 분수로서의 용도가 있었던 것이 밝혀졌다.

석상의 정면은 묘한 표정을 짓고 있는 노인이 허리를 쭉 펴고 앉아 있으며, 그 뒤에서 익살스러운 용모의 여자가 머리를 뒤로 돌려 희롱하듯이 포옹하고 있

| 이소노가미의 석인상(나라문화재연구소 제공) |

다. 노인은 벙거지 형태의 모자를 쓰고 있고 몸에는 한복인 통소매 저고리와 바지를 입고 있다. 여자 상은 머리를 위로 묶고 통소매 저고리와 스커트주름치마를 걸치고 있다.

이렇게 석인상의 복장은 아스카의 다카마츠즈카고분의 벽화에 그려진 인물화의 의상과 유사하다. 상하로 분리되는 상하분리형의 의복은 유라시아 대륙의 스키타이 민족에서도 볼 수 있다. 이러한 의복은 북방 유목민들이 추위를 막기 위해서 만들어 입었다. 또한 옷깃을 포개는 형식이 또 하나의 중요한 포인트로 한국계는 왼쪽 깃이 위로, 중국계는 오른쪽 깃이 위가 되는 것이 일반적이다. 삼국시대까지의 저고리는 전개형으로 옷깃은 좌임이고 바지는 통이 좁았다. 중국에서는 이러한 우리 한민족의 의복을 오랑캐가 입는 옷이라는 의미로 호복胡服이라고 했다. 다카마츠즈카고분의 인물화는 옷깃을 보면 어느 나라 사람이 그려져 있는가를 알 수 있다. 남녀 석인상은 전체적으로 보아 삼국시대의 백제나 고구려의 복장과 유사하다.

수미산석은 높이 2.3m, 3단의 원추형의 분수 기능을 가진 관상용 장식 돌이다. 돌의 전면에 부조를 하고 상단에 불교세계의 중심이 되는 수미산을 표현하였다. 중단에 이것을 둘러싸는 산맥, 하단에는 파도 무늬가 조각되어 있다. 불교사상을 돌에 그대로 표현한 것으로 아스카의 다른 석조 유물과는 이질적이다.

이 수미산석에 대해서는 『일본서기』 사이메이 천황조에 세 번의 기록이 나온다. 사이메이 천황 3년657 가을, 사이메이 천황 5년659 7월의 조, 같은 해 5년 3월의 조에 모두 수미산석이 발견된 이소노가미라고 하는 지명이 적혀 있다.

수미산석은 사이메이 천황 3년에 만들어진 것으로 남녀 석인상의 복장 연대도 다카마츠즈카고분 인물화와 일치한다. 수미산석과 석인상의 조영을 지시한 사람은 사이메이 천황이었을 가능성이 높다. 그러나 이들 석조 유물에는 아직도 여러 가지 의문점이 남아 있다. 이제까지 그 예를 찾아볼 수 없는 분수를 만든 발상이 어디서 나온 것일까? 이러한 고도의 화강암을 가공하는 기술은 어디에서 전해진 것일까? 또한 도대체 누가 이러한 분수 석조물을 제작한 것일까? 확증은 없지만 심증으로 말하면 백제가 유력하다.

●● 아스카 석상의 기원

아스카 석상의 기원에 대해서는 유력한 문헌이나 고고학적 자료의 부족으로 인해 지금도 명확치 않다. 이러한 사정으로 인해 그 기원에 대해서 지금도 학계의 중요한 쟁점이 되고 있다. 종래 아스카 석상 연구는 일부 미술사학자·고고학자가 중심이 되어서 여러 각도로 논의되어 왔지만 그 기원에 관해서는 대부분 가설의 영역을 넘지 않는다.

아스카 사루이시의 원류에 대해서 최초로 언급한 것은 가도와키 데이지이다. 그의 주장에 따르면 사루이시는 일본에 도래한 신라의 관인이 명하여 신라계 공인이 만든 것으로 추정된다. 하지만 아스카 석상의 원류가 되는 석상이 신라 혹은 경주 주변에는 존재하지 않는다.

대체로 일본에서는 아스카 사루이시의 원류를 백제로 보는 견해가 일반적이다. 일본의 저명한 고고학자 사이토 타다시는 사루이시를 7세기 중·후반의 것으로 추정하고 그 원류를 백제 미륵사지석탑의 석상을 거론하였다. 사루이시가 미륵사지의 석상과 유사하며, 그 영향으로 백제계의 석공이 만들었다고 한다. 사이토의 사루이시의 백제기원설은 그 후 많은 연구자들에게 큰 영향을 끼쳤다.

아스카의 사루이시와 미륵사지의 석상이 상호 관련이 있다는 추정은 가능하다. 그러나 양자 사이에는 근본적으로 다른 점도 있다. 비교연구에 있어서 유사점만이 강조되는 경우가 많은데 상이점에 대해서도 주의 깊게 관찰할 필요가 있다. 예를 들면 미륵사지의 석상은 불교사원의 석탑에 놓인 것으로 아스카의 사루이시는 불교사원과는 관련이 없다. 또 아스카 사루이시의 3기가 양면상인 것에 비해 미륵사지의 석상은 단독상이다. 사이토의 가설에 의하면 아스카 히라타의 4기와 다카토리 성의 1기를 더하면 5기가 되고, 긴메이 황릉은 571년에 만들어져 사루이시의 연대7C 중·후반와 1세기 정도의 차이가 있는 모순이 발생한다. 이러한 차이를 어떻게 해석할 것인가가 문제이다.

일본의 유명한 추리소설가 마츠모토 세이쵸는 아스카의 사루이시와 페르시아 혹은 아프가니스탄의 유사 석상을 예로 들어 아스카의 기묘한 석조 유물은 페르시아인胡人의 영향으로 만들어진 것이라 한다. 또한 사카후네이시는 약주를 만들었던 것이라고 한다. 그러나 역사소설과 역사학은 다르다.

아스카의 석조 유물은 각각 유사점도 있고 상이점도 있다. 이면석이라고 해도 이소노가미의 남녀 석인상과 다치바나사의 이면석은 형태가 다르고 히라타의 4기의 사루이시도 생김새가 각각 다르다. 가메이시와 사카후네이시도 그 용도나 만들어진 연대가 명확하지 않다. 석재 조각 수법을 통해 제작 연대를 규명하려는 시도도 있었지만 석재를 가공하는 기술은 시대에 따라 변화가 큰 것이 아니다. 무엇보다 백제의 수도인 부여에 이와 비슷한 석조유물이 남아 있다면 그다지 고민할 필요가 없다.

한국과 일본의 고대문화에는 많은 공통점을 찾아낼 수 있다. 아스카의 불교문화는 백제에서 전해졌지만 이것은 단지 불교문화뿐만 아니라 다른 많은 문화가 한반도와의 교류를 통하여 일본에 전해진 것이다. 그 당시 불교건축은 종합예술

| 아스카의 사카후네이시(나라문화재연구소 제공) |

이었으며 과학 그 자체였다. 이러한 당시의 기술이 총결집되어 만들어진 것이 사원이다. 사원이나 고분은 종합예술과 과학이 전해져서 응축된 것이다.

이노쿠마 카네가츠는 "아스카의 석조 유물과 고분은 당시 일본인에게는 당연한 것이 아니라 이국을 상상시키는 것이었으며, 그 동경의 대상은 고대 한국 문화였다"고 한다. 또한 아스카시대 후반의 황릉은 백제의 영향이라고 지적하고 있다. 백제 사비시대의 왕궁 동쪽의 구릉에 백제 왕가의 묘역이 형성되었던 것처럼 아스카에도 수도 서남부히노쿠마에 왕릉이 정해져, 아스카의 경우 현세의 아스카궁궐와 내세의 히노쿠마묘역의 경계에 화강암제의 사루이시나 가메이시가 양계의 결계석結界石으로 두어졌다고 한다. 이노쿠마는 "미륵사지 석상은 미륵사 창건과 같은 시기에 만들어진 것으로 이것이 7세기 후반 일본의 사루이시에 영향을 주었다"고 주장한다.

확실히 미륵사지의 석상은 아스카의 사루이시와 유사점이 많아 일본에서는 사이토나 이노쿠마의 백제기원설은 거의 정설시되어 왔다. 일본 국립 아스카 자료관에 미륵사지 석상의 복제품을 전시하는 것만 보아도 사루이시의 백제기원설이 얼마나 큰 영향을 끼쳤는지 알 수 있다. 저명한 연구자에 의한 사루이시의 백제기원설미륵사지의 석상은 고대 한일의 양국 교류사로부터도 의혹의 여지가 없었다. 그러나 미륵사지의 석상이 과연 사루이시의 원류가 될 수 있을지는 아직 충분히 검증되지 않은 상태이다. 부여의 왕궁 터와 왕릉 사이에서 결계석의 역할을 한 것으로 보이는 석조 유물이 발견되지 않았다.

아스카 석상의 백제기원설에 대하여 그 기원이 제주도 석상이라는 새로운 주장을 제기한 것이 오가와 고요이다. 이하 오가와의 제주도기원설을 상세히 소개한다.

『일본서기』의 654년 조에 도카라국의 남자 2명, 여자 2명, 사에의 여자 1명이 규슈에 표류해 왔다는 기록이 있다. 3년 후 사이메이 천황 3년에 같은 도카라 인으로 보이는 남녀가 츠쿠시에 왔는데 빠른 역마를 사용해서 아스카의 수도에 불려와 빈객으로서 맞이했다는 기록이 있다. 사이메이 천황 6년660의 7월에는 도카라인 건두파사달아라는 자가 아내를 남기고 남자들만 본국에 돌아가고 싶 다고 자청했기 때문에 송사送使 수십 명을 붙여서 서해로西海路에 보냈다고 기록 되어 있다.

    ① 도카라는 어디일까?

    ② 왜 역마를 사용해 수도 아스카에 불러들인 것일까?

    ③ 왜 표류자 중 남자들만 송사 수십 명이 서해에 데려다준 것일까?

이 기록은 일본 고대사의 난분 중의 하나이다. 규슈로 표류해 왔다는 기록 으로 보아 일본 남서쪽 도카라 열도에서 왔다면 규슈는 표착지가 될 수 없다. 천 황이 역마를 사용해서 표류자들을 서울인 아스카로 불러들인 것은 예삿일이 아 니다. 또한 조강지처를 남기고 남자들만 귀국하는 데 송사 수십 명을 따라 붙였 다고 하는 것도 보통 일은 아니다.

그런데 ①도카라를 고대의 제주도耽羅, 耽牟羅, 屯羅, 儋羅로 해석하면 ②의 의문 은 백촌강白村江 싸움나당연합군과 백제·일본연합군의 전투의 전초전으로 사이메이 천황 3년이 되어서 갑자기 정세가 이상해진 한반도에 대한 정보 입수 때문으로 볼 수 있으며, ③은 같은 시기에 신라와 당의 연합군에 의해 백제가 괴멸했기 때문에 백제의 지배하에 있던 제주도의 안부를 염려한 도카라 남자들이 정보를 입수하 기 위해서 송사 수십 명이 시중들었다고 오가와 고요는 해석하고 있다.

7세기 중반에 우연한 사건으로 아스카에 온 제주도 출신의 도카라 사람들 이 직업적인 석공이었는지는 알 수 없다. 제주도는 도처가 화산암으로 섬사람들은 예부터 돌과 깊은 관계를 맺어와 그 취급에도 숙달해 있었을 것이다. 돌하르방은 그 크기나 조형성, 예를 들면 얼굴의 중앙을 크게 차지하는 거대한 코 등 아스카의 석인상과 공통점이 있다. 사루이시와의 관계는 코 이외에도 기묘한 어깨가 다카토리의 사루이시와 히라타의 사루이시에도 보이고, 또한 사루이시에서 볼 수 있는 성기를 표현한 석상도 탐라 목석원에 있다. 이러한 이유로 아스카의 사루이시는 제주도에서 표류해 와 아스카에 초대된 도카라제주도인들이 아스카에 체류한 3년 동안 남긴 것으로 전후에 유례를 찾아볼 수 없는 고립적인 조각인 것도 거기에서 유래하는 것이라고 오가와는 지적하고 있다.

하지만 우리는 과연 미륵사지 석상이나 제주도 돌하르방이 일본 아스카 석상의 원류인지는 꼼꼼히 검토할 필요가 있다. 그것은 사루이시의 원류가 미륵사지 석상이나 제주도의 돌하르방이라고 한다면 이들 석상은 최소한 7세기 중반 이전에 성립되었다는 점을 입증하지 않으면 안 된다.

한국의 석상, 장승

●● 미륵사지의 석상

익산시 금마면에는 백제의 최대 사원인 미륵사지가 있다. 백제시대 가람 배치의 주류는 1탑 1금당이지만 미륵사지에서는 동서에 석탑과 중앙을 목탑으로 하는 3탑 3금당이다. 미륵 삼존에게 각각 1원을 할당해서 만든 가람 배치이다. 이 미륵사지가 창건되었다고 보이는 7세기는 백제와 신라가 대규모 사원의 창건에 국력을 쏟아 부은 시기로 신라의 황룡사와 백제의 미륵사가 그 대표적인 사원이다.

미륵사지의 장구한 역사를 지켜보고 있는 듯한 높은 당간지주를 지나서 조금 발길을 옮기면 서쪽에 큰 석탑이 보인다. 이 석탑이 창건 당시의 미륵사지 모습을 전해주는 유일한 건축이다. 현재는 탑신이 반괴되어 6층까지만 남아 있다 높이 14.24m. 탑이 반괴되어 있는 서면은 일제 강점기의 매우 치졸한 보수공사로 인해서 보기 흉해진 것을 현재 다시 해체하여 복원하고 있다. 탑을 구성하고 있는 석재는 목조 건축과 같이 각각 독립하여 목탑에서 석탑으로 전환되는 한국 석탑의 시원적인 양식이다.

　원형을 잘 보존하고 있는 탑의 동면을 보면 지금부터 약 1,400년 전에 탑을 세운 백제 석공의 미의식이 돌 하나하나에 잠재해 있는 것을 알 수 있다. 두꺼운 화강암을 마치 목재처럼 가공한 뛰어난 석재 가공 기술은 보는 사람들에게 강한 감동을 준다. 이 석탑은 현재 6층까지 남아 있지만 문헌, 노반석, 그리고 옥개석의 체감률로부터 건립 당시는 9층이었던 것으로 추정되고 있다. 엷게 옥개석을 조각한 기법도 좋지만 옥개석의 네 구석을 살짝 치켜 올린 곡선미는 한국 건축의 아름다움을 보여준다.

　『삼국유사』 무왕 조에는 무왕이 부인과 함께 사자사에 참배하러 가는 도중 용화산미륵산 아래 큰 연못에 당도하자 연못 안에서 미륵 삼존이 나타나 부인이 그곳에 사원의 창건을 청하여 왕이 그것을 허가했다고 기록되어 있다. 지명이 신력으로 하룻밤 사이에 연못을 메우고 평지를 만들어 미륵불, 불전, 탑, 회랑을 각각 세 군데에 창건하여 미륵사라 했다. 이에 진평왕이 100명의 장인을 파견해서 원조했다고 한다. 『삼국사기』의 신라본기 성덕왕 18년719 9월, 미륵사지에 낙뢰가 있었던 것을 알 수 있다. 18세기의 『와유록』에도 "밭 안에 7층 석탑이 있어 지극히 원대하며, 모두 돌을 사용해서 쌓아 올리고 있다. ……100년 전 낙뢰에 의해 반괴되어 버렸다"라고 기록되어 있다.

　미륵사지 서탑 기단의 세 구석에는 웅크린 석상 3기가 안치되어 있다. 이렇게 탑의 기단 네 구석에 석상을 배치한 예는 경주 분황사지의 모전석탑과 미륵사지 서탑 두 곳밖에 그 예가 없다. 분황사지의 석사자는 탑 기단의 네 구석에 각각 하나씩 배치되어 있다.

　미륵사지와 석탑에 관한 기록은 있지만 이들 석상에 관한 기록은 없다. 따라서 미륵사지 서탑의 석상이 언제부터 현재 위치에 안치되었는지는 불분명하

다. 미륵사지의 3기 석상과 분황사지의 석사자 상은 조각적으로 상당한 격차가
있다. 미륵사지 3기의 석상은 그 형태가 불명료하여 도대체 무엇을 조각한 것인
지 알 수 없다.

미륵사지의 석상은 우리나라 학자들로부터 주목받은 적이 없고 본격적으
로 연구된 논문도 없는 상황이다. 그러나 미륵사지 석상은 아스카 사루이시를
많이 닮아 있어 많은 일본인 학자들로부터 주목을 받고 있다.

석탑 남서쪽에 있는 석상은 얼굴이나 팔 부분의 조각이 비교적 명확하다.
전체적으로 얼굴이 크고 목이 신체에 달라붙
어, 양 손바닥을 가슴 위에 밀착하고 있는 전
형적인 매시브 조각이다. 웅크린 모습은 원
숭이를 연상케 한다. 높이는 90cm로 상반신
만 조각되어 있다. 석상의 대좌처럼 보이는
것은 대좌가 아니라 파손된 석탑의 석재이
다. 따라서 석상은 석탑이 반괴되고 나서 후
세의 사람들에 의해 놓여진 것이다.

탑의 남동에 있는 석상은 3기 중에서 조
각 솜씨가 가장 떨어진다. 안면이나 팔 부분
이 명확치 않으므로 무엇을 조각했는지 알 수
없다. 이 석상도 앞면의 일부가 땅에 묻혀 있
고 뒷면은 탑의 기단 위에 걸쳐 있어 본래의
위치가 아닌 것을 알 수 있다.

탑의 서북에 있는 석상은 다른 2기의 석
상보다 비교적 직립한 형태로 안면이 작고

| 미륵사지 남서의 석상 |

| 미륵사지 남동의 석상 |

| 미륵사지 서북의 석상 |

안정감을 보이고 있다. 목이 신체에 달라붙어 있고 팔의 일부가 엷게 새겨져서 인물상에 가깝다. 석상 후면이 다른 석상보다 잘 마무리되어 있다.

이들 3기의 석상은 거의 같은 크기로 같은 시기에 조각되었다고 추정되고 있다. 하지만 왜 각각 그 형태가 다른 것일까? 처음부터 다른 형태의 석상을 조각한 것일까? 동일한 사람에 의해 만들어진 것일까? 전체적으로 치졸하게 마무리되어 있는 것은 왜일까? 미륵사지의 서탑 석재가 뛰어난 조각 기법이라는 것과 비교하면 석탑과 석상이 같은 시기에 만들어져 배치되었다고는 도저히 생각할 수 없다.

아스카의 사루이시와 미륵사지 석상은 유사성이 있다. 그러나 그것은 어디까지나 조형상의 문제이며 그들이 갖는 성격을 단지 재액을 쫓는 벽사라고 하는 데는 의문이 생긴다. 그리고 미륵사지 석상이 창건 당시부터 탑 사방의 네 곳에 배치되어 있었다는 증거도 없다.

아스카의 사루이시를 해석하는 데 있어서 또 하나의 문제는 석상 4기가 각각 다른 모습을 하고 있는 점이다. 양면에 조각되어 있는 이면석도 있고 전면만 조각된 단독상도 있다. 무서운 동물적인 형상을 한 것도 있으며, 인자한 사람의 모습을 한 석상도 있다. 미륵사지 석상 3기의 표현에도 다양성이 있다. 양자는 매시브 조각이라는 점을 제외한다면 조각적으로 같은 것을 표현했다고 볼 수 없다. 이것을 모두 같은 성격, 같은 의미로 간주하고 일괄해서 취급하는 것은 문제가 있다.

『일본서기』에 의하면 일본에 불교가 전래된 것은 552년이기 때문에 당시의 사람들이 사루이시를 불상과 같이 취급하여 불교미술에서 볼 수 있는 신장이라고 해석하는 데도 무리가 있다. 분명히 사루이시와 불상은 다르다. 미륵사지의 3기의 석상도 불상과는 그 형태가 다르다.

1990년대 후반에 미륵사지 서탑을 보수하기 위해 해체 공사가 진행되면서 기단부의 발굴조사가 행해졌다. 이 발굴조사로 중요한 비밀이 밝혀졌다. 남동의 석상은 방형의 석재 위에 안치되어 있었는데 그 석재는 탑 옥개석의 일부인 것이 명확하게 밝혀졌다. 즉, 석상은 탑이 무너진 후, 위에서 떨어진 옥개석 위에 안치된 것이다. 북동의 석상은 대석이 없는데 이 석상도 발굴조사에 의해 석상 안치가 석탑 창건 당초의 것이 아닌 것으로 밝혀졌다. 북서의 석상 밑에서도 위에서 떨어진 탑의 석재가 발견되었다. 따라서 3기의 석상은 석탑이 붕괴된 후에 안치된 것이다. 또 석상과 석탑의 재질이 다르고 양자의 가공 기법도 상당히 다르다.

이러한 최근의 발굴조사에 의해 미륵사지의 석상은 사원의 창건이나 석탑의 연대와 전혀 관련이 없는 것으로 밝혀졌다. 석상의 정확한 제작 연대는 알 수 없지만 3기의 석상은 적어도 석탑이 무너진 후에 안치된 것을 알 수 있다. 이들 석상의 연대를 고려시대 이후로 보는 지적도 있다. 문헌 기록에 의하면 석탑이 낙뢰로 무너진 것은 조선시대 중반으로 석상은 그 후에 현재의 장소로 옮겨졌을 가능성이 높다. 따라서 종래의 아스카 사루이시의 원형이라는 미륵사지 석상은 아스카 석상보다 후대의 것으로 아스카 사루이시의 백제 미륵사지 석상 기원설은 근본적으로 재검토하지 않으면 안 된다.

●● 장승의 형태

한국 남부지역에는 장승이라고 불리는 석상이 많이 있다. 장승은 나무나 돌을 높이 약 1.5~2m 정도의 입석형으로 다듬어 그 상부에 얼굴을 심플하게 조각한 것이다. 현존하는 장승의 분포를 보면 경기도, 강원도, 충청북도에는 목장승이 많고, 전라도와 경상도에는 석장승이 많다.

한국의 전통적인 마을의 입지는 북쪽에 산이 있고, 그 앞에 강이 흐르는 소위 배산임수가 많다. 뒤에 산을 업고 앞에 강이 흐르는 양지 좋은 사면을 선택해서 집과 마을이 들어서 있다. 이렇게 예부터 형성된 마을에는 마을신을 모시는 성역이 존재한다. 마을을 내려다보는 진산의 산 정상 혹은 중턱에 산신을 모시거나 마을 입구에 장승을 비롯해 입석, 당산나무, 돌탑, 솟대 등을 마을신으로 모신다.

지금까지 보고된 장승의 수는 203개소이다. 장승의 정확한 어원은 불분명하지만 불로장생, 장생불사라는 도교의 신선사상과의 관련성을 지적하는 설도 있다. 한편 현존하는 장승의 명칭은 경기도나 충청도에서는 장승, 전라도와 경상도에서는 벅수라고 부르고 있다. 장승을 벅수라고 부르는 지역은 전라남도와 경상

남도 해안의 도서지방에 많고 그 제례도 유교식이 아니고 무당이 주관한다.

벅수라는 용어를 최초로 소개한 것은 민속학자 손진태이다. 벅수라는 호칭은 어떤 의미를 가지는 것일까? 아키바 류는 "산천의 비보를 의미하는 복수ㅏ水에서 유래한다"라고, 이종철은 벅수의 의미를 주술사의 고어가 어원으로 "고대 제정일치사회의 제사자, 예언자, 무의사를 의미하는 무당의 잔존"이라고 한다. 그리고 전라남도와 경상남도를 벅수문화 잔존영역 혹은 벅수문화권이라고 부르고 그 문화권을 역사적으로 거슬러 올라가면 고대의 가야문화권이나 그 주변 문화일 가능성이 있다고 주장하고 있다.

한국에 현존하는 석장승의 형태는 다양하다. 그 외견상의 모양을 최근 새롭게 제작한 것이나 불교, 유교 등의 영향을 받은 것을 제외하면 크게 멘히르형 석상Menhir Statues에 속하는 것으로 이 형태의 석상이 한국에서 가장 오래된 형태로 생각된다. 왜냐하면 능묘의 문인석, 무인석과 미륵상은 유교나 불교의 외래종교와 민간신앙의 융합에 의해 만들어진 비교적 후세의 것이다. 그래서 얼굴이나 신체, 복장까지 사실적으로 표현되거나 불교조각의 영향으로 백호가 새겨진다.

멘히르형 석상이나 매시브 조각은 세계 각지에서 소위 원시조각이라고 불리는 것과 유사한 형태이다. 멘히르형 석상은 입석의 표면에 인간의 몸을 얕게 새긴 것을 가리킨다. 자연석에 손질을 가하여 그 표면에 얼굴이나 손을 단순하게 표현한 것으로 대개 하반신의 표현이 생략되어 있다. 한국의 장승은 대부분 이러한 형태이다.

한국의 장승은 일반 민중에 의해 조각된 것이다. 따라서 각각의 얼굴 표정이나 세부 모양 등의 가공 부분을 비교해보면 서로 약간의 차이가 있지만 전체적으로 많은 유사점이 있다. 우선 얼굴 표현이 무서워 보이지만 동시에 익살스러운 표정과 자연적인 소박함을 가지고 있다. 이것이 장승의 양식적인 큰 특징

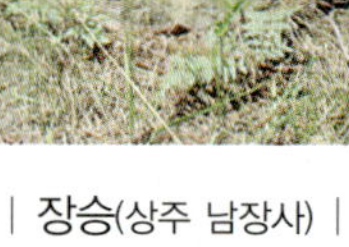

| 장승(상주 남장사) |

| 1930년대에 제작된 장승(신안군) |

이라고 할 수 있다.

　불교나 유교와 관련된 것이나 최근에 제작된 것을 제외하면 장승의 대부분은 의상 표현이 없고 모자가 조각된 것이 많다. 나체에 모자 같은 것을 쓰는 의미에 대해서는 금후 좀 더 검토해야 하겠지만 초자연적인 힘을 형상화했다고 하는 해석도 가능하다. 몸통부에 천하대장군이나 지하여장군 등의 명문이 새겨져 있는 것도 있지만 의복이나 하반신의 표현은 볼 수 없다.

●● 장승의 기능과 신앙

장승이 왜 세워졌는지는 제작자 측인 마을 사람들의 기원이 장승의 기능과 밀접한 관계를 가진다. 장승의 제작 목적은 마을 사람의 각양각색의 소망을 기원하는 종교적인 대상물이었던 것을 염두에 두지 않으면 안 된다. 장승은 마을 사람들의 전지전능한 신이다. 동제의 장승은 병이나 잡귀신으로부터 마을 사람을 수호하며 풍작이나 풍어를 기원하고 제사 후에는 정신적 불안감으로부터 마을 사람을 해방시킨다. 그러나 장승은 동제 기간에 일시적으로 강림한 신이 아니라 항상 마을과 마을 사람들을 지키는 신상으로서의 역할이 있다.

또한 장승에는 불교사원의 수호신적인 기능이 있다. 불교는 각처의 토착 신들을 배제하기보다 잘 받아들여 융합해 왔다. 불교사원 입구에 있는 장승은 민간신앙의 영향을 받아서 세워진 것으로 가람수호 이외에 사원성스러운 공간과 마을 통속적인 공간의 경계 표식이다. 불교사원의 수호신적인 기능을 가진 장승은 49기가 남아 있는데 남원시 산내면 입석리 실상사의 장승처럼 조각적으로 뛰어난 것도 많다.

장승에는 풍수지리설과 관련된 기능이 있다. 마을의 지세나 형국이 위험한 곳에 그것을 보완할 목적으로 장승이 세워진 곳도 적지 않다. 지역에 따라서는 풍수지리설에 의거해서 장승 이외에도 입석, 솟대를 세운 곳도 있다. 또한 장승에는 노표로서의 기능이 있다. 장승에는 도로를 왕래하는 사람들을 위해서 일정한 거리를 두어 세워져 몸통부에 방향과 거리를 쓴 것이 있다. 이 경우는 목장승

| 실상사의 장승 |

이 많고 이정표의 기능을 가지고 여행의 안전을 기원하는 대상이 된다. 그 밖에도 외지에서 들어가는 전염병을 막을 목적으로 세워진 것도 있다.

한국의 마을제는 동제, 당제, 당산제, 성황제, 산제 등 지방에 따라 명칭이 다양하다. 동제는 1년에 한 번 혹은 두 번 행할 경우가 많다. 연초에는 풍년을 기원하고 가을에는 수확을 감사드린다. 동제는 음력 정월음력 1월 15일에 행해진다. 장승이 입석, 솟대, 당산나무 등과 성역을 구성하고 있는 것은 마을신의 복합 형태이다. 동제 때는 산신제나 성황제 전후에 장승제 혹은 거릿제를 행한다.

장승과 복합 형태를 하고 있는 마을신은 입석, 돌탑, 솟대, 금줄이 있다. 강진군 작천면 평기리 교동마을의 동쪽 입구에 대형의 입석 2기가 서 있다. 입석은 마을공동제의 신체로 당산 할아버지와 당산 할머니라고 부르고 있다. 왼쪽의 당산 할아버지는 높이 2.4m, 당산 할머니는 높이 1.8m이다. 2기의 입석에는 당산제 때 줄다리기에 사용된 동아줄이 감겨 있다.

교동마을의 당산제는 음력 정월 15일의 오전 중에 진행된다. 당산제는 신년의 풍작을 점치는 줄다리기 행사부터 시작된다. 줄다리기 행사에는 마을 사람

| 교동마을의 입석 |

전원이 참가한다. 줄다리기가 끝나면 여성의 심벌인 줄을 당산 할머니의 입석에, 남성의 심벌인 줄을 당산 할아버지의 입석에 감는다. 입석에 줄을 감지 않으면 마을에 재앙이 발생하고 흉년이 든다고 믿고 있다. 교동마을의 입석은 마을 공동제의 신체 기능을 갖는 동시에 기자신앙의 대상이기도 하다.

한국의 입석은 지석묘에 비하면 그 수는 적지만 주로 남부지역에 집중적으로 분포한다. 전국에 입석리나 입석마을이라는 지명을 가진 마을도 300군데 가까이 있다. 입석은 마을의 입구나 강가, 평지에 세워지고 당산제의 신체로서 풍요와 수호신적인 기능을 가지며 개인적인 제례로서는 기자신앙의 대상이기도 하다. 또 입석과 지석묘가 같이 있는 곳도 있는데 이러한 입석은 그 연대가 청동기시대에 속하는 것으로 대형의 것이 많다. 입석과 지석묘가 같이 있는 대표적인 유적이 진도군 고군면 오산마을에 있다. 입석의 크기는 높이 3.7m이다. 지석

묘는 길이동서 5.12m, 폭남북 3.4m, 두께 60cm이다. 입석과 지석묘의 배치는 입석
이 바다 방향인 동쪽에 위치하고 그 서쪽으로 2m 떨어진 곳에 지석묘가 동서로
줄지어 있다. 오산리 입석과 지석묘는 같은 시기에 구축되어 의도적으로 동서에
배치한 것을 알 수 있다.

입석을 세우고 그것을 신앙하는 습속이 어디에서 왔는지는 명확하지 않다.
소위 입석의 기원에 대해서 유력한 근거가 없기 때문에 일치된 견해가 없다. 입
석의 기원설을 크게 분류하면 남방설과 북방설이 있다. 그러나 한국 입석의 원
류를 규명하는 것은 매우 어렵다. 입석의 기능은 지석묘 사회에서는 죽은 자를
추모 · 상징한 것으로 묘비와 같은 성격을 가졌고, 농경 단계에 들어가면 풍요신
의 기능을 가졌으며, 역사시대에 들어가면서 마을의 입구에 위치하여 수호신의

| 오산리 입석과 지석묘 |

기능을 갖게 되었다고 한다.

전통마을 입구에는 자연석을 원추형으로 쌓아 올린 돌무더기 탑이 있는데 일반적으로 '조탑' 혹은 '조산'이라고 부르고 있다. 이러한 탑은 마을공동제의 신체로서 마을의 제장이나 마을과 마을의 경계에 위치하기도 한다. 충청북도에서는 마을 경계의 도로 일각에 위치하여 길을 왕래하는 사람들이 돌을 한 개씩 쌓아 올리면서 여행의 안전을 기원한다. 제주도에서는 '거욱대'라고 부르고 바다로부터 들어오는 재앙을 막아준다고 믿고 있다.

솟대짐대는 가늘고 긴 장대형의 나무 위에 목제 새의 조형물을 붙인 것으로 단독 혹은 장승과 함께 마을 입구나 신역에 세워진다. 목제 새의 조형물은 오리리고 해석히는 건해기 일반적이다. 솟대의 신앙적 기능은 마을을 지키는 수호신으로 다산·풍작을 기원하는 대상물이기도 하다. 솟대의 기원에 대해서는『삼국지』위지동이전의 소도蘇塗가 솟대의 한자 표기와 비슷한 것으로부터 솟대와 소도를 동일시하는 견해가 있다. 그러나 솟대에 있는 새의 조형물에 대해서 소도의 기록에서는 언급이 없다. 소도와 솟대의 관계를 전혀 부정할 수는 없지만『삼국지』나『후한서』등 동이전의 기록을 고찰하면 소도는 고대의 성스러운 제장성지이라고 해석하는 것이 타당할 것이다.

솟대의 기원을 대전에서 출토된 농경문 청동기를 근거로 하여 청동기시대 BC 1000~BC 300까지 거슬러 올라간다고 보는 견해도 있다. 솟대와 유사한 것은 만주지방의 콜디, 오로친, 시베리아 지방의 오챠쿠에서 볼 수 있는 데서 솟대의 기원을 북방 아시아라고도 한다.

솟대와 같은 것으로 보이는 조형鳥形 목제 유물이 일본의 야요이시대 유적에서도 발견되었다. 하루나리 슈지는 농경문 청동기로부터 야요이시대의 새 신앙도 농경문화의 일단으로 한국 남부에서 그 원류를 찾을 수 있으며, 조형의 목

제 유물은 곡령을 나르는 새로 제장에 세워졌다고 한다.

일본의 조형 목제 유물의 기능은 ① 마을공동체 수호신으로서의 새마을 입구에 세워진다, ② 곡령을 나르는 새, ③ 영혼을 나르는 새묘지에 세워진다, ④ 샤먼의 제장에 세워지는 새시베리아로 유추할 수 있다. ①과 ③에 공통되는 조형 목제 유물의 중요한 기능은 한국의 솟대와 같이 경계 표시에 있다고 한다.

한국의 솟대 신앙은 시베리아의 새 신앙이 한국의 농업사회에서 크게 변용된 것이라고 보는 견해도 있다. 그러나 한국의 솟대 기능을 시베리아의 샤머니즘에 한정해서는 안 된다. 실제로 한국의 솟대와 유사한 것이 태국의 소수민족에도 보이고, 곡령을 나르는 새, 영혼을 나르는 새는 같은 벼농사를 하고 있는 동남아시아의 조형물에서 많이 보이기 때문이다. 도작문화 전파의 직접적인 원류의 실태를 고려하지 않고 일방적으로 한국의 선사문화 전체를 시베리아의 샤머니즘에 결부시키는 사고는 바람직한 것이 아니다.

음력 정월 15일에 행해지는 동제 때는 마을 도처에 금줄이 쳐진다. 우선 마을 입구 양쪽에 대나무를 세워 금줄을 친다. 마을에 있는 장승, 솟대, 입석, 돌탑, 당산나무 등의 신체에도 동제의 3일 혹은 1주일 전에 금줄이 쳐진다. 금줄은 일정한 기간이 지나서 필요성이 없어지면 불태우는 것이 보통이지만 장승, 솟대, 돌탑, 당산나무에 친 금줄은 이듬해 동제 때까지 그대로 둔다. 이는 동제의 신체에 쳐진 금줄은 단지 악령이나 부정을 막기 위해서가 아니라 금줄 자체에 신성함이 부여되어 있기 때문이다. 금줄 제작 과정에서는 여러 금기 사항이 있다. 금줄 재료로 쓰이는 볏잎은 마을에서 부정이 없는 각 집으로부터 조금씩 모은다. 동제에 사용하는 금줄은 짚을 오른쪽으로 감아서 꼬는 일상적인 새끼줄 만드는 방법과는 달리 왼쪽으로 감아서 꼰다. 금줄의 습속은 중부 · 남부지역에 집중되어 있다. 한편 동북아시아에는 눈에 띄지 않는 반면 일본과 동남아시아에서는 많이 볼 수 있다. 또한 이들 지역의 금줄은 왼쪽으로

| 남근석과 금줄(전남 광주) |

| 줄다리기(앙코르와트) |

새끼줄을 감아서 꼰다는 공통점이 있다. 중국 윈난 성, 태국, 버마, 라오스, 인도네시아에는 아직도 이 습속이 남아 있다. 따라서 한국의 줄다리기나 금줄의 습속은 동남아시아와 같은 문화로 생각된다.

●● 장승의 기원

장승의 제작 연대를 알 수 있는 명문을 가진 것은 전라북도 부안군 서외리 장승1698 외 4기가 있다. 현존하는 장승에 새겨진 명문으로 보면 조선시대 이전까지 거슬러 올라가는 것은 없다. 이러한 이유로 현존하는 대부분의 장승은 17세기 이후로 보는 견해가 있다. 그러나 5기의 장승을 근거로 해서 남부지역의 모든 장승이 조선시대에 만든 것이라고 단정하는 것은 무리가 있다. 강력한 유교정책 아래 음사사교陰祠邪敎가 배척되었던 시기에 우상이 한반도에서 제주도까지 단숨에 만들어졌다고는 생각할 수 없다. 그러면 장승의 기원과 성립은 언제 어디에서 전해진 것일까?

장승의 몽골기원설은 일찍부터 선학에 의해 논의되어 왔다. 아키바 류는 『조선무속의 연구』에서 장승과 유사한 것으로 북방 퉁구스계의 목상을 소개하고 있다. 퉁구스계 민족의 목상과 오보 등은 한국의 목장승이나 돌탑과 유사하며 지리적인 관계나 민족이동 경로를 고려하면 그의 연구는 아주 매력적인 가설이다.

그러나 이제까지 거론된 북방민족의 목상과 오보가 역사적으로 얼마나 거슬러 올라갈 수 있는 것인지, 또는 발생과 전파에 있어서 확실하게 입증된 자료가 없다. 그리고 한국의 장승과 돌탑은 동제의 제신으로 그 기본적인 신격이 수호신山神·農神인 것에 대해 몽고의 목상과 오보가 한국과 같은 성격의 것인가 하는 문제가 있다. 마을 지킴이인 돌탑도 북방아시아에서만 볼 수 있는 것이 아니라 동남아시아에도 많이 볼 수 있다. 더욱이 1990년대 이후 몽골에서 약 500기의 석상이 발견되었지만 장승과 유사한 석상은 매우 적다. 몽골의 석상과 장승은 외형적인 상이점뿐만 아니라 그 기능과 성격에도 많은 차이점이 있다.

장승의 기원에 대해 손진태는 「장생고」라는 논문에서 한국 고유의 민속기원설을 제창하고 있다. 즉 목장승은 민속신앙의 입목立木, 석장승은 입석, 돌탑은 누석단에서 기원한다고 논하고 있다. 또 장승에 무장을 조각해서 문자를 새긴 것은 후세의 일로 초기에는 단순한 나무기둥이나 입석이었다고 해석하고 있다.

장승과 입석에는 공통된 종교적인 기능이나 특성이 존재하고 입석이나 남근석이 의인화해서 조각적인 석상이 성립했을 가능성은 부정할 수 없다. 단지 장승의 성립이 '목장승은 입목, 석장승은 입석에서'라는 재료의 차이에 의해 둘로 분류한 가설은 인정할 수 없다. 또한 입석에서 석상으로 바뀌는 과정에 대해서도 언급이 없다. 장승의 기원을 한국 민속 고유의 입석에서 추구한 문화진화주의의 입장은 아주 매력적인 가설이다. 그러나 입석은 한국에만 존재하는 것이 아니라 세계 각지에서 발견되고 있고, 이들 지역에서 문화의 상호교류 혹은 전파 관계를 무시하여 일률적으로 한국과 같이 입석에서 석상으로 변화했다고는 생각할 수 없다. 거기에는 이웃 여러 나라의 유사 석상의 존재와 어떤 문화가 다른 지역에 교류·전파한다고 하는 문화전파주의의 입장이 완전히 무시되어 있다.

이두현은 장승과 솟대 같은 장대습속, 2차장제, 거석문화는 선사시대의 동남아시아와 동북아시아의 복합문화라고 추정한다. 2차장제는 서남부 해안과 도서지방에 잔존하고 지석묘 석실의 크기는 2차장과 관련되는 것으로 그 위치는 하천과 바다, 특히 서해와 밀접한 관련을 가진다고 논하고 있다. 이두현은 장승이나 솟대와 같은 입간 습속은 중국 남부지역이나 동남아시아에서 벼농사 문화와 함께 전파된 것으로 그 일부가 한반도를 경유해서 동북아시아 지역에 전해졌다고 설명하고 있다.

이종철은 「장승의 기원과 변천」에서 장승의 모티프는 선사시대의 신상이며 경계 표시, 수호신으로서 입석의 고대적 잔존이 장승의 원형이라고 설명하고 있다. 장승의 변천 과정은 수렵·채집시대의 정치적·경제적 경계 표시의 입목, 입석, 누석단에서 당산나무, 솟대, 장승, 석장승으로 변화되었다고 한다. 전라북도와 그 주변의 도서지방은 입석형의 장승이 널리 분포하는 데서 '벅수문화권'이라고 명명하고 쿠로시오를 배경으로 한 동남아시아 문화의 유입을 추정하고 있다. 장승문화의 중심영역이 마한 백제권의 가능성을 제시한 데서 많은 지석묘와 관련하여 이 지역을 장승문화권의 중심으로 볼 수 있다고 한다.

　김병모는 「한국 석상문화 소고」에서 "왜 한국 석상의 용모가 한국인을 닮지 않고, 한반도의 남부지방과 도서지방에서 많이 발견되고 있는 것인가?"라는 의문을 제기하고 석상이 내포하는 의미와 한국 이외의 지역에서는 어떤 정황에 있는지 깊은 고찰이 없었던 점을 지적하고 있다. 이것은 종래의 장승 연구가 국내에만 중점이 두어져 이웃 여러 나라의 유사 석상과의 비교연구나 치밀한 현지조사가 없었던 문제점을 언급한 것이다.

　이광규는 「한국의 거석문화」에서 입석, 지석묘, 돌하르방, 장승 등의 거석문화는 동남아시아에서 한반도로 유입된 것이라고 한다. 중국 저장성, 한반도, 일본 서부를 연결하는 동지나해 문화권을 상정하고 줄다리기, 2차장제, 난생신화, 성인식, 모정, 모계사회제도는 동남아시아계의 문화요소라고 지적하고 있다.

　장승의 기원이나 성립을 규명하는 문제는 유력한 문헌사료와 고고학적인 근거가 거의 없으므로 현 단계에서는 단정적인 결론을 내릴 수 없다. 종래의 장승과 이웃 여러 나라의 유사 석상과의 비교연구는 외국의 몇 기의 석상을 예로 들어 북방기원설이나 남방기원설을 주장한 경향이 있었다. 이러한 이유로 인해서 장승의 기원은 한국 고유설이 유력시되었던 시기도 있었다. 그러나 이것은 이웃 여러 나라에 대한 면밀한 현지조사가 없었던 것이 원인으로 이들 여러 나라의 장승과 비교할 수 있는 석상이 존재하지 않은 것은 아니다. 필자가 몽골, 일본, 대만, 인도네시아의 현지조사에서 확인한 것만 몇백 기에 이르고 앞으로의 조사에 의해 더 많이 발견될 가능성이 있다.

　자연석이나 나무를 심플하게 조각혹은 부분 가공한 모든 것을 상호 전파 관계만으로 설명할 수는 없다. 한편 한국 석상의 고유설처럼 입목 → 목장승, 입석→석장승으로 발달했다고 하는 문화진화론적인 입장도 그대로 인정할 수 없다. 하지만 한국의 장승은 기본적으로 입석을 부분 가공한 것이다. 그래서 입석과의 관계는 불가분의 것으로 생각되지만 입석의 분포는 세계 각지에서 발견되고 있다. 이들 지역에서도 한국과 같은 경위입목→목장승, 입석→석장승에 의해서 모든 석상이 출현했다고는 생각할 수 없다.

장승은 조형적으로 그다지 복잡한 것이 아니다. 그 때문에 문화전파주의의 입장에서 양식적인 유사성만으로 동북아시아, 동남아시아, 한국, 일본 석상의 상호 관련성을 주장하는 것은 곤란하다. 단, 역사적·지리적인 관계, 각 지역의 석상과 관련되는 사람들의 신앙, 의례, 습속 등을 종합적으로 검토할 필요가 있다. 따라서 우리는 결론만을 서두를 필요가 없다. 무엇보다 우선해야 할 일은 주변 여러 나라의 상세한 조사와 연구이다. 한국의 많은 학자들이 "현장으로 가자"고 외치고 있지만 현장으로 갈 수 있는 여건이 충분히 갖추어져 있지 않다. 연구자가 현장에 갈 수 있도록 국립 민족학연구소나 민족학박물관이 속히 만들어지길 기대한다. 그것은 남을 알기 위해서만이 아니라 우리가 우리 문화와 우리를 더욱 깊이 알기 위해서이다. 문화적인 상호교류가 뒷받침하지 않는 경제교류는 그리 오래가지 못한다.

제주도의 석상

●● 돌하르방

　제주도는 한국 남부에서 약 80km 떨어진 북태평양에 떠 있는 아름다운 섬이다. 제주도는 화산 폭발로 만들어진 분화구의 섬으로 섬 안에는 360개의 분화구가 있다. 제주도는 지리적으로 징검다리와 같은 존재로 동남아시아 해양문화의 한반도 유입과 중국, 한반도, 일본을 잇는 중계지이기도 하다. 제주도에는 제주식 지석묘위석식 지석묘와 입석 등 많은 유적이 남아 있다.

　제주도의 석상이라고 하면 누구든 돌하르방을 떠올릴 것이다. 돌하르방은 높이 150~200cm의 상반신만 새긴 석상이다. 머리에는 벙거지형의 모자를 쓰고 얼굴이 크고 목이 없는 웅크린 자세는 매시브 조각과 묘한 공통점이 있다. 최근 들어 돌하르방이 조선시대 무인의 모자와 복장을 하고 있다는 견해도 제기되고 있다. 하지만 대부분 의복이 생략되었다고 단언할 수는 없지만 적극적으로 상세하게 표현되지 않았다.

　현재, 가장 일반적으로 사용되고 있는 돌하르방이라는 명칭은 '돌할아버

지'라는 방언에서 유래한다. 오래된 돌하르방은 47기가 남아 있는데 그중 2기는 서울의 국립민속박물관에 옮겨져 있다. 그러나 제주도의 오래된 석상이 47기만 있었을까? 실제로 제주도를 돌아다니면 다양한 석상이 다수 분포하고 명칭도 여러 가지로 지역에 따라 얼굴이나 형태에 변화가 보인다.

조선시대의 읍성 주변에 남아 있던 돌하르방의 명칭으로는 우성목, 무성목, 벅수머리가 있다. 벅수머리라는 것은 벅수와 머리의 합성어이다. 한국 남부지방의 벅수장승의 명칭과 일치한다. 제주도의 석상은 장승에 비해 머리 부분이 개성적인 형상귀두형을 하고 있어, 그것을 강조하기 위해서 벅수머리로 불렀다는 지적이 있다. 벅수머리라는 명칭을 고려하면 제주도에서도 목장승이나 석장승이 존재했다고 생각된다. 우성목과 무성목의 이름은 한자어로 그 표기는 여러 가지로 생각되지만 둘 다 목木이라는 글자가 붙어 있다. 이러한 명칭으로부터 제주현성에 석상이 세워지기 이전에 석상의 기능과 닮은 목상이 세워져 있었을 가능성이 높다. 이외에도 무덤 앞에 서 있는 장군석, 동자석, 망주석이라고 불리는 석상이 다수 있다. 따라서 제주도 석상의 일부는 한국 남부지역의 영향을 부정할 수 없다.

돌하르방의 재질은 검은 현무암으로 조각되어 있다. 전체적인 형태는 장승과 유사하다. 세부적인 특징은 큰 눈과 코, 귀두형의 모자로 치켜 든 턱이나 신체에 밀착한 손과 팔, 하반신이 생략되어 큰 얼굴에 웅크린 듯한 모습을 하고 있다. 특히 제주 시내에 있는 돌하르방은 전체적으로 멘히르형의 석상보다도 매시브 조각에 가까운 인상을 받는다. 한국 남부의 대부분 장승의 양손과 팔이 생략되어 있는 것에 비해 비교적 사실적으로 표현되어 있고, 돌하르방의 손은 모두 배 위에 놓여 있는 것이 특징이다.

현재 제주도에서 지방 민속자료로 지정된 돌하르방은 제주 시내에 21기, 대정읍 12기, 표선면 성읍마을에 12기가 남아 있다. 예부터 전해지는 고식의 돌하르방은 동아대학교 박물관, 온양 민속박물관, 수원 민속촌에 있다. 이것들은 모두 제주도에서 이전된 것이다. 제주도 돌하르방의 대부분은 조선시대에 축성된 제주목성, 대정현성, 정의현성의 성문 입구에 세워진 것이라 하지만 원래의 위치가 불분명한 석상도 적지 않다.

제주 시내에 있는 21기의 돌하르방은 제주목성이 폐성됨에 따라 옮겨진 것들이다. 이들 석상은 두건형의 모자귀두형를 덮어쓰고 큰 얼굴과 웅크린 자세가 매시브적인 인상을 준다. 또한 다른 지역보다 크고 울퉁불퉁한 굴곡 있는 얼굴로 인해 한층 근엄하게 보인다. 손과 얼굴 표현도 대정읍이나 표선면의 석상보다 정교하게 처리되어 있다.

대정읍의 돌하르방은 제주 시내 돌하르방보다는 키가 작고 소박함과 익살스러움이 있다. 눈은 타원형으로 부조되어 있고 코도 길게 표현되어 있어서 제주 시내의 석상과는 약간 다른 모습을 하고 있다. 보성초등학교 앞에 있는 1기와 추사관 앞에 있는 1기는 다른 돌하르방에는 보이지 않는 일종의 목도리와 같은 장식이 있다.

　　표선면 성읍마을의 돌하르방은 읍성의 동문, 남문, 서문에 각각 4기씩, 총 12기가 남아 있다. 평균적인 크기는 약 141cm로 약 182cm인 제주 시내 돌하르방보다는 작지만 대정읍의 약 136cm보다는 크다. 재질 면에서도 구멍이 송송 뚫린 용암을 사용하고 있기 때문에 손이나 얼굴의 윤곽도 명확치 않다. 전체적으로 제주 시내 돌하르방보다는 대정읍 돌하르방과 유사하고 한층 더 소박함과 단순한 인상을 준다. 현재 제주도에서 육지로 이전된 대부분의 돌하르방은 제주 시내에 있었던 것으로 생각되는데 동아대학교 박물관에 있는 3기는 그 크기나 양식으로 보면 표선면 돌하르방과 가장 유사하다.

　　제주 시내 돌하르방 5기와 표선면 7기에는 대석이 남아 있다. 특히 국립민속박물관 경내의 2기와 대정현성 돌하르방에는 대석 정면 측면에 각각 'ㄱ'형태, 'ㅇ' 형태의 음각이 있는데 이는 정낭과 관계가 있다는 지적이 있다. 적어도 제주 시내의 돌하르방에는 높이 20~30cm의 대석이 있어, 본래는 지금보다 키가 크고 더 위풍당당하게 보였을 것이다.

　　돌하르방의 기능은 무엇이

| 성읍마을의 돌하르방 |

었을까? 이렇다 할 유력한 근거는 없지만 민속학자의 조사에 의하면 수호신적인 역할, 잡귀와 전염병 등을 방지한다고 한다. 하지만 이러한 기능은 마을 사람들로부터 알아낸 설문조사를 근거한 것으로 돌하르방 본래의 기능은 알 수 없다.

제주도 돌하르방이라고 불리는 석상을 통틀어 읍성을 지키는 수문장적인 기능만을 강조하는 것은 납득하기 어렵다. 장승과 같이 돌하르방도 제주사람들의 많은 기원이 담겨져 만들어졌을 가능성이 높다. 따라서 돌하르방의 명칭도 여러 가지이며 지역에 따라 형태와 기능도 달라 47기의 돌하르방을 모두 일괄해서 취급하는 것은 문제가 있다. 모든 돌하르방이 같은 시기에 같은 목적으로 같은 사람이 제작했다는 증거는 없다.

●● 그 밖의 석상

제주도 석상은 그 연대가 명확하지 않지만 여러 가지 것들이 있다. 예를 들어 목석원에는 남녀의 성기가 표현된 석상 2기가 있다. 크기는 돌하르방보다는 아주 작고, 한 개의 고목을 중앙에 두고 좌우로 각 1기의 석상이 있다. 얼굴이 크고 양손을 몸에 밀착시켜 배 앞에 둔 모습은 익산의 미륵사지 석상이나 일본의 아스카에 있는 사루이시와도 유사하다. 목석원에는 총 39기의 동자석이라는 석상이 있는데 이들 대부분은 남부지방의 문인석, 무인석, 장승의 영향을 받은 것으로 제작연대도 조선시대까지 거슬러 올라가지는 않는다. 하지만 제주도의 동자석에는 남근을 부조한 동자석을 많이 볼 수 있는데 이러한 표현은 육지의 석상에서는 전혀 나타나지 않는다.

용담동 385번지의 용화사 경내에 있는 거대 석상을 주민들은 서자복미륵불

| 제주도의 동자석(용인 민속촌) |

이라고 부르고 있다. 높이 336cm로 큰 얼굴, 양팔과 가슴 앞에 놓여 있는 양손 등은 조각적으로는 돌하르방과 유사하다. 이 석상은 돌하르방에서는 일반적으로 보이지 않는 의복이 부조되어 있는데 이는 불교조각의 영향에 의한 것이다. 이 석상은 불상으로 제작되었지만 그것을 제작한 것은 제주도 석공들로 돌하르방의 조각적인 요소가 겹쳐 제주도화한 불상으로 추정된다. 용담동 주민들은 해신제의 일종인 포제浦祭 전에 반드시 석상에게 마을의 평안과 안전, 전염병 방지 등을 기원했다. 『신동국여지승람』 권38, 전라도제주목불자조에 "해륜사는 별명 서자복이라고 하고, 서쪽 독포 가까이 있다"는 기록이 있다.

건입동 1257-13번지의 민가 안에 동자복미륵불이라고 부르는 석상이 있다 높이 360cm. 머리에는 모자를 쓰고 살짝 미소를 짓고 있다. 몸에는 두꺼운 외투가 조각되어 있지만 불상의 법의와는 다르다. 전체 크기에 비해 얼굴 크기가 4할을

| 용화사의 서자복 | | 건입동의 동자복 |

차지하고 있다. 이 석상은 양손을 가슴 앞에 두고 있는 점이나 신체 세부의 표현 양식을 보면 용담동의 미륵과 매우 유사하다. 『신동국여지승람』에는 "만수사는 별명이 동자복이라 하여 건입동 동해안에 있다"고 기록되어 있다. 서자복과 동자복은 조선시대 이전에 만들어졌을 가능성이 높다.

이도 2동의 우녀천牛女泉 미륵당에 석상 2기가 안치되어 있었는데, 주변이 도시화가 진행되면서 제당과 석상은 지하에 매몰되었다. 홍정균이 찍은 한 장의 사진만이 남아 있어 석상의 대략적인 형태만 알 수 있다. 사진으로 보면 석상은 제주도 분묘 앞에 있는 동자석과 매우 유사하다. 우녀천의 제당에는 용천수의 우물이 있어, 석상이 우물물을 지키는 수신으로 보배 같은 자식을 점지하는 산신産神이라고도 전해지고 있다.

　제주도 민속자연사박물관의 전시실 안에는 기자상이 전시되어 있는데, 얼굴과 동체만이 조잡하게 조각되어 있다. 소형 석상으로 돌하르방과는 양식이 다르다. 이 석상은 남근석과 함께 성기신앙과 관련된 것으로 제주 민속박물관에도 1기가 있다.

　제주대학교 박물관 앞에는 돌코냉이라고 부르는 석상이 있다높이 88cm. 얼굴에는 눈과 코가 얕게 부조되어 입이 일자형으로 크게 선각되어 있다. 얼굴 형태는 인간보다는 동물에 가깝고 제주도 이외에서 볼 수 없는 특이한 형태를 하고 있다. 북제주군 구엄마을의 마을신으로 신앙되었던 석상이다. 원래는 동서 20m 간격으로 석상 4기가 있었다고 전해지고 있다. 따라서 제주도 석상은 조선시대 읍성의 성문 앞에만 세워진 것이 아니다.

　제주대학교 박물관 앞에는 동체에 조천朝天이라는 명문이 새겨진 석상이 있다높이 93cm. 석재를 입석형으로 가공하여 안면만 조각되어 있다. 큰 눈과 코는 돌하르방과 유사하지만 모자와 양팔이 대담하게 생략되어 석장승과 매우 유사하다. 제주

| 돌코냉이 |

도의 석상 중에서 동체에 명문이
있는 예가 없다. 이 석상은 원래
건입동에 있었던 것으로 농사를
관장하는 마을신으로서 신앙되어
왔던 것을 주변 지역의 도시화에
의해 박물관으로 이전한 것이다.
석상이 있던 건입동은 예부터 항
구가 있었던 곳으로 남부지방 석
장승의 영향을 받아서 만들어졌을
가능성이 높다.

회천동 화천사의 대웅전 뒤에
5기의 석상이 시멘트 기단 위에
나열해 있다. 이들 5기의 석상은
자연석에 얼굴 윤곽만을 심플하게
선각한 것이다. 정확한 연대는 알

| 조천상 |

수 없지만 불교조각이나 돌하르방과는 다른 이질적인 석상이다. 화천사의 5기
석상은 미륵 혹은 미륵보살이라고도 불려 가족의 건강이나 평안을 기원하는 대
상이 되고 있다. 그러나 석상은 불상과는 전혀 다른 양식으로 불교가 제주도에
들어가기 이전에 제작되어 마을 사람의 신앙의 대상이 되었을 가능성이 매우
높다.

대정읍 모슬포우체국 입구에 돌하르방과는 다른 형태의 석상이 있다. 모자
의 형태, 얼굴, 눈, 코 등이 돌하르방보다는 작게 표현되어 있다높이 180cm. 양팔
은 동체의 전면에서 얕게 부조되어 있다. 전면의 동체에는 간구이라고도 읽을 수

| 화천사의 석상 |

있는 한자가 선각되어, 의복으로 보이는 흔적이 남아 있다.

대정리 인성마을 평지의 동서로 약 80m 떨어진 밭에 돌탑 2기가 있고, 각각의 정상에는 석상이 세워져 있다. 동쪽에 있는 돌탑의 석상은 높이가 117cm이다. 돌탑은 탑, 거욱대, 방사탑이라 불리는데 이는 제주도의 여기저기 전통마을에서 볼 수 있는 것이다. 석상은 입석과 같이 조잡하게 가공하여 안면에 눈, 코, 입이 얕게 부조된 것으로 팔과 손은 확인할 수 없다. 전체적으로 석장승과 매우 흡사하다. 서쪽 돌탑 위에 서 있는 석상은 높이가 97cm로 얼굴 조각은 돌하르방과 유사하지만 모자나 팔의 표현이 없다. 돌탑과 석상이 하나가 되어 마을신으로 모셔지고 있다. 이들 2기의 석상은 돌하르방이라고 부르는데 석장승과 형태나 기능이 같다.

| 인성마을의 돌하르방 |

대정읍 화순마을의 해수욕장 오른쪽 절벽 정상에 석상 1기가 있다. 마을 주민들은 이 석상을 돌하르방 또는 거욱대라고 부르고 있다. 암반 위에 잡석을 쌓아 올려 그 위에 석상이 세워져 있다높이 94cm. 바람에 의한 풍화가 현저하고 얼굴과 동체가 대담한 생략 기법으로 처리되어 있다. 벙거지형의 모자를 쓰고 있으며 큰 눈과 코, 작은 입 등은 돌하르방과 유사하다. 단지 동체에 양팔이 없는 것만 다르다. 석재의 풍화 상태로 보면 아주 오래된 석상일 가능성이 매우 높다. 절벽 위에서 마을과 바다를 내려다보고 서 있다.

성산읍 시흥마을의 해안에도 석상 1기가 있다. 4각형의 돌담 안에 자연석을 원추형으로 쌓아 올린 돌탑 위에 석상이 서 있다. 높이 94cm로 마을 사람들은 이 석상을 영등하르방 또는 거욱대라고 부르고 있다. 석상은 돌하르방과 매우 흡사

| 시흥마을의 석상 |

하다. 석상은 바다 저편에서 들어오는 재앙으로부터 마을을 지키는 수호신으로 숭배되고 있다. 그리 오래된 석상은 아니지만 어딘지 모르게 이스터 섬의 모아이상과 매우 닮았다.

제주도는 절해의 고도가 아니다. 예부터 중국, 한반도, 일본과 교류하였고, 동남아시아로부터 쿠로시오 해류가 흘러 들어오는 곳이다. 역사적으로는 백제, 신라, 고려, 원의 지배를 받은 적이 있다. 바꿔 말하면 제주도는 한반도를 중심으로 해서 동남아시아, 중국, 일본을 묶는 교통의 요충지이다. 따라서 우리는 제주도문화의 고립성과 함께 다양성을 간과해서는 안 된다. 제주도문화를 알기 위해서는 좀 더 넓고 국제적인 시야에서 유연성 있게 접근할 필요가 있다. 제주도의 석상은 돌하르방뿐만 아니라 여러 가지가 있다. 한국 남부의 석상과 외견상의 유사성뿐만 아니라 기능면에 있어서도 매우 유사한 것이 있다. 따라서 제주도 석상과 한국 석상과의 관련성을 인정하지 않으면 안 된다. 하지만 한편으로 제주도문화와 석상의 다양성과 독창성 또한 인정할 필요가 있다.

제주도의 매시브형 석상은 분명히 멘히르형 장승과는 다른 요소가 있다. 전남 영암군 금정면 남송마을의 2기, 전북 남원군 산내면 입석리 실상사 입구의

2기, 남원군 운봉읍 서천마을의 2기, 남원군 주천면 호기마을의 1기, 부안군 부안읍 동중리의 1기는 제주도의 돌하르방과 매우 흡사하여 이들 간의 관련성이 주목받아 왔다. 그러나 이들 석상의 얼굴 부분은 돌하르방과 매우 닮았지만 또한 많은 상이점이 있다는 것도 유의할 필요가 있다. 제주 시내의 돌하르방은 매시브 석상과 유사점이 많고 이들 장승은 멘히르형 석상이라는 현저한 양식적인 차이가 있다.

●● 제주도의 지석묘

제주도는 화산섬이기 때문에 인간이 거주하기 위해 없어서는 안 되는 물, 농경이나 어로와 같은 식량 획득이 유리한 장소는 해안선을 따라 분포되어 있다. 삼양동 유적기원전 2C~기원후 1C의 경우는 해안으로부터 불과 200m밖에 떨어지지 않은 곳에 위치하고 있다. 제3차 발굴 조사로 228군데의 주거유적이 확인되었으며 지석묘는 300m 들어간 곳에서 발견되었다. 이 삼양동 유적에서 대형 고상가옥 유적이 발견되었다. 이러한 고상가옥은 일본 야요이 유적에서 많이 보이는 것으로 동탁이나 동경奈良佐味田寶塚 고분 출토에도 그려져 제주도 고상가옥의 유력한 참고자료가 되고 있다. 또한 중국의 윈난 성과 동남아시아의 청동기에도 그려져 있어, 지금도 같은 형태의 가옥이 동남아시아에 널리 분포하고 있다. 한국과 일본의 고상가옥은 동남아시아와 같은 뿌리의 문화로 생각된다.

제주도의 지석묘는 해발 100m 안의 제주시와 북제주군 서부 해안지역에 집중적으로 분포한다. 남제주군 동부에는 그 수가 매우 적고 북제주군 동부는 확인되지 않고 있다. 이러한 지석묘는 무문토기곽지리식 토기 출토지나 패총유적의

| 삼양동 유적의 고상가옥 터 |

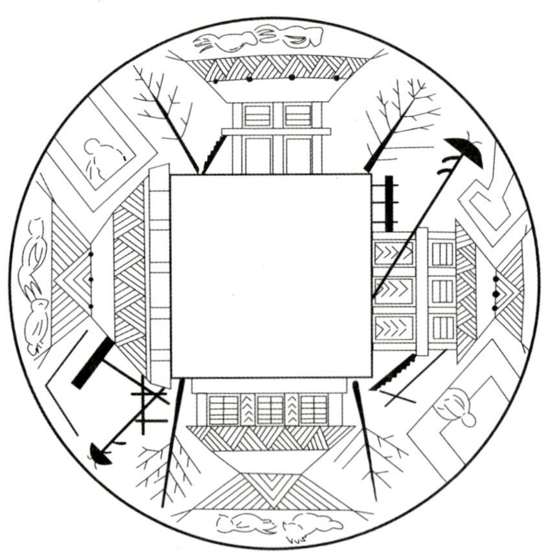

| 동경의 고상가옥(奈良佐味田寶塚 고분 출토) |

분포와 일치한다. 북제주군의 동부는 수원이 없다는 것을 고려하면 지석묘는 강이나 수원과도 밀접하게 관련이 있는 것으로 보인다. 이것은 당시의 생활 조건으로 보아 특히 농경과 관련이 있는 것으로 생각된다. 제주도 지석묘가 분포하는 곳은 토층이 상대적으로 깊어 농경에 유리한 지역이다. 지석묘가 하나의 행정구역에서 5기 이상 남아 있는 곳은 한천유역의 용담동, 오라동, 외도동, 광령리, 대정읍 동일리, 가파도 하동이다.

한반도 지석묘의 기원을 북부지역이라고 보고 북방식이 점차 남부로 확산되어 나중에 개석식이 발생했다고 보는 견해도 있다. 또 개석식을 원초적인 것이라 하여 이것을 기반으로 북부에서는 북방식이 발전했다고 보는 견해도 있다. 이청규는 제주도 지석묘의 상한을 기원전 4~3세기, 하한을 기원후 3~4세기로

| 광령리의 지석묘 |

추정하고 있다.

제주도 지석묘에서 성혈이 확인된 것은 용담동 제3호, 제주공항 내 제1호, 외도동 제1호~제4호, 외도동 제5호와 제7호의 개석 표면이다. 광령리 제1호, 광령리 제3호와 제4호, 광령리 제15호의 개석 표면에도 성혈이 있다.

성혈은 연구자에 따라서는 별자리, 바위 구멍이라고도 부르고 있다. 그 크기는 지름 5~12cm 전후인 깊이는 1~6cm 전후인 것이 많다. 작은 것은 지름 4cm 정도로 깊이는 몇 밀리미터인 것까지 있다. 깊이가 몇 밀리미터인 것은 분명히 자갈을 원형으로 갈아 문질러서 제작했다는 것을 알려준다. 또 깊은 구멍의 경우는 석봉과 같은 것으로 둥글게 문지르면서 제작한 것이다.

성혈을 가지는 지석묘의 분포는 제주시와 북제주군의 북부 지역에 한정되어 있다. 특히 외도천유역의 외도동과 광령리에 집중하고 있다. 이 점을 고려하면 제주도의 성혈은 지석묘가 축조된 시기와 그리 멀지 않은 시기에 비교적 단기간에 제작되었을 가능성이 높다. 그 제작 목적은 물, 즉 외도천과 관련이 있는 것으로 보인다.

| 성혈(외도동 제3호 지석묘) |

성혈은 한국 남부지역의 하천 가까운 전망 좋은 곳에 위치하는 지석묘에서 집중적으로 볼 수 있다. 따라서 제주도에서 성혈이 있는 지석묘의 분포는 한국의 남부지역과 일치하고 있다. 성혈이 물과 깊게 관련되어 있는 것에 대해서는 한국 남부의 성혈을 가지는 자연석으로도 알 수 있다. 성혈을 가진 자연석의 대부분은 마을공동제의 신체로 신앙되고 있다. 산 정상에 성혈을 가진 큰 바위의 경우는 기우제의 제장으로 물과 관련되어 있다는 것을 쉽게 알 수 있다. 또 강가에 있는 바위에도 여기저기 성혈이 보이고 최근까지 기우제가 행해졌던 곳도 적지 않다.

일반적으로 바위 구멍은 여성의 심벌에 기원하고 풍요와 생산을 상징하는 원시적인 종교에서 유래한다고 해석되고 있다. 현행의 민간신앙을 보면 성혈은 개인적 목적과 집단적 목적에 의해 제작된 것을 알 수 있다. 개인적인 목적의 경우에는 개인이 각양각색의 소원을 기원하고 특히 기자신앙과 밀접한 관계가 있다. 자식이 없는 여성들이 신앙의 대상이 되는 바위에 돌을 갈면서 아이를 점지해줄 것을 기원한 것으로 비교적 최근까지 제작되었다. 삼국시대부터 고려시대의 불탑 기단에서 볼 수 있는 성혈은 개인적 목적에서 제작된 것으로 생각된다. 또 조선시대 지방관의 공적을 찬양한 비석에도 여기저기 성혈이 보이는데 이것들은 여성들이 자신에게도 훌륭한 관리가 될 수 있는 아이를 점지해줄 것을 기원하면서 제작한 것이다.

한편 집단적 목적으로는 특정한 제관이 마을공동체의 번영을 기원하는 의례로 제작한 것이 있다. 남원시 죽항동과 부안군 서외리의 사례는 성혈과 마을공동제와의 관계를 가장 명확히 보여주는 사례이다. 죽항동의 경우는 강가에 있는 거북바위현재 수몰되었음, 서외리의 경우는 솟대의 기대석으로 마을공동제의 당산제에서 성혈 안에 곡물의 씨앗을 넣고 신년의 풍작을 기원하는 의례가 최근까지도 행해졌다. 개인적 목적에 의해 제작된 성혈의 경우는 비교적 새로 만든 것도 있지만 집단적 목적에 의해 제작된 성혈은 제례 때마다 새롭게 제작하는 것이 아니라 이미 만들어진 성혈을 재이용하고 있는 것이 특징이다.

한국에서는 성혈이 있는 지석묘도 기자신앙의 대상이 되고 있다. 그 경우는 구멍을 새롭게 제작하기보다는 이미 만들어져 있던 성혈 안에 곡물의 씨앗이나 정화수를 넣어서 기원하는 방법을 취하고 있어, 오히려 성혈을 재이용하는 경우가 일반적이다. 따라서 성혈을 여성의 심벌이라고 해석한 것은 전혀 근거가 없는 것은 아니다. 성혈을 난생신화나 곡령신앙과의 관련을 추정한 견해도 있는데 알곡물의 씨앗이 부화해서 새로운 생명이 탄생하는 의미, 즉 신생명의 탄생이라는 주술적인 의미로 해석할 수도 있다.

성혈의 의미를 이렇게 해석하면 성혈을 제작하는 행위는 어떻게 해석해야 할지가 문제가 될 것이다. 당연히 성혈을 신생명의 탄생 혹은 풍요와 생산의 상징으로 하기 이전에 성혈을 제작하는 과정이 앞서는 것은 명확하다. 그러면 성혈을 제작하는 것은 원초적인 신앙 형태로 그 제작 과정이 중요한 의미를 가진다.

성혈은 한 군데에 몇 개부터 몇백 개까지 새겨져 있는 경우가 대부분이다. 한 군데에 복수의 성혈이 있는 것은 도대체 무엇을 의미하는 것인가? 성혈의 크기를 조사해보면 어느 정도의 크기지름 8cm가 되면 새롭게 제작된 것이 명확하다. 이것은 단순히 구멍을 제작하는 것이 목적이 아니라 그 제작과정이 중요한 의미를 가지고 있다는 것을 시사한다. 게다가 1회에 한정된 행위가 아니라 되풀이해서 행해진 것을 의미한다. 어디에나 있는 바위가 아니라 신성함이 부여된 성스러운 바위에 성혈을 만드는 과정은 생식행위 바로 그것을 상징적으로 연출한 것이다. 다시 말해 성스러운 바위거석유구─마찰성행위─생산풍요이라고 하는 모방 주술이 상정된다고 이필영은 지적하고 있다. 이상을 고려하면 성혈은 구멍을 제작하는 것에 의미가 있고, 나중에 그 구멍이 생산이나 풍요와 관련되는 상징적인 의미로서 의례 안에서 사용되었을 가능성이 매우 높다.

　　한편 성혈은 주로 청동기시대에 제작되었다고 보는 것이 일반적이다. 그런데 지석묘에 있는 성혈을 근거로 하여 지석묘사회의 복원을 시도한 연구자도 있다. 그것은 성혈이 특정한 별자리나 친족체계를 나타낸 것이라고 보는 견해인데, 성혈의 배치는 일반적으로 무질서하게 분포되어 있어, 이러한 문제는 앞으로 재검토할 필요가 있다. 한국 성혈의 편년 작업은 각각의 유구에 대해 불명확하다는 문제가 남아 있다. 암각화, 지석묘, 석탑, 비석 등에 있는 성혈의 연대 설정은 어느 정도 가능하지만 최근까지 민간신앙의 대상인 자연석의 경우는 판단 자료가 모자라 정확한 제작 연대를 밝히기 어렵다.

●● 제주도 석상의 기원

　　돌하르방의 원래 위치는 제주목성, 대정현성, 정의현성의 세 읍성의 북문을 제외한 동문, 서문, 남문 밖에 있었다고 한다. 이러한 전문을 근거로 하여 돌하르방의 제작 연대는 세 개의 읍성 축성 연대와 일치한다고 보는 연구자가 많다. 제주목성이 언제 축성되었는지 명확하지 않다. 대정현성과 정의현성의 축성에 대해서는 『탐라기년』에 기사가 있다. 대정현성이 1418년, 정의현성이 1423년에 축성된 것을 알 수 있다. 만일 돌하르방의 기원이 이들 현성의 축성과 같다고 하면 1418년 이전으로 거슬러 올라갈 수 없다.

　　『탐라기년』의 영종 30년1754 조에 "목사 김몽규가 옹중석翁仲石을 제주목 성문 밖에 세웠다"는 기록이 있다. 이것이 돌하르방에 관한 가장 오래된 기록이다.

『탐라기년』의 기록에서 목사 김몽규가 제주목성 앞에 옹중석을 세웠다는 기록은 충분히 존중해야 할 문헌사료이다. 하지만 이 기록이 모든 제주도 석상의 시원을 알리는 것이 아니라는 점을 상기해야 한다. 김몽규가 명해서 제주도에 그전까지 전혀 없었던 새로운 석상을 만들었다고 하는 필연성이 어디에 있는 것일까? 만일 중앙에서 파견된 관리의 명령에 의해 새롭게 제작했다고 하면 그 경우 본이 되는 석상이 존재했을 것이다. 만일 돌하르방이 성을 지키기 위한 수호신으로서 세워졌다고 하면 도민과 전혀 관계가 없는 석상을 세워봤자 아무런 효과를 기대할 수 없을 것이다. 당시 제주사람들의 신앙의 대상이었던 우상을 본받아서 제작한 것도 충분히 고려할 수 있다. 또한 제주 시내의 석상이 김몽규의 명에 의해 만들어졌다고 해도 그것을 만든 석공은 육지 사람들이 아니다. 제주도 석공들이 제주 나름대로의 정서와 전통을 표현한 것이다. 따라서 제주시 돌하르방에는 오랜 역사 안에 축적된 다양성과 독창성이 존재한다고 생각된다.

제주의 오래된 석상은 세 개의 성문 밖에 있었던 47기만이 아니다. 원래의 장소가 불분명한 것도 남아 있고, 또한 어딘가 대저택

| 돌하르방(국립민속박물관) |

의 정원에 있을 가능성도 있다. 게다가 돌하르방보다 더욱 오래되었다고 생각되는 양식의 석상이 남아 있는 것을 잊어서는 안 된다. 따라서 돌하르방의 성립 연대와 세 개의 읍성의 축성 연대는 반드시 결부된다고는 생각하기 어렵다.

제주도 석상 중에는 후대에 만들어진 것도 있다. 그러나 유교사상이 왕성했던 조선시대는 유교 이외의 우상에 대한 파괴 활동이 제주도에도 영향을 미쳤으며, 제주도에 남아 있던 많은 자연 종교적 유물이 음사사교의 이름 아래서 철저하게 말살된 시기였다. 따라서 제주도의 모든 석상이 조선시대에 제작되었다고 하는 증거는 없다.

제주도의 다양한 석상문화는 어디에서 온 것일까? 돌하르방의 기원은 제주도 고유설, 한국 남부지방 기원설, 몽골 기원설, 인도네시아 기원설 등 크게 네 개로 분류할 수 있다. 제주 석상과 한국 남부지방 석상과의 관련은 부정할 수 없다. 하지만 모든 제주도 석상이 남부지방의 영향에 의해서 만들어졌다고 생각하기도 어렵다. 제주도 석상 특유의 요소도 존재하고 있다. 예를 들어 제주도 동자석은 육지의 무인석·문인석의 영향으로 제작되었는데 생식기의 표현은 한국 남부지역의 석상에서는 볼 수 없는 것이다. 그러나 우리 문화 고유의 것이라는 주장에는 이웃 다른 나라 문화와 유사한 것이 있다. 불교가 인도에서 전파된 것처럼 우리 문화에는 다른 나라로부터 전해진 것도 있다. 따라서 우리는 몽골 기원설과 인도네시아 기원설을 면밀히 검증할 필요가 있다.

임동권은 몽고의 만체스 마을에 남아 있는 1기의 석상을 근거로 하여 장승이나 돌하르방이 고려시대에 몽고의 영향으로 제작되었다고 주장한다. 그 후 한국의 몽골 연구자들에 의해 돌하르방의 몽골 기원설이 구체적으로 제기된다. 이 시기1990년대는 한국인 연구자가 몽골의 현지조사를 행했던 초기로 세상의 화제를 모으기에 충분했다.

몽골의 지배하에 있었던 고려시대13~14C에 한국문화가 몽골문화의 영향을 받은 것은 부정할 수 없는 역사적 사실이다. 제주도가 원의 지배하에 있었던 것은 1273년부터 1374년까지의 약 100년간이다. 고려 원종 14년에는 탐라에 원달노화적元達魯花赤을 두어 몽고군을 주둔시키고 일본 침략의 전진기지 겸 목장으로 사용했다. 그 이후에도 몽고 말의 산지로서 몽고인 목자牧子의 이주가 고려 말까지 계속된다. 따라서 의식주를 비롯한 이들 몽고인의 풍습이 도민에게 영향을 끼친 것은 상상할 수 있다.

이상을 종합적으로 고려하면 제주도 돌하르방과 몽고 석상과의 관련은 완전히 부정할 수 없다. 그렇다면 우리가 무엇보다 먼저 해야 할 일은 몽골 석상의 조사와 연구이다. 그러나 돌하르방의 몽고 기원설에 대해서는 여러 가지 의문이 남는다.

첫째, 같은 원의 지배하에 있었던 중국과 한반도 북부에 몽골과 유사한 석상이 눈에 띄지 않는 점이다. 만일 돌하르방이나 장승이 14세기 몽고의 영향을 받았다면 같은 지배하에 있었던 다른 지역에도 당연히 그 영향이 보여야 할 것이다.

둘째, 모든 제주도 석상의 제작 연대가 14세기라는 점이다. 제주도의 석상이 몽골 지배시기에 한정해서 만들어졌다는 가설은 인정할 수 없다. 장승과 돌하르방과는 직접적인 관계는 없지만 통일신라시대 왕릉의 문인석·무인석의 존재도 부기해둔다.

셋째, 몽고제국시대의 석상13~14C은 거의 예외 없이 의자에 앉아 있는 좌상으로 가슴 앞에서 용기를 가지고 있는데 한국 석상에는 이러한 표현이 전혀 눈에 띄지 않는다. 몽골 석상에 대해서는 다음 장에서 상세히 소개하기로 한다.

김병모는 돌하르방이나 장승은 남방적인 색채가 농후해서 그 기원을 쿠로시오 해류에 의한 전파라고 논하고 있다. 김병모는 인도네시아 발리 섬 브사키 사원의 석상을 예로 들어 돌하르방과의 관련성을 지적하고 있다. 브사키 사원과 제주도 석상은 다른 점도 있지만 유사점도 많다. 김병모는 이스터 섬의 모아이 상과의 유사성을 지적하며 제주도를 중심으로 한 석상문화는 환태평양에서 동지나해에 연결되는 해양문화가 한국에 전파된 것이라고 추정하고 있다. 그러나 발리 섬 브사키 사원의 석상만을 가지고 돌하르방의 남방기원설을 주장하는 것은 설득력이 없다.

하지만 우리는 김병모의 가설도 하나하나 검증할 필요가 있다. 조사나 연구도 하지 않고 다른 연구자의 가설을 연구실에 앉아서 칼로 무 자르듯이 비판하는 것도 바람직한 태도가 아니다. 돌하르방의 남방기원설은 이광규, 이종철, 이두현 등이 제기하고 있다.

오가와 고요는 고대 아스카 석상은 제주도 출신의 표류자가 제작한 것이라는 새로운 가설을 제기한다. 제주도 석상과 일본 석상과의 유사점을 지적하고, 『일본서기』에 나오는 도카라는 탐라제주도라고 상정하고 있다. 고대의 탐라는 백제의 속국이며 일본과 문화교류가 있었던 것은 역사적 사실이다.

필자의 20년에 달하는 석상연구는 은사인 오가와의 가설에서 시작된 것이다. 1990년대까지 한국 석상의 북방아시아 기원설과 동남아시아 기원설에는 상호 비교할 수 있는 자료가 절대적으로 부족했다. 특정 지역의 몇 기의 석상만을 가지고 전파설이 주장되었고, 그중 일부 논문에는 인신공격에 가까운 비방의 글들이 있었다. 요컨대 북방아시아 기원설과 동남아시아 기원설은 유력한 근거 없이 학계의 쟁점이 되어 왔다. 게다가 종래의 연구는 포괄적인 민족지도 없는 단계에서 극히 얼마 안 되는 외국의 석상 사례를 가지고 양자의 영향 관계를 논한 경향이 있었다. 필자의 한국 석상의 원류를 찾는 몽골, 서북 환태평양의 현지조

사는 이렇게 해서 시작된다. 우선 돌하르방의 북방기원설이 되고 있는 몽골의
석상을 소개한다.

몽골의 석상

●● 몽골의 선사 유적

몽골 고원에 남아 있는 가장 오래된 고고유물은 암각화이다. 일반적으로 암각화의 연대를 설정하기란 매우 어려운 일이지만 구석기시대 후기, 신석기시대, 청동기시대, 철기시대, 그리고 몽골제국시대에 이르기까지의 암각화가 있다.

암각화의 대표적 주제는 수렵 생활의 풍요를 바라는 것이다. 살찐 산양이나 사슴과 같은 야생 동물과 사냥꾼이 그려져 있다. 다른 테마로는 전투 장면이 있어, 거기에는 활을 가진 전사와 말이 끄는 전차가 그려져 있다.

북방아시아에서 유목이 시작된 것은 언제쯤인지 명확한 것은 알 수 없다. 기원전 2000년경부터 농경과 목축이 복합된 청동기문화가 시작되면서 목축에 종사하는 유목민이 출현했을 가능성이 높다. 그리고 기원전 800년경에는 말을 타는 기술이 발달함으로써 양이나 염소와 더불어 소·말과 같은 대형 가축을 사육하는 목축이 탄생한다.

사슴돌鹿石이라고 불리는 유물은 이러한 북방아시아의 청동기시대를 대표

하는 것이다. 길이 1~4m의 입석 표면에 가늘고 긴 코를 한 양식화된 사슴 무늬가 새겨져 있다. 그와 함께 단검, 태양문과 같은 여러 가지 문양이 새겨져 있다. 사슴돌에 새겨진 단검의 형상이 청동기시대의 유적에서 출토된 단검과 모양이 같아 대체적인 연대를 알 수 있다. 사슴돌은 군사적 지도자인 선조의 모습을 표현한 것으로 추정되고 상부에 인면이 새겨져 있는 것도 있다.

사슴돌은 방형의 석판을 조립한 석곽묘 옆에 세워지는 경우가 많다. 그 때문에 몽골의 석곽묘는 청동기시대부터 존재하고 있었던 것으로 여겨지고 있다. 기원전 3세기 중앙아시아에 처음으로 유목 국가가 탄생했다. 중국의 사서에서 말하는 흉노匈奴이다. 흉노는 모돈단우의 지휘하에 몽골 고원의 여러 민족을 제압하고 한의 고조를 쳐서 조공을 약속시킨 것으로 알려져 있다. 흉노는 수장들을 위해 대규모 분구묘墳丘墓를 만들었다.

흉노가 기원 1세기에 분열된 뒤 몽골 초원에서는 선비鮮卑, 유연柔然 등의 유목 민족이 흥망하고, 6세기가 되면 돌궐突厥이라는 터키계의 대유목 국가가 출현한다.

돌궐의 영웅들이 몽골 고원에 나타난 것은 7세기경으로 고대 돌궐제국이 두 번째의 융성을 맞이한 시대이다. 이 시기의 많은 유물이 유목민의 매장 유적에서 출토되고, 그와 더불어 돌궐시대의 석상이 발견되었다. 석상은 매장 의례나 조상숭배 의례와 관계되는 것으로 돌아가신 귀인이나 무장을 나타내고 있다. 돌궐제국시대의 대표적인 투뉴쿠쿠 유적에는 매장용 석곽을 중심으로 석상, 비문, 석주발발 등이 남아 있다. 이처럼 무덤 가까운 곳에 석상을 세우기 시작한 것은 돌궐인에 의해서이다.

몽골 석상의 기원은 돌궐제국시대의 유적에서 보이고 있는 석양石羊이나 석사자石獅子와 같이 중국을 기원으로 하는 설, 돌궐제국의 건국 당초부터 깊은 관련이 있던 소구도인의 영향을 받았다고 하는 가설이 있다. 여하튼 몽골 석상의 출현은 돌궐제국시대부터 시작된다.

미국과 소련의 냉전시대에 한국의 연구자가 공산권 나라에 장기간 현지조사를 행하는 것은 꿈도 꾸지 못했던 시기가 있었다. 그래서 이들 나라의 연구 자료를 입수하는 것은 용이하지 않았다. 이러한 사정으로 한정된 연구자료 안에서 단편적이고 부정확한 것까지도 충분히 검증되지 않은 채 그대로 인용되어 후에 잘못된 선입관을 낳는 경우가 많았다. 몽골은 한국문화의 북방아시아 기원설과 관련하여 식민지시대부터 오늘에 이르기까지 많은 연구자들이 관심을 가져왔다. 그러나 현지조사에 근거한 정확한 민족지가 출판되는 것은 1990년대 이후부터이다.

1996년에 하야시 도시오가 몽골의 현지조사를 근거로 하여 고대 돌궐제국시대의 336기에 이르는 석상을 간단한 기술과 함께 사진을 보고했다. 하야시의 보고에 의해서 몽골 석상의 전모가 밝혀졌고, 처음으로 신뢰할 수 있는 종합적인 민족지가 작성된 셈이다. 단, 지금 단계에서는 몽골 석상의 완전한 민족지가 작성되지 않은 문제가 남아 있다. 하야시의 보고도 동몽골의 석상은 현지조사에 의한 것이 아니라 종래의 보고서를 인용해서 소개하고 있는 것에 지나지 않는다. 또 하야시의 보고서는 수흐바아타르아이마크의 몽골제국시대 석상에 대해서는 구체적인 언급이 없었다.

한편 1994년에 바야르Dovdoin Bayar의 저서 『몽골 석인상의 연구』가 박원길에 의해 번역되었다. 동몽골에 분포하는 66기의 몽골제국시대의 석상이 보고되

었다. 바야르의 보고서에는 소재지, 크기, 스케치가 기재되어 있지만 석상 사진
은 몇 장밖에 게재되지 않았다.

　　동몽골의 헨티아이마크, 도르노트아이마크, 수흐바아타르아이마크의 석상
은 필자가 1999년 현지조사를 통해 일본에서 보고한 바 있다. 러시아와 중국 국
경 근처까지 석상을 샅샅이 찾아다녔다. 이하 한국 석상과 관련된 것으로 제일
많이 거론되어 왔던 수흐바아타르아이마크의 일부 석상만을 한정해서 소개하여
한국 석상과 어디가 같고 어디가 다른지를 생각해본다.

●● 에르든차강솜의 석상

　　에르든차강솜솜은 한국의 군에 해당
한다의 제그스티에 석상이 있다. 머
리에는 몽골풍의 모자를 쓰고 있다
높이 136cm. 얼굴에는 작은 눈과 입이
선각되어 있고 양쪽 귀는 크게 부조
되어 그 뒤에 둥글게 묶은 변발이
있다. 오른손은 가슴 앞에서 비교적
큰 식기높이 24cm, 폭 9.5cm를 들고 있
으며 왼손은 무릎 위에 두고 있다.
의복은 폭이 좁은 긴 소매와 기장이
긴 델을 입고 팔걸이와 등받이가 있
는 의자에 앉아 있다. 제그스티 석

| 제그스티의 석상 |

| 준 누흐트의 석상 |

상은 몽골제국시대의 것이다.

에르든차강솜의 준 누흐트 언덕 위에 2기의 석상이 있다. 서쪽에 위치하는 석상은 화강암을 입석과 같이 거칠게 가공하여 인체를 심플하게 조각한 것이다 높이 120cm. 오른손은 복부 앞에서 손잡이가 달린 비교적 큰 식기높이 20cm, 폭 12cm를 들고 있으며 왼손은 하복부에 손바닥을 밀착시키고 있다.

동쪽의 석상은 자연석에 가까운 입석의 상부에 얼굴과 상반신만 얕게 조각한 것이다높이 90cm. 가슴에는 아래로 축 처진 유방이 있어 여성을 나타낸 것으로 생각된다. 양손은 아주 얕게 부조되어 왼손은 가슴 앞에서 큰 식기의 손잡이를 잡고 있다. 이들 2기의 석상은 돌궐제국시대의 석상이다.

에르든차강솜 홍골의 석상은 머리에는 모자를 쓰고 있으며 얼굴에는 눈, 코, 입이 얕게 선각되어 있다높이 140cm. 오른손은 가슴 앞에서 잔과 같은 식기를

들고 있으며 왼손은 허리에 맨 허
리띠 위에 두고 있다. 허리띠의 좌
우로는 4각형의 허리 주머니를 달
아매고 있다. 정면의 허리띠 밑에
는 남성의 심벌이 조각되어 있다.
조각적으로 몽골제국시대의 석상
에 가깝다.

●●● 다리강가솜의 석상

　다리강가솜은 호수가 많은
곳으로 몽골인의 휴양지로도 유명하다. 중국 국경지대의 군 기지를 조금 지난
람트에 2기의 석상이 나란히 서 있다. 오른쪽에 서 있는 석상은 둥근 얼굴에 눈,
코, 입이 균형 있게 부조되어 마치 귀여운 어린이가 미소를 띠고 있는 모습이다
높이 120cm. 머리에는 몽골풍의 모자가 세밀하게 조각되어 있다. 양쪽 귀 뒤에는
둥글게 묶은 변발이 있다. 오른손은 가슴 앞에서 약간 긴 손잡이가 달린 식기를
들고 있으며 왼손은 무릎 위에 두고 있다. 식기는 양감이 있어 그 안에는 작은
구멍이 파여 있다. 손에 든 식기가 강조된 것을 한눈에 알아볼 수 있으며 팔걸이
와 등받이가 있는 의자에 앉아 있다.

　왼쪽 석상은 세부의 양식에 이르기까지 오른쪽 석상과 일치하고 있다. 단
지 조금 어두운 표정을 하고 있다는 점이 다르다. 이들 2기의 석상은 외형적으
로 유사하여 같은 시기에 만들어진 것으로 생각된다. 몽골제국시대의 석상으로

| 람트의 석상 |

얼굴 표현을 제외하고는 조각
이나 세부양식은 돌하르방과는
완전히 이질적인 것이다.

　　세 번째 석상은 파손이 심
하지만 조각은 사실적으로 처
리되어 델이나 의자 장식 등의
세부에 이르기까지 상세하게
표현되어 있다높이 114cm. 오른
손은 약간 긴 손잡이가 달린 식
기의 밑 부분을 쥐고 왼손은 무
릎 위에 두고 있는데, 손가락과
손톱까지 세밀하게 조각되어
있다. 의복은 길고 폭이 짧은 소
매를 한 기장이 긴 델을 입고 그
위에 반소매의 외투를 포개 입

| 람트의 석상 |

었다. 람트의 3기 석상은 전형적인 몽골제국시대의 석상이다.

　　다리강가솜 소재지의 동쪽에 몽고인들의 성지인 알탄오보황금의 오보라는 의미
가 있고 그 남쪽의 평지에 4기의 석상이 있다.

　　산기슭 동쪽에 2기의 석상이 있다. 왼쪽 석상은 백색의 대리석제로 높이
110cm, 오른쪽 석상은 화강암제로 높이 100cm이다. 현재 얼굴이 파괴되어 시멘
트로 다시 만들어져 있다. 오른손은 가슴 앞에서 약간 긴 손잡이가 달린 술잔형
의 식기를 들고 있으며 왼손은 의자의 팔걸이 위에 두고 있다. 석상은 등받이가
있는 의자에 앉아 있으며, 양쪽 발은 정면에서 X자형으로 교차하고 있다. 델은

| 알탄오보의 석상 |

세부 장식이 조각되어 허리에는 여덟 개의 꽃잎이 새겨진 금속제 장식이 붙은 허리띠를 하고, 그 좌우로는 4각형의 허리 주머니를 달아매고 있다.

이들 석상의 남쪽에 1기의 석상이 있다. 오른손은 가슴 앞에서 약간 긴 손잡이가 달린 식기를 들고 왼손은 무릎 위에 두고 있는 전형적인 몽골제국시대의 석상이다높이 76m. 등받이와 팔걸이가 있는 의자에 앉아 소매 폭이 좁고 기장이 긴 델을 입고 있다.

네 번째 석상은 어깨 뒤에는 모자와 머리카락을 둥글게 묶은 변발이 조각되어 있다높이 125cm. 오른손은 가슴 앞에서 원통형의 식기를 들고 있으며 등받이가 있는 의자에 앉아 있다.

알탄오보의 평지에 있는 4기의 석상은 전형적인 몽골제국시대의 석상으로

| 알탄오보의 석상 |

의자에 앉은 인물을 사실적으로 표현하고 있다. 이러한 몽골제국시대의 석상은 한국의 석상과 명백히 다른 양상을 보이고 있다. 3기의 석상 모두 얼굴 부분이 유실되어 알 수 없지만, 남아 있는 석상으로 유추해보면 실제로 존재했던 유력자를 모델로 만들어졌을 가능성이 높다.

다리강가솜의 허르깅 헌디에 7기의 석상이 있다. 이들 석상은 제주도 돌하르방의 원류로 자주 소개되어 왔다. 필자는 돌하르방의 몽골 기원설을 무조건 반대하는 것이 아니다. 필자의 견해는 최소한 몽골의 석상을 샅샅이 조사해서 얻은 결론이다. 허르깅 헌디 석상들이 몽골의 석상들 가운데 돌하르방과 제일 많이 닮았다. 하지만 우리는 허르깅 헌디 석상과 돌하르방이 어디가 닮았고, 어디가 다른지를 자세히 살펴볼 필요가 있다.

| 허르깅 헌디의 석상 1 |

| 허르깅 헌디의 석상 2 |

최초의 석상은 화강암제로 높이는 114cm이다. 하지만 알타오보 석상만큼
은 사실적이지 않다. 몸이나 의복, 의자 등이 단순하고 거칠게 조각되어 있다.
머리에는 둥글고 평평한 모자를 쓰고 있고 얼굴은 마멸이 현저하다. 양쪽 귀 뒤
에는 둥글게 감아서 묶은 변발이 있다. 얼굴과 동체는 밀착해 있지만 입석형 석
상이다. 오른손은 가슴 앞에서 식기를 들고 왼손은 무릎 위에 두고 등받이가 있
는 의자에 앉아 있다. 몽골 풍의 의복을 입고 있다.

두 번째 석상은 머리에 니트 캡과 같은 모자Toortsog: 실로 짠 몽골인의 모자를 쓰
고 있다높이 130cm. 타원형의 얼굴에는 눈, 코, 입이 조각되어 있고 양쪽 귀 뒤에
는 둥글게 감아서 묶은 변발이 어깨까지 축 늘어져 있다. 오른손은 가슴 앞에서
약간 긴 손잡이가 달린 식기를 들고 있는데 식기 안에는 작은 구멍이 파여 있으
며 의자에 앉아 있다. 이 석상도 제
주도의 돌하르방과 같이 화산암으
로 만든 것 이외에 조각 양식이 완
전히 다르다. 석상 입에 하얗게 보
이는 것은 근처 유목민이 치즈를 발
라놓은 것으로 식기 안에도 치즈가
들어 있다.

세 번째 석상은 전신이 조각되
어 있지만 얕은 부조로 거칠게 처리
되어 있다높이 120cm. 오른손은 가슴
앞에서 식기를 들고 왼손은 무릎 위
에 놓고 있다. 정면의 하반신에는
남성의 심벌이 부조되어 있다. 왼손

| 허르깅 헌디의 석상 3 |

을 허벅지 위에 올려놓은 형태와 두발이 극단적으로 왜소하고 구부러진 것으로
보아 의자에 걸터앉아 있는 인물을 표현했을 가능성이 높다.

　네 번째 석상은 전체적으로 거칠게 조각되어 있다높이 126cm. 오른손은 배
앞에서 칵테일글라스와 같은 식기의 손잡이를 들고 왼손은 오른손 아래의 하복
부에 손바닥을 밀착시키고 있다. 허리 오른쪽에는 사각형의 허리 주머니를 달아
매고 있다. 재질이나 외견상의 형태를 보면 제주도의 돌하르방과 닮은 점도 있
다. 아마 몽골의 석상 중에서 돌하르방과 가장 많이 닮은 석상일 것이다. 그렇지
만 세부형식을 자세하게 관찰하면 평면적인 얼굴 조각, 식기를 든 오른손, 사각
형의 허리 주머니 등은 돌하르방에서 볼 수 없는 이질적인 것이다.

　다섯 번째 석상은 원래부터 거칠게 조각되어 있는데다가 풍화에 의한 마멸
이 현저하다높이 124cm. 얼굴에는 눈썹, 코, 입, 귀가 얕게 부조되어 오른손은 복
부 앞에서 식기를 들고 있으며, 하반신에는 남성의 심벌이 조각되어 의자에 앉

| 허르킹 헌디의 석상 4 |

| 허르킹 헌디의 석상 5 |

아 있다.

　　허르깅 헌디의 석상군은 1927년에 발견되었는데 바야르는 몽골제국시대13 ~14세기의 석상으로 추정하고 있다. 그러나 같은 시대라고 추정되는 알탄오보의 석상 군이 아주 사실적으로 조각되어 있는 데 비해 허르깅 헌디의 석상은 단순하면서 소박하게 조각되어 있는 점이 다르다. 대체로 몽골시대의 석상과 유사하고, 제주도의 돌하르방과는 유사점보다는 상이점이 많다.

　　다리강가솜의 꺼헐 헌디에 2기의 석상이 있다. 최초의 석상은 둥근 얼굴에 귀, 눈, 입, 코가 있고 니트 캡과 같은 모자를 쓰고 있다높이 76cm. 오른손은 허리에 손바닥을 밀착시키고 있고 왼손은 배 앞에서 잔과 같은 식기를 들고 있다.

　　두 번째 석상의 얼굴은 눈, 코, 입이 명확하지만 코와 머리가 파손되어 있다 높이 77cm. 양팔은 어깨로부터 밑으로 밀착해서 얕게 부조되어 있으며 양손은 배 앞에서 식기를 들고 있다. 양손 밑에는 남성의 심벌이 표현되어 있다. 꺼헐 헌디에 있는 2기의 석상을 바야르는 몽골제국시대의 것으로 추정하고 있다.

| 꺼헐 헌디의 석상 1 |

| 꺼헐 헌디의 석상 2 |

다리강가솜의 허르깅 헌디의 석상, 꺼헐 헌디의 석상은 큰 얼굴, 하반신 표현의 생략, 웅크린 듯한 자세 등에서 매시브 조각과 상통하고 제주도의 돌하르방과도 닮았다. 하지만 이 두 석상만으로는 돌하르방의 몽골기원설은 인정받을 수 없다. 왜냐하면 이 두 석상은 몽골제국시대의 석상 양식 중에서도 예외적인 존재로 돌하르방과 닮지 않은 요소가 많기 때문이다. 평면적인 얼굴 조각은 돌하르방에서 볼 수 없는 이질적인 것이다. 특히 가슴 앞에 든 컵과 같은 식기는 한국 석상에서는 전혀 나타나지 않는다.

다리강가솜 숨틴 바론달 동쪽에 석상 2기가 있다. 최초의 석상은 모자를 쓰고 있으며 둥근 얼굴이 거칠게 부조되어 있다. 양팔은 얕게 부조되어 오른손은 가슴 앞에서 식기를 들고 있으며 왼손은 하복부에 손바닥을 밀착시키고 있다. 몽골제국시대의 석상이다높이 90cm.

두 번째 석상은 모자, 얼굴, 손발, 의복, 의자 등이 사실적으로 조각되어 있

| 숨틴 바론달의 석상 1 |

| 숨틴 바론달의 석상 2 |

다높이 137cm. 머리에는 몽골풍의 모자를 쓰고 있으며 양쪽 귀 뒤에는 둥글게 묶은 변발이 있다. 오른손은 허리로부터 구부려서 가슴 앞에서 식기를 들고 있으며 허리띠 좌우로는 주머니와 비수를 달아매고 있다. 팔걸이와 등받이가 있는 의자에 앉아 있다. 몽골제국시대의 석상이다.

다리강가솜의 홍고르오보에 석상 1기가 있다. 얼굴은 마멸이 심하지만 코와 콧수염이 양각되어 있으며 몽골인의 얼굴과 닮지 않았다높이 86cm. 오른손은 가슴 앞에서 잔과 같은 식기를 들고 위손은 내려서 정면의 허리띠를 쥐고 있다. 석상의 후방에는 장방형의 석곽유구가 있는 것으로 보아 돌궐제국시대의 석상임을 알 수 있다.

다리강가솜 훈트오하아라는 구릉지대에 석상이 있다. 둥근 얼굴에는 눈썹에 이어 코가 양각되어 있으며 눈은 작게 선각되어 있다높이 137cm. 머리 꼭대기에 고홀몽골의 헤어스타일만 남기고 나머지 부분은 깎아놓았다. 양손은 배 앞에서 비교적 작은 식기를 들고 있다. 석상은 사각형의 의자에 앉고 짧은 양쪽 다리 사이에는 남성의 심벌이 양각되어 있다. 몽골제국시대의 석상이다.

| 홍고르오보의 석상 |

| 훈트오하아의 석상 |

　온공솜 시웨트의 골반 오보라는 구릉지대 동쪽에 3기의 석상이 있다. 최초
의 석상은 목이 절단되어 있지만 몸, 의복, 의자 등이 섬세하게 조각되어 있다높
이 123㎝. 머리에는 몽골제국시대의 모자를 쓰고 있으며 둥근 옥석으로 만들어진
모자 끈이 얼굴 양 측면과 턱에 부조되어 있다. 오른손은 가슴 앞에서 큰 식기의
손잡이를 쥐고 있다. 특히 왼손은 손톱까지도 정교하게 표현되어 있다. 허리에
는 네 개의 꽃잎 문양의 금속제 장식이 붙은 허리띠를 매고 있고 그 양쪽에는 사
각형의 허리 주머니를 달아매고 있다. 팔걸이와 등받이가 있는 의자에 앉아 있

| 골반 오보의 석상 |

다. 몽골제국시대 이후에 불교를 숭배하는 특정한 인물을 조각한 것이다.

두 번째 석상은 광대뼈가 튀어나온 얼굴은 다문 입으로 인해 날카로운 인상을 준다높이 150cm. 양쪽 귀는 크게 양각되어 그 뒤에는 둥글게 묶은 변발이 있다. 머리에는 몽골풍의 모자를 쓰고 있으며 구슬로 만든 모자 끈이 있다. 목이 절단되어 상반신도 현저하게 손상되어 있지만 오른손은 가슴 앞에서 식기를 들고 있었던 흔적이 남아 있다. 왼손은 팔걸이 위에 두고 하반신에는 델과 의자가 섬세하게 조각되어 있다. 의자 뒤에는 연꽃 문양이 부조되어 있다.

온공솜 소재지에서 35km 떨어진 타반톨고이 산 중턱에 2기의 석상이 있다. 2기의 석상은 흰 대리석제이다. 목 위는 파괴되어 동체만이 남아 있다. 목에는 구슬로 만든 모자 끈이 일부가 남아 있고 몸과 의복, 의자의 세부까지 사실적으로 조각되어 있다. 오른손은 가슴 앞에서 식기의 손잡이를 들고 있으며 왼손은 무릎 위에 둥근 구슬형의 염주를 들고 있다. 허리에는 네 개의 꽃잎 문양의 금속제 장식이 붙은 허리띠를 매고 있으며 허리에는 사각형의 주머니를 달아매고 있다. 폭이 좁은 소매와 긴 델이 상세하게 표현되어 있으며 상반신에는 자수로 용무늬가 장식되어 있다. 하반신은 양다리가 X자형으로 교차하여 팔걸이와 등받이가 있

| 타반톨고이의 석상 |

| 샤르틴 하드의 석상 |

는 의자에 앉아 있다. 의자 아래에는 호랑이 가죽이 깔려 있다. 칭기즈칸 같은 최고위 무장을 조각한 듯하다. 2기의 석상은 몽골제국시대의 석상이다.

온공솜 샤르틴 하드 산에 3기의 석상이 있다. 산 동남쪽에 위치하는 석상의 머리에는 니트 캡털실로 짠 빵모자과 같은 모자를 쓰고 얼굴은 마멸이 심하기 때문에 명확히 확인할 수 없다높이 102cm. 양쪽 귀 뒤에는 변발의 흔적이 있다. 오른손은 가슴 앞에 식기를 들고 팔걸이와 등받이가 있는 의자에 앉아 있다. 몽골제국시대의 석상이다.

●● 몽골 석상의 기원

몽골에는 유목 민족이 남긴 석상이 광대한 지역에 널리 분포하고 있다. 이러한 석상은 구소련 영토, 알타이, 남러시아 평원과 중국령 신장웨이우얼 자치구 등 북방아시아 대부분의 지역에서도 발견되고 있다. 지금까지 몽골에서는 500기 정도의 석상이 보고되고 있는데, 그것을 크게 돌궐제국시대의 석상과 몽골제국시대의 석상으로 나눌 수 있다. 양자를 구별하는 근거는 우선 돌궐제국시대의 석상 주변에는 거의 예외 없이 당시의 비문이나 석곽묘 등의 석조 유물이 남아 있다. 돌궐제국시대의 문자로 쓰인 비문 내용이 해독되어 우르항가이아이마크에서는 돌궐제국의 특정한 칸이나 귀족들의 초상을 석상으로 구체화하였다는 사실이 밝혀졌다. 그리고 울란바토르 민족역사박물관 석상의 동체에 돌궐문자가 새겨진 것도 있다.

따라서 몽골의 석상이 어느 민족에 의해 언제 만들어졌는지는 명확히 판별할 수 있다. 돌궐제국시대 석상의 형태나 특징도 밝혀져 있다. 몽골 석상의 대부분은 돌궐제국시대에 건립된 것으로 특히 7세기경에 고대 돌궐제국이 두 번째 융성기를 맞이했던 시기가 유력시되고 있다. 그 분포는 중부, 서부, 북부에 집중

| 돌궐제국시대의 석상 |

| 몽골제국시대의 석상 |

되어 있지만 필자의 현지조사에 의해서 동부에도 존재하고 있는 것이 밝혀졌다. 한편 동몽골에는 돌궐제국시대의 석상과는 이질적인 석상 군이 발견되고 있다. 이들 석상은 의자에 앉아 있고, 의상, 변발, 일상용품, 장식품류가 몽골제국시대의 것과 일치하여 대체로 13~14세기에 제작된 것으로 간주되고 있다.

돌궐제국시대 석상과 몽골제국시대 석상의 공통점과 상이점을 비교하면 다음과 같다. 우선 양자의 공통점은 석상이 매장 의례나 조상숭배와 관계되고 있어, 죽은 칸이나 귀족을 나타내고 있다는 점이다. 조각적으로는 지극히 일부의 예외는 있지만 돌궐제국시대와 몽골제국시대 석상의 공통점은 가슴 앞에서 오른손으로 각양각색의 식기술잔를 들고 있는 것이 큰 특징이다. 이러한 형태의 석상은 아직 한국에서는 발견되지 않았다. 또한 주변에 매장시설로 보이는 석제 유구를 동반하고 있다.

| 몽골제국시대의 석상과 적석 유구 |

양자의 상이점은 돌궐제국시대의 석상 주변에는 장방형의 석곽 유구판석으로 만든 무덤, 한 줄로 서 있는 발발석주, 돌궐문자에 쓰인 비문, 양이나 사자의 석상, 제사유적이 남아 있다. 또 석상에 조각되어 있는 얼굴, 의복, 헤어스타일, 모자 등이 몽골제국시대의 것과는 전혀 다르다. 더욱이 상반신만 조각된 것이 많다.

이에 반하여 몽골제국시대의 석상 주변에는 오보와 같은 원형의 적석 유구가 남아 있다. 적석 유구는 사자를 매장한 무덤이 아니라 조상숭배와 관련된 제단으로 추정되고 있지만 무덤일 가능성도 배제할 수 없다. 조각적인 큰 특징은 전신이 묘사되어 팔걸이와 등받이가 있는 의자에 앉아 있는 점이다. 이 점은 한국 석상에서는 전혀 볼 수 없는 것이다. 몽골제국시대 석상의 또 하나의 큰 특징은 얼굴 표현이 현재의 몽골인과 일치하고 돌궐제국시대의 석상에서 볼 수 있는 콧수염이 전혀 눈에 띄지 않는다는 점이다. 또한 석상에 나타난 의복과 여러 장신구 등도 몽골제국시대의 것들과 동일한 것이다. 따라서 몽골제국시대의 석상과 한국 석상은 돌에 사람을 조각한 것 이외에는 전혀 닮지 않았다.

몽골 석상의 기원문제에 관한 여러 설 중에서 특히 주목받는 두 가지 가설이 있다. 7세기경 돌궐제국시대의 유적에서 석상과 함께 양과 사자의 석상이 발견되어 그 기원을 중국으로 보는 중국 기원설이 있다. 또 하나는 돌궐제국의 건국 당초부터 깊은 교류가 있었던 중앙아시아의 소구도인의 영향을 받았다고 하는 설이다. 그러나 몽골 석상의 기원 문제는 그리 단순한 것이 아니어서 간단히 처리할 수 없다. 현재 몽골에 남아 있는 500기 이상의 석상이 일률적으로 중국이나 소구도의 영향만으로 세워졌다고 생각하기는 어렵다.

제작 연대에 관한 문제도 편의상 돌궐제국시대와 몽골제국시대로 크게 나누어 논해 왔지만 모든 석상이 7세기 혹은 13~14세기에 한정해서 제작되었다고 단정할 수는 없다. 각 시대의 조각은 조금씩 양식이 다른 것도 있고, 넓은 북아시아에서 7세기 혹은 13~14세기에 한해서 석상이 만들어지고 그 후 단절됐다고는 생각할 수 없다. 따라서 각각의 석상의 제작 연대는 결론을 서두를 문제가 아니라 고고학의 발굴 성과에 기대하는 바가 크다.

이렇게 몽골 석상의 기원이나 제작 연대는 재검토해야 할 과제가 많이 남아 있다. 특히 기원 문제는 북방아시아와 넓은 지역을 포함시켜서 종합적으로 고찰할 필요가 있다. 더욱이 몽골 석상은 중국이나 소구도와 같은 외부 요인보다 유목민들의 정신적인 세계나 내면적인 필요성에 의해 제작되었다는 데 주목해야 한다. 그것은 유목민들의 조상숭배와 관련되는 것으로 게다가 단발적인 것이 아니라 시대나 역사상의 무대에 등장하는 민족에 의해 변화를 동반하면서 계승되었다고 필자는 생각하고 있다. 예를 들면 돌궐제국시대와 몽골제국시대의 석상에는 오른손이 가슴 앞에서 잔과 같은 식기를 들고 있는 것이 절대 다수를 차지하고 이것은 북방아시아 석상의 전형적인 특징이기도 하다. 양자 간에는 도상학적 양식의 차이가 인정되지만 분명히 공통되는 점도 존재하고 있다.

돌궐제국시대의 석상은 엄지손가락과 검지손가락으로 식기의 밑바닥을 받치거나 쥐고 있는데 이에 대해 셰르R. A. Sher와 하야시 도시오는 소구도인의 불교미술의 영향으로 해석하고 있다. 소구도인의 영향이 나중에 변화되었다고 생각할 수도 있지만 바야르가 지적하고 있듯이 손에 들고 있는 그릇이 소구도인의 불교미술의 영향이 아니라 돌아가신 선조석상에게 자손들이 제물을 바치는 잔이나 식기라는 해석이 자연스럽다. 유목민들은 가장 좋아하는 음식물을 하늘과 땅의 신에게 바치는 관습이 남아 있다. 식기의 의미는 유목민들의 선조신앙이나 무속신앙과 결합하여 고려할 필요가 있다. 북방아시아의 청동기시대부터 몽골제국시대의 많은 유적에서도 석상에 새겨진 식기와 매우 흡사한 것이 다수 발견되었다. 따라서 쿠바리에후도 지적하고 있는 것처럼 몽골 석상의 기원은 청동기시대까지 거슬러 올라갈 수 있는 가능성이 높다.

그것은 청동기시대에 속하는 사슴돌에 인면이 조각되어 있다는 데서 찾을 수 있다. 그래서 입석에 얼굴이나 손을 심플하게 조각한 석상은 돌궐제국시대 이전에 제작된 것도 있을 수 있다. 몽골 석상의 제작은 위대한 선조를 기념하기 위해 만들어졌다고 생각된다. 북방아시아의 석상은 유목민족의 세계관의 특징을 반영한 것으로 만일 중국이나 소구도의 영향을 받았다고 하여도 그것은 지극히 일부 요소와 한정된 유적에서만 나타나는 것이며 그 대부분은 독자적으로 전개되었다고 생각된다.

　　강원대학교의 주채혁 교수는 돌하르방의 몽골 기원설을 주장하고 있다. 그러나 몽골 석상 연구의 권위자인 몽골 과학아카데미 역사연구소의 바야르 박사는 돌하르방의 몽골 기원설에 부정적이다. 전술한 대로 몽골제국시대13~14C의 석상과 돌하르방은 양식적으로 명확한 차이가 있다. 단지 울란바토르 남쪽의 자연박물관에 이관되어 있는 온구토 유적의 돌궐제국시대 석상과 장승은 조각적으로 매우 흡사하다. 다시 말해 양자는 입석형 석상이라는 공통점이 있다. 또 경주 원성왕릉과 흥덕왕릉의 무인석은 중앙아시아의 돌궐제국시대 석상과의 관련성을 배제할 수 없다. 따라서 제주도의 돌하르방과 13~14세기의 몽골제국시대 석상과의 관련은 부정할 수 있지만 그 이전의 석상 혹은 청동기시대의 사슴돌입석을 포함과 한국 장승과의 관련은 배제할 수 없고 금후 양자의 관련성은 재검토할 필요가 있다.

| 사슴돌(민족역사박물관) |

술라웨시 섬의 석상

●●● 란테 파오의 입석

술라웨시 섬은 칼리만탄과 말루쿠 제도 사이에 위치하며, 인도네시아에서 세 번째로 큰 섬이다. '토라자'는 '산 사람'이라는 의미로 술라웨시 내륙 산악지대에 거주하는 원말레이계 민족 집단이다. 토라자인들은 20세기 초까지 외부의 영향을 받지 않고 오늘날까지 그들만의 토착문화를 그대로 유지해 왔다.

토라자인들은 남부 술라웨시 주 타나 토라자 현을 중심으로 거주하고 있다. 토라자인은 기본적으로 계층사회로 그들의 전통문화는 동남아시아의 부족민적인 특징을 강하게 나타내고 있다. 토라자는 근대화와 함께 기독교 신자가 대부분이지만 그들 고유의 종교와 관습을 지금까지 보유하고 있다. 그것은 정글로 뒤덮인 산악지방이라는 거주환경이 큰 요인으로 작용했다고 생각된다. 토라자인들은 수전경작을 기반으로 하여 700~1,500m의 산지에 계단식 논을 만들어 경작해 왔다.

사당 토라자인의 삶과 죽음은 모두 의례에 의해 존재한다고 해도 과언이 아

술라웨시
Sa'dan Toraja Pop: approx. 340,000 (1989)
Central Sulawesi Province Pop: 1,768,111
(1987 projection for 1990)
SULAWESI SEA
Manado
MINAHASA PEOPLE
말루쿠 해
MAKASSAR STRAIT
파루
Palu
Bora
중부고원지대 KAILI PEOPLE
NAPU PEOPLE
CENTRAL HIGHLANDS
Doda
LORE
KULAWI
Bomba
Gintu
BESOA PEOPLE
PAMONA PEOPLE
Toare
Lake Poso
BADA PEOPLE
Tomata
MORI PEOPLE
술라웨시
Galumpang
RONGKONG PEOPLE
Limbong
LUWU - (BUGIS PEOPLE)
Tondon
MANDAR PEOPLE
Rantepao
Palopo
Kete Kesu
Lemo
SANGALLANGI
SALUPUTTI
SANGALLA
Bittuang
Makale
사당 토라자
Sadan R.
반다 해
BUGIS PEOPLE
마카사르
PEOPLE
Ujung Pandang
PHILIPPINES
MALAYSIA
SULAWESI
INDONESIA
AUSTRALIA

| 술라웨시의 지도 |

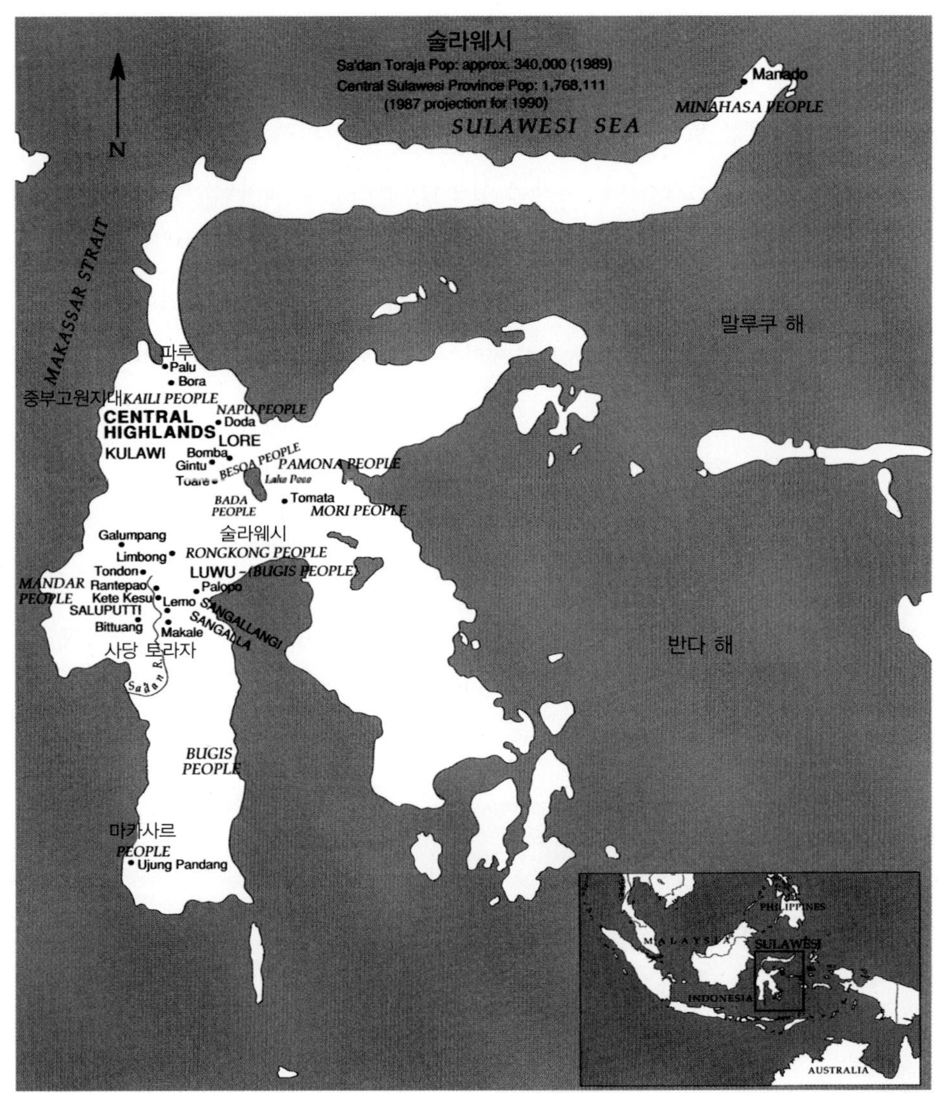

니다. 특히 토라자인들은 토착 종교를 기반으로 하여 독자적인 종교 의례와 수준 높은 조형예술을 가진 고도의 문화를 만들어 냈다. 그들의 전통종교는 알룩 토돌로라고 불린다. 이것은 선조의 방식, 즉 전통적 의례에 관한 관습법적인 방식을 뜻한다. 알룩 토돌로에는 동쪽의 의례=생명의 의례램프 토카와 서쪽의 의례=죽음의 의례램프 솔로가 있다. 전자는 심부앙 마투아 및 데아타신들에 대한 의례로 벼농사 의례, 가옥의 신축 의례, 병치료 의례, 풍요 의례 등이며, 후자는 장례식의 사자 의례이다. 이 중 특히 장송 의례는 사당 토라자인에게 있어서 가장 중요한 종교 의례이며 그 규모는 감사제와는 비교할 수 없을 만큼 성대하게 치러진다.

여러 의례는 왕족, 귀족, 평민, 노예 등의 계층에 따라 차이가 있다. 특히 장례식의 경우는 토라자인에 있어서 가장 중요한 의례이다. "우리는 죽은 자를 위해서 살고 있다"는 토라자 청년의 푸념에서 엿볼 수 있듯이 죽은 자의 가족은 전 재산을 탕진하면서까지 장례식을 거행한다. 토라자인의 장례식에서는 신분 고하를 막론하고 물소와 돼지가 제물로 바쳐진다. 신분이 높은 사람의 경우 몇십 마리의 물소와 몇백 마리의 돼지가 희생된다. 많은 가축을 도살하여 제물로 바치는 것은 죽은 자가 저세상에 가지고 가는 재산이라고 믿기 때문이고, 살아 있는 가족들의 위신이 걸려 있기 때문이다. 장례 의례는 크게 2회로 나누어지는데 처음에는 통

| 사당 토라자의 물소 희생 |

| 통코난 앞의 장례식(사람들이 원진을 만들어 춤을 춘다) |

코난에서, 그 후에는 란테에서 행해진다. 이러한 장례 의례는 수개월에서 수년이 걸린다. 통코난은 토라자인의 고상가옥과 곡식 창고를 가리킨다. 보통 양자가 마주보는 형태로 두 줄로 늘어서서 마을을 형성하고 있다. 토라자인은 동이 트는 아침에 떠오르는 태양을 향하여 기원하는 풍습이 있는데, 통코난에는 태양 위에 앉은 닭이 장식되어 있다. 통코난에서 장례식이 끝나면 두 번째 장례식이 마을 가까이에 있는 란테라는 거석

| 통코난에서 목관을 내리는 장면 |

| 상여를 메고 가는 장례 행렬 |

| 토라자의 입석(심부앙 바투) |

광장에서 치러진다. 란테의 장송 의례는 최대의 클라이맥스를 맞이하는데, 그곳은 다양한 사당 토라자 예술의 정수를 모은 야외극장이 된다.

통코난에서 일런의 의례를 마치고 란테에서의 장례 준비가 끝나면 사자를 넣었던 관을 상어에 싣고 오래 살아 정들었던 마을을 뒤로 한다. 공희될 물소와 전사에게 인도된 상여는 여성 유족이 뒤따르고 목제 인형인 타우타우를 실은 상여뒤로 수백 명의 유족과 친지들이 긴 행렬을 지어 따라가 장례식 광장인 란테로 향한다. 장례 행렬을 선도하는 것은 화려하게 장식한 두 명의 소녀로 장례식이 끝날 때까지 이들이 관을 보살핀다.

관을 실은 상여를 상하로 흔들며 상여꾼들의 외침과 징 소리가 계속된다. 장례식 광장인 란테는 대개 사방 약 100m²의 크기로 그 중앙에 과거의 장송 의례를 기념하는 심부앙 바투라는 대형 입석이 줄지어 서 있다.

란테는 신분이 높은 계층의 제장으로 반드시 거대 입석이 세워져 있다. 마을에 따라 몇 기부터 몇십 기가 열석 혹은 환상열석으로 세워져 있다. 토라자 란테의 대표격이라고 할 수 있는 것은 보리 마을의 환상열석이다. 2~5m의 대형 입석군이 원형 기둥처럼 세워져 있다. 이 환상열석 안에서 장례식

| 보리 마을의 란테 |

| 입석을 끌고 가는 사람들(사당 토라자) |

때에 물소가 제물로 바쳐진다. 토라자에서는 지금도 선조의 기념물로 거대한 입석이 세워지고 있다.

장송 의례가 시작되기 전에 란테 주변에는 망루바라카얀, 관을 안치하는 건물 랏케안, 임시가옥란탄이 건설된다. 바라카얀은 광장 중앙의 심부앙 바투의 앞, 란탄은 광장 주변, 랏케안은 광장 안의 중앙에 세워진다.

란탄은 죽은 자의 신분에 따라 10~30동이 세워진다. 랏케안은 사당 토라자인의 전통가옥이나 곡식 창고와 같은 양식의 고상가옥이다. 란탄의 벽은 대나무를 짜서 만든 것과 나무 판을 이용한 것이 있는데 나무판으로 만든 벽면에는 가옥과 곡식 창고와 같은 기하학적인 형상을 주제로 하는 각양각색인 장식 무늬가 그려져 있다. 란탄은 일반적으로 2~3층이며, 2~3층은 상주의 친족, 1층은 그 밖의 친지들의 거처로 사용된다.

랏케안은 란탄과 구조가 약간 다른데, 2~3층으로 만들어져 1층은 유족이 사용하고 제일 높은 곳의 베란다에 관이 안치된다. 랏케안의 2~3층 처마 네 구석의 칸다우레에는 화려한 비즈 장식을 매어놓는다. 이 칸다우레는 아름답게 장식되어 관 위에도 놓여진다.

토라자인의 장례식은 신분의 고하를 막론하고 물소나 돼지가 제물로 바쳐진다. 사당 토라자인이 종교 의례 때마다 물소를 제물로 바치는 것은 물소가 현실의 세계와 초월적인 세계의 매개가 되는 신성을 가진다고 보기 때문이다. 그 신성은 살아 있는 물소에게 존재하는 것이 아니라 물소의 희생에 따르는 심령화에 의해 얻을 수 있다. 따라서 사람들은 비싼 물소를 아낌없이 사들여 보물처럼 소중하게 키운다.

장례식 광장에 전개되는 조형으로서 중요한 것은 타우타우이다. 타우타우는 죽은 사람의 목제 초상 조각이다. 전통적인 타우타우는 나무로 만든 봉제인형이며 그 목상의 의상이나 장신구를 가리킨다. 얼굴은 이스터 섬의 모아이와 같이 검은 눈을 집어넣은 것으로 의상이나 장신구에 의해 죽은 자의 성을 구별한다. 토라자에도 선조를 새겨놓은 석상이 있는데 제주도의 동자석과 아주 유사하다.

사당 토라자인의 무덤은 절벽을 파서 만든 벽암묘壁龕墓인 리안 바투이다. 이것은 왕족이나 귀족 계층의 무덤이다. 하나하나의 벽암묘는 입구가 1m도 안 되게 작으며 내부는 일반적으로 높이 1m, 폭 1.9m, 깊이 2m의 넓이로 아에는 목관이 안치되어 있다. 벽암묘는 본인이 살아 있는 동안 만드는 것이 원칙이다. 벽암묘 입구는 나무 뚜껑으로 단단하게 막혀 있으며 입구 주변에는 베란다가 마련되어 죽은 자를 기념하는 타우타우를 안치한다. 평민 계층은 목관에 넣은 유해를 자연 동굴이나 바위의 갈라진 곳에 안치한다. 사당 토라자인에게는 리안 이외에 에론이라고 불리는 주형舟形 목관이 있는데 이것은 청동기시대까지 거슬러 올라가는 매장법으로 추정되고 있다.

사당 토라자인의 중심지인 란테 파오가 가까워지면 장대한 고상가옥군으로 구성된 마을이 눈에 띈다. 일반적으로 하나의 마을에는 몇십 채의 가옥이 동서 일렬로 배치되어 그 맞은편에 주거와

| 타우타우(사당 토라자) |

| 토라자의 선조상 |

| 벽암묘(리안 바투) |

같은 수의 곡식 창고가 배치되어 있다. 이것들은 모두 고상가옥으로 둘로 쪼갠 대나무를 여러 겹으로 포갠 높은 지붕이 있고, 지붕 양 끝이 휘어 올라간 배 모양을 하고 있다. 그 지붕 밑의 벽면에는 채색 조각한 장식 무늬가 그려져 있다.

토라자인의 주거인 고상가옥을 통코난이라고 부른다. 그 규모는 매우 장대하여 마루 밑만 보통 3~4m가 되고 건물 높이는 10m를 훨씬 넘는다. 곡식 창고와 마주 보는 가옥의 정면은 반드시 성스러운 방위인 북쪽을 향하고 가옥 내부는 북쪽, 중간, 남쪽의 3개 공간으로 나누어져 있다. 북쪽 방은 거실 및 손님용 침실로 남쪽 방은 가족의 침실로 사용되고 있다. 중앙의 방은 다른 두 방보다 바닥이 낮고 주로 부엌으로 사용된다. 보통 동쪽 벽 옆에 부뚜막화덕이 있고, 그 옆 동북 구석에 외부와 통하는 출입구가 있다. 벽면에는 몇 개의 네모진 작은 창문

| 토라자의 고상가옥과 곡식 창고 |

이 나 있다.

　가옥 정면의 처마 외벽에는 다양한 장식 무늬가 부조되어 있으며 그 위에 적색, 흰색, 검은색, 황색 안료가 칠해져 있다. 기하학적인 장식 문양과 함께 태양 위에 올라간 닭 혹은 헤겔 I식 동손 청동기의 북면 그림이 그려진 것도 있다. 이러한 청동기 그림을 통해 토라자인들이 북베트남과 중국 윈난 성과 역사적으로 밀접한 관계가 있었던 것을 알 수 있다. 또한 각 마을 수장의 집 정면 벽에는 목조로 된 물소머리 장식이 있는데 이는 권력과 부의 상징이다. 또한 닭은 수호의 상징이다. 가옥 전방의 지붕을 떠받치는 기둥에 장식된 물소 뿔은 과거의 제례를 기념함과 동시에 그 집의 높은 격식을 상징한다.

●● 바다의 석상

술라웨시 섬 중부의 산악지대에는 원시림으로 뒤덮인 바다, 브소아, 나푸 분지 안에 로레인이 살고 있다. 바다는 표고 1,500m 이상의 고지에 입지하고 있으며 깊은 정글로 덮인 자연환경 때문에 비교적 최근까지 외래문화의 영향을 받지 않고 종래의 전통문화를 그대로 보유해 왔다. 바다 분지는 동서 15km, 남북 11km이다. 분지 안에는 주변의 산으로부터 물이 흘러 들어와 몇 개의 강을 형성하고 있다. 현재 14개의 마을에 약 7,000명의 주민이 살고 있다.

포소 호수의 북쪽에 있는 토노스 마을에서 바다 분지에 오면 최초의 마을이 봄바이다. 봄바 마을에서 북서쪽으로 약 1km 떨어진 숲속에 석상이 있다. 전체적으로는 석재를 입석 형태로 가공하여 그 상부에 인물의 상반신을 얕게 부조한

| 봄바 마을의 석상 |

석상이다높이 170cm. 달걀형의 얼굴에는 눈썹과 코가 Y자형으로 이어져 있고 코의 양쪽에는 둥근 눈이 마치 단추같이 부조되어 있는데 입의 표현은 없다. 팔은 몸의 양어깨에서 내려와 양손은 전면의 하복부에 손바닥을 밀착시키고 있으며 손가락은 세 개밖에 표현되어 있지 않았다. 양손 사이 밑에는 여성의 심벌이 음각되어 있다.

파다 마을로 가는 도중 도로 가까이의 언덕 위에 석상이 있다. 달걀형으로 안면을 평평하게 다듬어 코, 눈, 귀 등을 심플하게 양각하고 있다높이 130cm. 석상 옆에는 성혈이 파여 있는 석괴가 있다. 1918년에 카우데른이 이 석상 주변을 발굴조사했다. 그는 석상 주변 일대에 토기 파편이 산재해 있는 것을 보고 주변을 발굴하여 완전한 형태로 남아 있는 옹관을 발견하였다. 카우데른이 발굴한 옹관은 현재 스웨덴의 스톡홀름에 있는 극동고고박물관에 소장되어 있다. 옹관의 높이는 111cm, 최대 원주 289cm, 구경 40cm, 두께는 0.7~1cm이다. 이러한 옹관은 인도네시아 각지에서 발견되는 청동기시대 묘제의 하나이다.

베와 마을의 중심에 십자로가 있고 그 한복판에 화강암으로 만들어진 석상이 있다. 높이 70cm로 어깨 넓이가 극단적으로 좁고, 가공도 조잡하며 처음부터 양팔을 조각하지 않았다. 머리 위에는 성혈이 파여 있다. 석상의 이름은 아리 임포이신사(神社)의 기둥로 마을 의례용 집회소에서 유래한다.

| 파다 마을의 석상 |

베와 마을에서 북쪽으로 약 1.5km 떨어진 곳에 세페라는 구릉지대가 있다. 바다 분지의 북서쪽에 위치하는 넓은 구릉지대에 많은 석조 유물이 남아 있다. 세페로 가기 위해서는 베와 마을을 지나가는 길밖에 없는데, 도중의 라리안 강에는 다리도 없고 강은 급류여서 위험하다. 강을 건너서 동쪽 언덕을 넘어가면 멀리 거대한 석상이 눈에 들어온다. 이 석상이 술라웨시 섬 최대의 것으로 높이가 410cm나 된다. 얼굴 높이가 전체 높이의 절반을 차지하여 묵직한 중량감이 있다. 안면을 상하가 긴 타원형으로 가공하여 둥근 눈과 완만한 커브를 가진 Y자형의 눈썹과 코가 얕게 부조되어 있다. 작은 입은 일자형으로 음각되어 있다. 안면을 평평하게 처리하여 눈썹, 코, 눈이 얕게 부조되어 입체감이 없는 평면적

| 세페의 석상(파린도) |

인 얼굴을 하고 있다. 팔은 어깨로부터 내려서 팔꿈치를 구부리고 손은 전면의 하복부에 밀착시키고 있다. 그 사이에는 남성의 심벌이 직립해 있다. 이 석상을 제작하는 데 다수의 노동력이 필요했던 것은 의심할 여지가 없다. 바다 분지의 사람들은 이 석상을 파린도요술사 혹은 라쿠사사 세페세페의 거인라고 부르고 있다. 세페의 석상은 높이가 4m가 넘는 거대 조각으로 이스터 섬의 모아이 조각과의 관련을 암시한다. 세페의 거대 석상은 이스터 섬의 모아이상과 동남아시아를 연결하는 중요한 단서라고 생각된다. 석상 가까이에 석제 용기 2개, 카람바석관, 성혈 등이 있다.

스소라는 구릉지대의 반경 약 100m 안에 거석 유물이 산재하고 있다. 석상

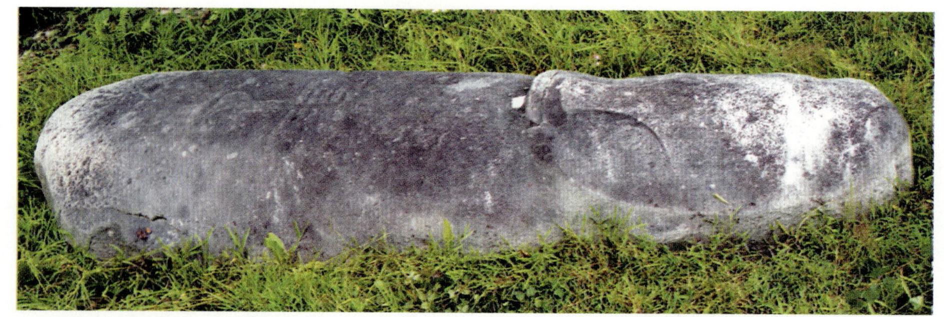

| 스소의 석상 |

3기, 카람바 5기, 성혈이 있는 석재 5개가 있다. 현존하는 석상은 모두 쓰러져 있고, 카람바도 파괴된 것과 미완성인 것도 있다.

스소의 거석유구에서 서쪽으로 약 400m 떨어진 숲 속에 쓰러진 석상이 있다. 높이는 380cm로 세페의 석상 다음으로 큰 석상이다. 얼굴은 세페의 거인상보다 봄바 마을의 석상과 많이 닮았다. 유사한 인면상이 자바 섬의 청동기시대 유적인 트르잔에서 발견되었다. 하반신으로부터 석상의 얼굴을 보면 치켜든 턱, 코, 팔, 손 등이 이스터 섬의 모아이상과 유사하다.

렘케카 마을의 함보아에 석상이 있다. 높이는 100cm로 소형이면서 치켜든 턱이나 선명한 얼굴의 표현에 의해 양감이 있다. 화강암을 실물 그대로 조각한 것으로 빡빡 깎은 머리와 Y자형으로 이어지는 눈썹과 코의 표현은 다른 석상과 같은 기법이다. 큰 얼굴과 양손 사이에 강조된 남근이 특징이다. 이러한 웅크린 모습은 아스카의 사루이시, 미륵사지의 석상, 제주도 목석원의 석상과도 유사하다. 이 석상을 현지 사람들은 원숭이 석상와투 오바이라 부르고 있다. 석상 가까이에 카람바 3기, 성혈 1개소가 있고 근처에 라리안 강의 지류인 모라라후 강이 흐르고 있다.

| 함보아의 석상(원숭이 석상) |

하루이소 램케카에 2기의 석상이 있다. 그중 1기높이 267cm는 작은 개울가에 서 있었던 것인데 강물의 범람으로 냇가 안에 묻혀 있던 것을 마을 사람들이 최근에 발견한 것이다. 하복부 양손 사이에 직립한 성기가 있다.

| 하루이소 램케카의 석상 |

바당카이아 마을의 서북쪽에 있는 타탄두아에 옆으로 드러누운 거석에 안면이 부조된 돌짐승이 있다. 높이 80cm, 폭 125cm, 깊이 330cm로 정면에는 눈

| 바당카이아 마을의 석상 |

| 바케카우 마을의 석상 |

썹, 코, 눈이 새겨져 있고 그 양식은 다른 석상과 동일하다. 옆으로 누운 돌의 정면에 안면만을 조각한 것은 아스카의 가메이시를 연상케 한다. 안내해준 마을 사람은 물소라고 한다. 그러나 물소라면 뿔도 있어야 하는데 얼굴은 인간에 가깝다. 돌짐승의 등 표면에 무수한 성혈이 새겨져 있다. 석상 가까이에 파괴된 카람바 2기가 있다.

바케카우 마을에서 동남쪽으로 3km 정도 떨어진 티노에 산기슭에 석상이 있다. 높이는 143cm로 화강암을 평면적으로 얕게 부조한 상이다. 마을 장로의 말에 의하면 이 석상은 풍작과 다산의 신으로 숭배되었다고 한다. 지금도 사냥을 하러 가는 사람들은 석상의 허락을 받고 가며 잡은 사냥감은 석상 앞에 두고 감사의 기도를 올린다고 한다. 전에는 의례에 임할 때 물소를 제물로 바쳤다고 한다.

●● 브소아의 석상

브소아 분지는 중부 술라웨시 주 포소 현 로레 텡가 군을 가리키고 동서 약 30km, 남북 20km이다. 여덟 개의 마을에 약 3,000명이 살고 그 대부분이 기독교 교도이다. 분지 안에 토리레 강과 그 지류가 흘러서 물이 풍부한 지역이다.

도다 마을은 브소아 분지의 중심 마을로 분지의 동남쪽 끝에 위치한다. 마을에서 북쪽으로 약 1.5km 떨어진 타도라코라는 구릉지대의 반경 1km 안에 석상 1기, 카람바 11기, 뚜껑돌 3개, 성혈 7개소, 돌멘 1기 등의 석조 유물이 남아 있다.

타도라코라는 지명은 석상의 이름에서 유래한다. 큰 얼굴에는 Y자형으로 연결된 눈썹과 코, 눈 꼬리가 올라간 둥근 눈, 앞으로 치켜든 턱이 특징적이다. 팔은 얕게 부조되어 있으며 가슴에는 유두와 목걸이 장식이 있다. 양손은 전면의 하복부에 놓여져, 그 사이에 직립한 성기가 부조되어 있다높이 200cm.

석상에서 남쪽으로 약 40m 떨어진 곳에 2기의 카람바가 있다. 남쪽 카람바에는 원형의 뚜껑돌이 있으며 그 중앙부에 원형의 손잡이가 달려 있다. 북쪽 카람바는 높이 52cm, 지름 122cm, 내경 87cm, 깊이 91cm로 뚜껑돌의 존재는 확인

| 타도라코의 석상 |

할 수 없다. 석상으로부터 동쪽으로 약 100m 떨어진 언덕의 경사진 땅에 쓰러진 카람바가 있고 그 표면에는 수십 개의 성혈이 있다.

카람바로부터 북쪽으로 약 6m 떨어진 경사지에 돌멘의 개석으로 보이는 돌이 있다. 직사각형의 석재두께 54cm, 총 길이 193cm, 폭 167cm 표면에 약 36개의 성혈

| 성혈이 있는 돌멘 |

이 있다. 또한, 성혈과 성혈 사이는 돌을 갈아서 선을 이어놓았다. 마치 고구려 고분벽화에서 보이는 천문도와 유사하다. 성혈과 성혈을 선으로 연결한 것은 경북 영일군에서 필자도 확인한 바 있는데 이러한 성혈은 별자리를 나타냈을 가능성도 생각해볼 필요가 있다. 하지만 모든 성혈이 별자리를 나타내고 있는 것은 아니다.

남쪽으로 약 1km 떨어진 카람바 안에서 사람 뼈가 대량으로 발견되었다. 1997년 8월, 인도네시아 고고학센터의 조사에 의한 것이다. 파루박물관의 익삼 씨에 의하면 카람바 안에서 약 10사람 분의 인골BC 5~2C과 그에 상당하는 이가 발견되었다고 한다. 그중에는 어린아이의 인골로 보이는 것과 송곳니가 줄로 갈린 치아가 많이 있었다고 한다. 이러한 인골의 발견에 의해 카람바가 무슨 용도로 만들어졌는지 명확해졌다. 또 당시 이를 가는 의례가 있었던 것도 밝혀졌다.

파당 마소라 초원에 돌멘 2기와 카람바 2기가 남아 있다. 돌멘은 높이 75cm, 길이 338cm, 폭 179cm로 북동쪽에서 3개의 지석을 확인할 수 있다. 뚜껑 돌의 동남쪽 측면에는 이상한 인면이 새겨져 있다. 얼굴 높이 76cm, 폭 101cm

| 돌멘 측면의 암각화 |

로 코와 눈썹이 연결되어 선각되어 있으며, 눈은 성혈지름 6cm, 깊이 0.5cm과 같이 갈아서 표현하고 있다. 두 번째 돌멘은 남동쪽으로 3m 떨어진 곳에 있고 높이 80cm, 길이 309cm, 폭 179cm이다. 뚜껑돌 북서쪽 측면에는 첫 번째 돌멘과 매우 흡사한 인면이 새겨져 있다. 얼굴 크기는 높이 79cm, 폭 131cm로 눈썹과 코가 이중으로 선각되어 있다. 눈은 둥근 선각 안에 성혈처럼 파여 있다. 코 밑에는 큰 송곳니와 같은 것이 새겨져 있다. 이들 인면은 발리 섬의 모코라는 청동기의 인면과 매우 흡사하다. 또한 동인도네시아의 로티 섬에서 출토된 청동 도끼의 인면상과도 유사하다. 돌멘의 북서쪽200m과 동남쪽50m에 각각 1기의 카람바가 있다.

브소아 분지의 항기라 마을 북서쪽으로 약 2km 떨어진 곳에 엔토베라라는 구릉지대가 있다. 현재 주변은 억새풀로 덮여 있는데 반경 1km 안에 석상 1기,

카람바 4기, 카람바 뚜껑돌 12개, 성혈 6개소, 석제용기 29개돌 절구, 돌멘 2기, 입석 12기가 있다.

항기라 마을 툰두와누아 산중에 석상 1기, 카람바 1기, 입석 5개, 성혈 2개소, 석제용기 6개가 있다. 정글로 덮인 언덕 위에는 높이 170cm의 각주형 입석이 있다. 브소아 전역을 바라볼 수 있는 전망이 좋은 곳에 위치하고 있다. 입석에서 서쪽으로 약 20m 가면 목 부분이 둘로 깨진 석상이 있다.

포케케아 초원의 반경 1km 이내에 석상 4기, 카람바 27기, 뚜껑돌 8개, 성혈 10개소, 돌멘 4기의 석조 유물이 남아 있다. 포케케아 동남쪽 끝에 카람바가 있고 카람바로부터 북서쪽으로 약 5m 떨어진 곳에 돌멘의 상석으로 보이는 부

| 카람바와 뚜껑돌의 조각(1호) |

정형의 석재가 있는데 그 표면에 6개의 성혈이 있다. 북서쪽으로 40m 떨어진 곳에 카람바 13기가 밀집하고 있는데 그중 뚜껑돌이 남아 있는 특이한 형태의 석관만 소개한다.

첫 번째 카람바는 내부 측면에 선반길이 82cm, 높이 26cm이 마련되어 있다. 그 아래 지면에 두께 19cm, 지름 219cm인 원형의 뚜껑돌이 있다. 뚜껑돌 표면에는 4개의 동물상이 일렬로 조각되어 있다. 얼굴을 위로 치켜 올리고 몸은 엎드린 모습을 하고 있다. 얼굴은 브소아 분지의 석상과 같지만 허리 위에 꼬리 모양의 부조가 있는 것으로 보아 개를 표현했을 가능성이 높다.

두 번째 카람바 밑에 원형 뚜껑돌이 있다. 뚜껑돌의 외연부에는 5개의 동물상이 얼굴을 바깥쪽으로 향하여 원형으로 배치한 조각이 있다. 얼굴을 치켜들고 몸을 엎드린 모습으로 첫 번째 뚜껑돌의 동물상과 동일한 것이다. 이들 2개

의 뚜껑돌 표면에 조각된 동물상
에 대해서는 개와 원숭이라는 설
이 있다.

　　세 번째 카람바는 현재 일부
가 파손되어 있다. 카람바 옆에 뚜
껑돌이 있고 그 표면에는 얕게 부
조된 4개의 인면상얼굴 높이 37cm, 폭
43cm이 원형으로 배치되어 있다.
얼굴에는 송곳니와 같은 것이 부
조되어 있다. 또 뚜껑돌의 인면상
은 발리 섬의 모코 청동기의 마스
크와 매우 흡사하다. 현재 뚜껑돌
표면의 일부가 박리되어 있지만

| 카람바와 뚜껑돌의 조각(3호) |

원래는 8개의 인면상이 원형으로 배치되어 있었던 것으로 생각된다.

　　네 번째 카람바의 표면에는 주제를 알 수 없는 선각과 함께 약 83개의 성혈
지름 4~8cm, 깊이 0.5~4cm이 있다. 성혈과 성혈 사이는 돌로 갈아서 만든 선으로
연결되어 있다. 무엇을 표현한 것인지는 알 수 없지만 카람바가 만들어진 후에
성혈이 만들어진 것은 틀림없다. 바위의 측면에 만들어진 성혈은 일반적으로 볼
수 없는 것으로 성혈이 단순하게 여성의 심벌로서 의미가 있는 것만이 아니라
좀 더 복잡한 의미가 있었을 가능성도 생각해볼 만하다. 카람바가 죽은 자의 영
혼을 나르는 배의 의미로 유골을 안치한 석관인 점을 감안하면 성혈은 죽은 자
의 재생과 관련된 것으로 해석된다.

　　첫 번째 카람바로부터 남서쪽으로 8m 떨어진 곳에 특이한 형태의 뚜껑돌

| 카람바(4호) |

| 석관 뚜껑돌의 조각(5호) |

이 있다. 두께 24cm, 길이 184cm, 폭 128cm로 직사각형으로 가공되어 있다. 뚜껑돌이 장방형인 것으로 보아 당연히 그 아래에 있었을 석관도 장방형이었을 것으로 짐작된다. 뚜껑돌의 표면에는 사지를 펴고 엎드린 모습의 2명의 인물이 조잡하게 부조되어 있다. 인물상은 뚜껑돌의 장축에 따라 각각 얼굴을 바깥쪽으로 향하고 있다. 이러한 석관은 베소아와 바다 분지에서는 거의 볼 수 없는 형태로 나푸 분지에서 보이는 석관의 한 형태이다.

이들 카람바에서 북쪽으로 약 30m 떨어진 곳에 돌멘 1기, 석상 4기가 있다. 돌멘의 높이는 96cm로 현재 뚜껑돌이 2개로 깨져서 무너진 상태이다. 뚜껑돌의 두께 41cm, 깨진 2개를 합친 길이 233cm, 폭 183cm로 장축은 남서와 동북 방향이다. 돌멘은 입석형에 가까운 지석을 4개 세우고, 그 위에 거대한 평석을 둔 형태이다. 그런데 돌멘의 동남쪽에 있는 지석의 표면에 7개의 성혈이 있다. 이는 성혈이 돌멘보다 앞서 제작된 것을 나타내는 것이다. 성혈과 성혈 사이에는 돌로 갈아서 만든 선으로 연결되어 있다.

4기의 석상은 원래 돌멘 근처에 쓰러져 있었는데 지금은 2기가 돌멘 옆에 세워져 있다. 왼쪽의 석상을 1호라고 하면 높이 137cm이다. 얼굴에 눈썹, 코, 눈이 조각되어 있지만 입, 팔, 손의 표현이 없다. 가슴에는 멧돼지 이빨로 만든 목걸이 장식이 있고, 가슴 중앙부에 깊이 6cm, 길이 16cm, 폭 10cm의 상하가 긴 타원형의 구멍이 파여 있어 마치 심장을 도려낸 인물을 표현하고 있는 것처럼 보인다. 2호의 높이는 163cm로 화강암을 거칠게 가공하여 인물상을 심플하게 부조한 것이다. 양팔은 어깨로부터 절단한 것 같이 표현되어 있으며 가슴에는 멧돼지 이빨로 만든 목걸이 장식이 있다. 이러한 팔의 표현은 나푸 석상과 유사하다. 하반신에는 남근의 일부가 명료하게 남아 있다. 하복부에 깊이 7cm, 길이 16cm, 폭 8cm의 구멍이 만들어져 있다. 우리는 이제까지 석상을 단순히 선조상

| 포케케아의 석상(왼쪽이 1호, 오른쪽이 2호) |

| 포케케아의 석상(3호) |

| 포케케아의 석상(4호) |

혹은 선조신으로 해석해 왔다. 하지만 심장을 도려내고 양팔을 절단한 듯한 표현을 어떻게 해석해야 할지 모르겠다. 선사시대의 석상이 가지고 있는 의미는 우리가 생각하는 것보다 훨씬 더 복잡할 가능성이 높다.

3호의 높이는 173cm로 돌멘에서 북동쪽으로 5m 떨어진 곳에 쓰러져 있다.

화강암제로 신체 각부를 대담하게 생략하고 인물을 상징적으로 얕게 부조한 것이다. 하복부에는 직립한 남근이 있다. 석상의 왼쪽에는 12개의 성혈이 있는 석괴가 있다. 4호의 높이는 200cm로 전체적으로 조잡하게 조각되어 있다. 석회암으로 만들어져 입과 손발, 특히 양팔은 절단한 것 같이 처리되어 있다.

돌멘에서 서쪽으로 5m 떨어진 곳에 두께 29cm, 길이 189cm, 폭 143cm의 돌멘 뚜껑돌로 보이는 것에 57개의 성혈이 있다. 돌멘으로부터 북서쪽으로 40m 떨어진 곳에 4기의 카람바가 있다.

파당 하도아의 구릉지대에 석상 1기, 카람바 5기, 성혈 16개소, 석제용기 34개가 있다. 석상은 현재 대부분이 땅속에 묻혀 있는데 얼굴 부분만 지상에 노출되어 있다. 얼굴에는 Y자형으로 연결된 눈썹과 코가 부조되어 있는데 입 표현이

| 파당 하도아의 석상 |

| 렘페의 인면이 조각된 석재 |

없다. 높이 140cm의 화강암제이다.

렘페 마을 서쪽의 민가 부근에 두께 26cm, 지름 133cm의 원형으로 가공된 석재가 있다. 석재 측면에는 높이 16cm, 폭 31cm의 인면 7개가 새겨져 있다. Y자형으로 연결된 눈썹과 코는 다른 석상의 얼굴과 동일하다. 이 석재는 카람바 뚜껑돌로 보인다. 카람바 뚜껑돌에는 죽은 자를 기념하여 다양한 장식이 조각되어 있다.

렘페 마을에서 북쪽으로 약 2km 떨어진 곳에 와투 모두라라고 부르는 석조 유물이 있다. 높이 65cm, 길이 333cm, 폭 215cm의 큰 돌 표면에 내부를 직사각형으로 파낸 구멍과 얕게 부조된 인물상이 있다. 구멍은 동남쪽으로 파여 있는데 깊이 39cm, 길이 83cm, 폭 41cm로 구연부를 따라서 조금 볼록하게 가공한

| 와투 모두라의 석조 유물 |

것을 보면 원래는 뚜껑돌이 있었던 것이 명확하다. 그 북서쪽으로 사지를 펴고 엎드린 모습의 인물 부조가 3개 있다. 직사각형의 구멍은 카람바와는 다른 형태이지만 그 기능은 카람바와 같이 사람 뼈를 안치한 석관이었을 가능성이 높다. 내부의 크기로 보아 2차장으로 유골만 안치했을 가능성이 높다.

파다라루라는 정글 안에 석상 2기, 카람바 4기, 성혈 2개소, 석제용기 1개가 있다. 산 정상 가까이에는 렘부에나라고 부르는 석상이 있다. 얼굴은 다른 석상과 동일하고 팔과 손은 확인할 수 없지만 하복부에 남성의 성기가 부조되어 있다 높이 165cm. 석상 앞에는 지름 21cm, 깊이 8.5cm의 석제용기와 11개의 성혈을 가진 제단형의 석재가 있다. 주변 상황으로 보면 석상 앞에서 의례가 행해졌을 가능성이 높다.

석상에서 마을을 향해 약 60m 내려온 곳에 4기의 카람바가 있다. 그중 1기

| 파다라루의 석상 |

는 지상 높이 107cm, 지름 213cm, 내경 144cm로 나무뿌리에 묻혀 깊이 측정은 불가능하다. 구연부의 일부가 부서져 있고 북서쪽 내부에는 선반이 마련되어 있다. 필자는 카람바 내부에서 적갈색의 토기 조각이 있는 것을 발견했다. 토기 조각은 옹관과 같은 것으로 이것은 작은 단지 안에 유골을 안치한 후 카람바 안에 토기를 넣어 뚜껑돌을 올려놓은 것이다. 2008년 발리의 크라마스에서 발견된 청동기시대의 석관에서도 유골단지와 인골이 발견되었다. 술라웨시의 카람바와 발리의 석관은 형태가 다르지만 2차장이 행해진 후 유골을 소형의 단지 안에 넣은 다음 나중에 다시 석관 안에 넣는 것으로 청동기시대 옹관묘와도 밀접한 관련이 있다.

렘페 마을 파당 타이파에 석상이 있다. 얼굴은 치켜들어 거의 하늘을 우러러보는 형태를 하고 있다. 안면의 중앙에는 평평한 코가 크게 자리 잡고 코와 연결되어 눈썹이 있고, 눈은 행인형으로 부조되어 입 조각이 없다. 동체에는 2개의 손가락을 갖고 있는 손과 팔, 직립한 남성 성기가 표현되어 있다높이 134cm. 마을 사람들은 이 석상을 와투 분틴임신부이라고 부르고 있지만 분명히 남성상이다. 가까운 정글 안에 카람바 3기와 돌멘 1기가 있다.

| 파당 타이파의 석상 |

바다와 브소아 석상에는 다섯 손가락이 다 표현되어 있지 않고 3개만 부조된 경우가 많다. 이러한 표현은 손가락을 일부러 생략한 표현이라고는 생각되지 않는다. 뉴기니 고지인들은 지금도 친족이 죽으면 손가락을 자르는 풍습이 있다. 단지손가락을 자르는 행위 풍습은 일본의 폭력조직에서는 지금도 행해지는데 의미는 다르겠지만 석상은 당시의 단지 풍습을 나타내고 있다.

●●● 나푸의 석상

    나푸 분지는 중부 술라웨시 주 포소 현 로레 우타라 군을 가리키며, 로레 린두 국립공원의 산악지대에 위치하고 있다. 동서 약 50km, 남북 약 60km로 표고 1,500m가 넘는 높은 산들로 둘러싸인 분지이다.

    나푸 분지의 북동쪽의 마호로 마을 동남쪽으로 약 10km 떨어진 곳에 와투 농코가 있다. 와투 농코라는 지명은 석상의 이름에서 유래하는데, 이 석상은 1996년에 도둑을 맞아서 현존하지 않는다. 석상이 있었던 곳 근처에 큰 돌을 가공해서 만든 석관이 있다. 나푸 분지 사람들은 이것을 와투 루무라고 부르고 있다. 와투는 돌, 루무는 죽은 자를 의미한다. 석관을 카람바라고 칭하는 것은 브소아와 바다 분지의 사람들이 사용하는 말로 '영혼을 나르는 배'라는 의미이다.

| 와투 농코의 석관 |

유해를 안치하는 석관으로서의 기능은 같지만 나푸 분지의 사람들은 카람바라고 부르지 않고 와투 루무석관라고 부르고 있다.

와투 농코의 석관은 큰 화강암을 상자식으로 가공한 것이다. 높이 121cm, 길이 304cm, 폭 217cm이고, 석관 내부의 크기는 깊이 120cm, 길이 138cm, 폭 114cm로 안쪽 측면에 선반이 마련되어 있다. 내부 선반의 정확한 용도는 알 수 없지만 부장품과 관련된 시설로 생각된다. 석관 밑에는 두께 24cm, 길이 186cm, 폭 125cm의 뚜껑돌이 지면에 떨어져 현재 일부가 파손되어 있다. 석관의 남서쪽 측면에 인면만 정성스럽게 부조되어 있다. 얼굴에는 눈썹과 코가 Y자형으로 연결되어 있으며, 코 사이에 둥근 눈이 부조되어 있다. 사람의 얼굴을 하고 있는 마스크에는 입의 표현이 없다. 입이 없으면 말할 수도 없고 먹을 수도 없다. 이는 석상이 특정한 조상을 나타낸 것이 아니라 먹지 않고도 살 수 있는 특수한 신상을 표현했을 가능성이 높다. 석관의 인면상은 다른 석상의 얼굴과 같은 양식이다. 석관 북쪽의 측면에는 6개의 성혈이 있고, 뚜껑돌의 표면에도 많은 성혈이 새겨져 있다. 이러한 성혈은 석관을 제작한 후에 만들어진 것이다. 선조의 유골을 안치한 석관에 성혈을 만든 사람들은 무엇을 기원했을까?

석관에서 남쪽으로 8m 떨어진 곳에 돌멘 상석으로 보이는 석재가 세 개 있다. 그중의 하나는 두께 25cm, 길이 394cm, 폭 207cm로 2개의 지석을 확인할 수 있다. 또 하나는 석관으로부터 북서쪽으로 15도, 20m 정도 떨어진 곳에 돌멘이 있다. 뚜껑돌의 표면에는 주제를 알 수 없는 암각화와 함께 15개의 성혈이 있다.

북쪽으로 90m 떨어진 곳에 부서진 석관두께 42cm, 길이 221cm, 폭 103cm이 있다. 관은 내부를 긴 타원형으로 파내어 상하로 결합시킨 것으로 부근에 깨진 상석의 일부가 남아 있다. 석관 주변에는 적갈색의 토기 조각이 널려 있다.

| 와투 농코의 주형 석관 |

　　이러한 석관은 주형석관이라 불리며 인도네시아 각지의 청동기 유적에서 발견되고 있다. 주형 석관은 매장부의 크기와 형태를 고려하면 죽은 자를 직접 안치한 1차장이었을 가능성이 높다. 인도네시아에서 지금도 거석문화를 가진 사회에서는 곳곳에 배를 상징하는 것이 많이 있다. 이들은 산악지대에 살면서 마을, 집, 거석광장, 지석묘, 석관을 모두 배라고 부른다. 선조들이 배를 타고 왔고, 사람이 죽어도 배를 타고 저세상에 간다고 믿는다. 이러한 사고는 청동기시대로 거슬러 올라가며, 배를 인도하는 조령신앙과 난생신화와도 결부된다. 와투 농코 유적은 2002년에 중부 술라웨시 박물관의 익삼씨가 일부 발굴조사를 행하여 청동제 반지와 토제 옹관을 발견하였다.

　　우아사에서 동쪽으로 약 25km 떨어진 곳에 타마도에 마을이 있다. 마을에는 기독교신자인 선주민 마을과 1990년대에 발리 섬에서 이주한 힌두교신자인

| 문쿠위누아의 석상 | | 문쿠위누아의 입석 |

발리인 마을로 나누어져 있다. 같은 마을에 기독교 교회와 힌두사원이 공존하고 있다. 발리인 마을에서 산 쪽으로 약 1km 떨어진 문쿠위누아라는 곳에 석조 유물이 있다.

문쿠위누아의 경사면에 석상이 있다. 얼굴은 다른 석상과 매우 흡사하며 비교적 사실적으로 표현되어 있다. 대부분 중부 술라웨시의 석상에서는 보이지 않는 입이 표현되어 있다. 또한 양팔 조각은 생략했다고 하기보다 어깨가 절단된 것처럼 처리되어 있다. 높이는 237cm로 현재 발리 섬에서 이주한 사람들이 숭배하고 있다.

석상에서 약 40m 떨어진 산 속에 높이 1~2m 내외의 7개의 입석이 있다. 그 중심부에 돌멘 상석으로 보이는 판석이 입석처럼 세워져 있다. 높이 123cm, 폭 214cm, 두께 13cm로 표면에 27개의 성혈이 새겨져 있다. 입석을 중심으로

| 문쿠위누아의 석상 |

3개의 석제용기지름 17~23cm, 깊이 17~22cm가 있다. 사발같이 생긴 구멍이 뚫린 석제용기를 제외하면 한국의 마을신과 크게 다르지 않다.

첫 번째 석상에서 약 60m 떨어진 곳에 1기의 석상이 있다. 타원형의 얼굴에 코와 눈이 부조되어 있고 양팔은 어깨가 절단된 것 같이 처리되어 있다. 높이는 153cm로 마을 사람들은 이 석상을 페카타린가임금님라고 부르고 있다. 입 표현이 없는 것과 손이 절단된 듯한 처리는 무슨 의미가 있는 것일까? 나푸 분지의 사실적인 인물 석상은 최근에 만들어진 인상을 받지만, 팔이 잘린 듯한 조각은 조각적으로 표현이 어려워서 새기지 못한 것이 아니다. 숨바 섬에서는 수장이 죽으면 노예를 순장했다. 이러한 순장 풍습은 가야의 지산동고분에서도 확인되었다. 따라서 우리는 '석상=선조상'이라는 관념에서 벗어날 필요가 있다.

석상에서 남쪽으로 약 300m 떨어진 산기슭에 2기의 석관이 있다. 그중 1기는 뚜껑돌이 유실되었지만 석관이 비교적 양호한 상태로 남아 있다. 석관은 화강암을 상자식으로 정성스럽게 가공한 것으로 높이 84cm, 길이 226cm, 폭 162cm이다. 내부의 구연부 조각 형태를 보면 뚜껑돌이 있었던 것을 알 수 있다.

석관의 북쪽 측면에 다섯개의 인면상과 2마리의 도마뱀이 조잡하게 새겨져 있다. 서쪽 측면에는 여섯 개의 인면상이 한 줄로 나란히 부조되어 있다. 남쪽 중앙 측면에는 사지를 펼친 인물상이 있고 그 오른쪽 상하에 두 개의 인면상이

| 문구위누아의 석관 |

새겨져 있다. 중앙의 인물상에는 여성의 심벌이 음각되어 있다. 동쪽 측면의 중앙에는 사지를 뻗은 인물상이 있고 왼쪽 옆 한 줄로 두 개의 인면상과 손이 조각되어 있으며 그 오른쪽에는 세 개의 인면상과 새닭가 새겨져 있다. 석관 측면의 사방에 새겨진 인면, 인물, 동물 등은 모두 선각 기법으로 거칠게 처리되어 있다. 우리가 돌아가신 친족들의 사진을 벽에 걸어놓는 것처럼 인면마스크는 특정한 선조를 기념하기 위한 것 같다. 석관 표면의 무질서한 암각화의 배열로 보면 일시에 계획적으로 만들어진 것이 아님을 알 수 있다. 석관은 혈연을 중심으로 하는 다세대의 복수 가족용으로 사용되었던 것으로 여자도 일정한 지위와 역할이 있었다는 것을 암각화를 통해서 알 수 있다.

그렇다면 손과 닭의 부조는 무엇을 나타내는 것일까? 손 그림Hand Mark, 手形은 구석기시대의 동굴벽화, 우리나라의 청동기 문양에서도 볼 수 있는 조형이다. 이러한 손 그림조각은 신의 손을 상징하는 것으로 원하는 것을 전부 손에 넣

| 손 그림(칼리만탄) |

는다고 하는 주술적인 의미가 있다. 닭귀중한 식량을 항상 손 안에 넣을 수 있게 해 달라는 풍요를 기원한 것으로 해석된다. 석관에서 동쪽으로 약 10m 떨어진 곳에 깨어진 석관이 있다.

첫 번째 석관에서 북동쪽으로 약 50m 떨어진 곳에 쓰러져 있는 석상이 있다. 태양빛을 받으면 빛이 나는 유리 성질이 섞인 석재를 입석형으로 가공하였으며, 둥근 얼굴에 코와 눈이 심플하게 조각되어 있다. 한국의 장승과 유사하다. 높이는 153cm로, 필자가 최초로 보고하는 것이다. 원래 정글이었던 곳을 최근 코코아 밭으로 개간한 것이 새로운 석상을 발견하는 계기가 되었다. 석상 주변 일대에 적갈색 토기 편이 산재하고 있다. 매장용 옹관 조각으로 추정된다.

왕아 마을에 원래 2기의 석상은 나란히 서 있었는데, 그중 1기는 1996년 와투 농코의 석상과 함께 도둑을 맞았다. 현재 남아 있는 석상은 모포렌다라 불리

| 문쿠위누아의 석상 |

느데, 마을 뒷산의 이름에서 유래한다. 사암의 표면에 인물을 얕게 부조한 것이다. 얼굴에는 코가 있고 코의 양쪽에는 송곳니와 같은 조각이 있다. 동체에는 팔이 얕게 부조되어 있으며 그 아래로 직립한 남성의 심벌이 있다. 높이는 102cm로 현재 도둑을 맞은 석상이 부인이라 전해지고 있다. 석상이 남녀 한 쌍으로 세워져 있었다는 점이 주목된다.

왕아 마을에서 동남쪽으로 6km 떨어진 곳에 와투 타우돌 인간라고 부르는 석상이 있다. 머리 위의 좌우로는 둥근 융기가 있는데 이는 독특한 헤어스타일을 나타낸 것이라고 생각된다. 안면 한복판에서 눈썹이 코와 함께 Y자형을 이루고, 그 양쪽에 둥글고 큰 눈이 부조되

| 와투타우 마을의 석상 |

어 있다. 입이 없고 양팔은 절단된 형태로 처리되어 있다. 높이는 139cm로 석상 앞에 제단으로 보이는 평평한 돌이 있다. 석상에서 서쪽으로 약 30m 떨어진 곳의 바위 표면에 6개의 성혈이 있다.

바다 포라와라는 정글에 와투 모린도라 부르는 석상이 있다. 사암제로 둥근 얼굴을 하고 있으며 팔은 어깨로부터 절단된 것 같이 처리되어 있다높이 106cm. 인접한 베도에 마을에 3기의 석상이 있었는데 현재는 중부 술라웨시주 박물관에 이전되어 있다.

나푸 분지 최남단에 위치하는 마을이 롬포이다. 마을에서 약 2km 떨어진 곳에 와투 모가라고 부르는 석상이 있다. 부근에 라리안 강의 지류인 롬포 강이 흐르고 있다. 현재 석상은 깨진 채로 쓰러져 있지만 나푸 분지 최대의 것높이

| 포라와의 석상 |

| 베도에 마을의 석상(중부 술라웨시 주 박물관) |

| 타라라의 석상 |

| 파라와리의 석상 |

253cm으로 중량감이 있다. 큰 얼굴에는 Y자형으로 연결된 눈썹과 코, 눈꼬리가 치켜 올라간 눈이 부조되어 있다. 입과 손발의 조각은 없고 가슴에는 멧돼지 송곳니로 만든 목걸이를 하고 있으며, 하복부에 직립한 남성 성기가 조각되어 있다. 첫 번째 석상에서 약 2km 떨어진 정글에 석상 1기가 있다. 얼굴에는 Y자형으로 연결된 눈썹과 코, 눈꼬리가 치켜 올라간 눈이 있다높이 134cm. 가슴에는 목걸이가 있고 이러한 목 장식은 베소아 분지의 석상에서도 많이 볼 수 있다. 귀와 팔의 조각이 없고, 머리 왼쪽에는 사지를 편 인물의 부조가 있어, 문쿠위누아 석관의 인물상과 매우 흡사하다. 동체의 대부분이 땅속에 묻혀 있어 성기는 확인할 수 없지만 마을 사람들은 여성이라고 한다. 석상 앞에는 원형으로 가공된 제단석이 있다.

●● 석조 유물의 성격과 기원

브소아 분지와 바다 분지에서는 카람바영혼을 나르는 배라고 부르는 석관이 있는데 원형 컵같이 가공되어 있으며, 뚜껑돌을 가지고 있다. 인도네시아 제도에서 널리 보이는 주형배 모양 석관은 바다에서는 눈에 띄지 않는다. 나푸 분지에는 상자식 석관과 주형 석관이 혼재하여 바투 루무석관라고 불린다. 종래에는 카람바를 화장터나 왕의 욕조라는 지적이 있었지만 로레인은 네덜란드 식민지시대까지 2차장이 일반적이었다. 따라서 카람바는 사자의 유골을 넣은 석관이다.

렘페 마을에 있는 렘부에나의 카람바는 2003년 8월, 필자의 조사에 동행한 파루 박물관의 익삼씨가 카람바의 내부에 무성하게 자라고 있던 나무를 뽑자 그 뿌리에 적갈색의 토기 조각이 다수 붙어 있었다. 이것은 필자에게 매우 중요한

| 나무껍질로 만든 로레인의 옷, 타파(tapa) |

발견이었다. 바다, 브소아, 나푸의 석조 유물 가까이에서 적갈색 토기 조각을 육안으로도 자주 확인할 수 있다. 이것들은 2차장의 매장에 사용된 옹관혹은 유골단지으로 추정된다. 그 분포는 바다, 브소아, 포소 등에서 보고되고 있다. 카우데른은 석관과 옹관의 차이를 카람바는 주로 지위가 높은 사람을 매장한 것에 비해 옹관은 그다지 지위가 높지 않은 사람을 매장한 것이라고 추정했다. 과거 로레인에게는 왕족, 귀족, 평민, 노예 계급이 있었지만 단순히 카람바=지배 계급, 옹관 및 목관=피지배 계급이라는 해석은 재검토할 필요가 있다. 바다와 브소아의 카람바와 아주 유사한 것이 라오스의 산악지대에도 많이 남아 있다.

중부 술라웨시의 거석유구는 거의 동일한 시대의 동일한 문화적 성격을 나타내고 있다. 그런데 크라이츠는 나푸의 석관이 잘 만들어졌다는 이유로 브소아와 바다의 것보다도 후대에 다른 민족이 만들었다고 주장하고 있다. 나푸의 석관 형태는 다른 지역과는 명칭과 형태가 약간 다르지만 완성도에 따라 역사적인 신구를 결정하는 근거는 되지 않는다. 완성도는 만드는 측의 지위나 능력과 관계되는 문제이다.

바다·브소아의 석상은 비교적 일찍부터 주목받아 왔지만 지금까지 어디에 무엇이 있는지조차 알려져 있지 않았다. 바다, 브소아, 나푸 석상의 특징은 기본적으로 멘히르형 석상이다. 화강암을 입석과 같이 가공해서 신체를 얕게 표현하고 있다. 얼굴의 Y자형으로 연결된 눈썹과 코가 모든 석상에서 볼 수 있는 공통점이 있다. 중부 술라웨시의 석상 얼굴과 유사한 석상이 중부 자바 트르잔 유적에서도 발견되었다. 눈은 둥근 형태와 눈꼬리가 치켜 올라간 형태가 있다. 입과 하반신의 표현은 없지만 직립한 남성의 심벌이 조각되어 있다. 2개의 다른 형태의 눈을 근거로 크라이츠는 이민족에 의한 제작설을 주장하고 있다. 눈꼬리가 치켜 올라간 눈과 둥근 눈을 가진 석상이 혼재하고 있지만 어디까지나 같은

EKSKAVASI
DI SELODIRI
Ds. TERJAN Kec. KRAGAN
REMBANG
KETERANGAN :
= LUBANG EKSKAVASI
= LUBANG KUBUR.
= TITIK. O
103,85. m.
= BATANG KAYU.
= BATU,
50 Cm

| 트르잔 유적(중부 자바) |

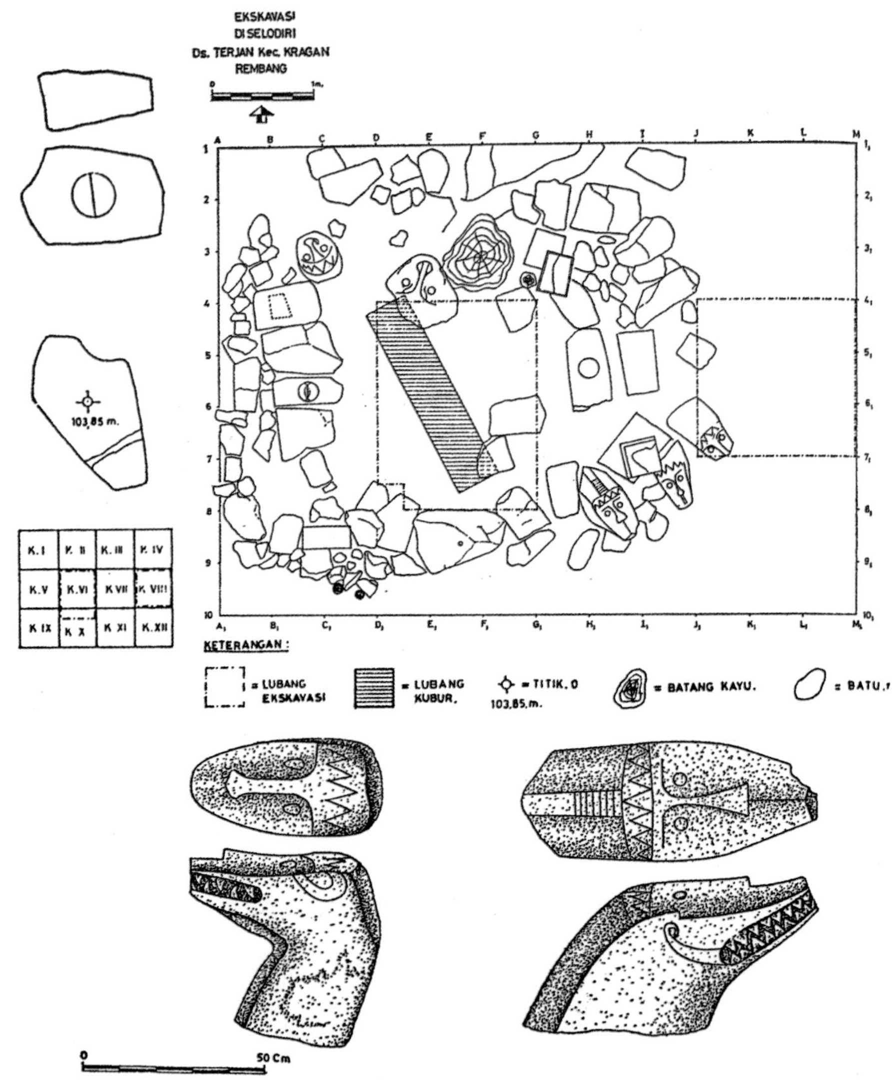

조각양식에서 볼 수 있는 극히 일부분의 상이점에 불과하다. 이것을 근거로 해서 이민족을 표현했다고는 생각할 수 없다.

브소아와 나푸의 석상에는 목걸이가 있는데 이는 멧돼지의 송곳니로 만들어졌을 가능성이 높다. 이것과 매우 흡사한 것을 토라자인이 지금도 사용하고 있어 양자의 관련성이 주목된다. 중부 술라웨시의 석상에는 거의 예외 없이 직립한 남성 성기의 부조가 있다. 또한 석상 곁에 성혈이 있는 석재가 있다. 이것은 석상이 일찍이 주민 신앙의 대상으로 풍작이나 다산과 같은 풍요 의례와 관련되고 있는 것을 가리키고 있다.

바다, 브소아, 나푸의 석조 유물은 단단한 화강암을 가공한 것이 많고, 석관과 석상은 조각적으로 뛰어나며 이들 조각에는 금속기의 사용이 추정된다. 중부 술라웨시의 석조 유물은 철기로 만들어진 것으로, 고도의 벼농사사회가 낳은 것이다.

옹관묘의 분포는 로레 호수, 파루, 바다, 브소아, 포소, 토라자 등에서 보고되고 있다. 포소의 옹관은 동굴 안에서 유골이 담긴 채 발견되었다. 옹관을 납골에 사용한 사례는 술라웨시 섬, 자바 섬, 발리 섬, 숨바 섬에서 발견되었는데 그 모양이나 제작 기법은 기원전 1500년부터 기원후 1000년에 걸쳐서 계속된 중부 베트남과 필리핀의 토기문화와 연결된다. 인도네시아의 청동기시대 묘제는 실로 다양하다. 한국의 청동기시대의 묘제도 다양하다. 이러한 다양한 묘제는 사람과 문화의 이동과 교류에 의한 것이다. 우리 문화도 육로만을 통해 사람과 문화의 이동 혹은 교류가 있었다는 편협한 생각은 버려야 한다.

바다에서 출토된 청동 조각과 나푸에서 출토된 청동제 반지는 동남아시아의 금속문화를 대표하는 동손문화와 연결되는 것이다. 또한 토라자인들의 집 벽에 헤겔Heger I식의 동손동고의 북면이 그려져 있다. 남부 술라웨시 주 스라얄

| 옹관(포소) |

| 옹관(필리핀, 죽은 자가 배를 타고 영혼의 세계로 간다) |

| 토라자 곡창(동손동고의 북면이 그려져 있다) |

섬에서는 청동기시대의 동손동고가 발견되었다. 적어도 기원전 5세기부터 기원전 3세기에 걸쳐서 중부 술라웨시에서도 석관이나 옹관으로 매장을 하고, 멧돼지 송곳니로 만든 목걸이나 청동제의 장식품을 몸에 걸치고, 돼지나 개나 닭을 기르고, 벼농사가 행해졌다는 것을 이들 석조 유물들이 나타내고 있다. 청동기 유물들을 고려하면 중부 술라웨시 주의 로레인과 남부 술라웨시 주의 토라자인들의 원향은 동손 청동기가 만들어진 북부 베트남과 중국 윈난 성이었을 가능성이 높다.

수마트라 섬의 석상

●● 파세마 고원의 석조 유물

수마트라 섬은 세계에서 여섯 번째로 큰 섬이다. 면적은 약 47만 km², 인구는 약 4,500만 명이다. 북서쪽에서 남동쪽까지 최장 길이 1,790km로 적도가 중앙부를 지나며 섬의 최대 넓이는 435km이다. 서쪽의 바리산 산맥과 동쪽의 습지대로 나뉘어 섬의 대부분은 열대우림으로 뒤덮여 있다. 수마트라와 술라웨시는 같은 인도네시아라고 해도 섬 하나가 우리나라 면적보다 크고, 그 거리도 제주도와 아스카 사이보다 훨씬 떨어져 있다.

수마트라 섬 남동부에는 파세마라는 산악지대가 있다. 파세마 고원은 후지산과 같은 원추형의 화산인 뎀포 산3,129m을 중심으로 바리 산으로부터 구마이 산 사이의 북서와 동남에 걸친 약 70km의 산악지대를 가리킨다. 현재 주민의 대부분은 이슬람교도로 벼농사를 짓고 있다. 산악지대에 위치하면서도 큰 강이 흘러서 수전 경작에 적합한 곳으로 비교적 인구밀도도 높다.

파세마 고원에는 석상, 돌멘, 석실묘, 멘히르, 소형의 석조, 석제용기, 성혈

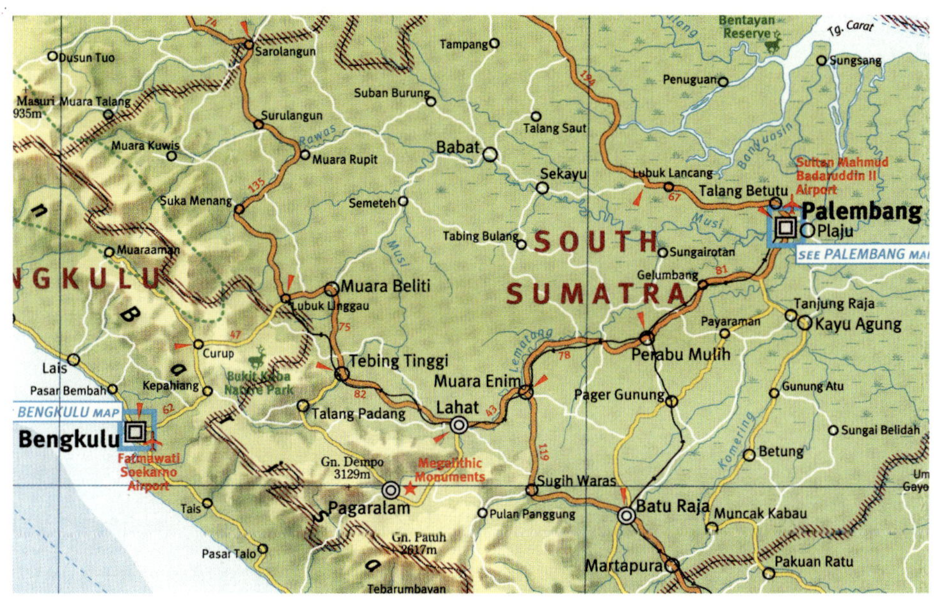

| 파세마 고원 지도 |

| 뎀포 산과 지석묘군(탄중 아로) |

등 다양한 선사시대의 석조 유물이 있다. 파세마 고원의 석조 유물 일부는 1930년대에 반 델 호프와 반 헤케렌에 의해 보고되었다. 그러나 이들 석조 유물에 대한 충분한 조사와 연구는 이루어지지 않고 있다.

●●● 푸라우 피낭 군의 석상

라하트 시의 시청 앞에 석상 1기높이 85㎝가 있다. 현재 머리 부분은 절단된 채로 유실되었지만, 몸을 앞으로 크게 웅크린 모습은 로댕의 〈생각하는 사람〉을 연상시킨다. 상반신은 실물 크기로 새긴 조각으로 손과 발은 부조되어 양발은 무릎을 직각으로 구부리고 한 손으로 물소의 머리 뿔을 움켜쥐고 있다. 얼굴 부분은 파손되어 있지만 전형적인 매시브 조각이다.

탄중 트랑 마을 초등학교의 운동장 구석에 코끼리를 타고 있는 인물상이 있다. 인물의 웅크린 형상은 코끼리를 타고 있는 것에서 기인한다. 코끼리는 얼굴과 코가 부조되어 있지만 하반신의 처리가 생략되어 인물상과 비교해서 아주 작고 생략적인 조각기법으로 처리되었다. 조각적으로 인물은 얼굴 부분과 동체가 입체적

| 라하트 시의 석상 |

으로 조각되어 코끼리에 비해 매우 사실적이다. 이것은 분명히 코끼리보다는 인물상이 강조된 것이다. 코끼리 조각에 의해 초기의 보고자들은 힌두교와의 관련을 추정하고 있지만, 이 석상을 놓고 볼 때 코끼리상은 결코 인간이 우상으로 숭배하는 모습이 아니라 오히려 인간이 코끼리를 지배하는 모습을 표현한 것이다. 인물상의 등 왼쪽에는 장검이 부조되어 있다. 코끼리를 탄 인물이 무기를 소지하고 있는 모습은 석상이 금속기시대에 만들어진 것을 시사하고

| 탄중 트랑 마을의 코끼리를 타고 있는 인물상 |

있다. 왼발의 관절과 어깨에는 이중의 동심원 부조가 있는데 이는 일종의 갑옷을 나타내고 있는 것으로 생각된다높이 152cm.

라하트 시에서 약 9km 떨어진 간선도로 가까이에 카람 다람 우루 마을이 있다. 마을 안 광장에는 고상가옥이 있다. 건물의 1층은 기둥만 있는 공간으로 2층 지붕 밑은 곡식 창고로 사용되고 있다. 이러한 고상가옥은 인도네시아 제도의 전통마을에서 흔히 볼 수 있는 것이다. 인도네시아어로 '루마 아닷'이라고 불리는 것으로 재판, 마을회의, 선조신을 모시는 사당으로 사용된다. 입석은 관습가옥의 동쪽에 위치하며 높이 177cm로 표면을 원주형으로 가공한 것이다. 입석은 인도네시아 제도에서 가장 많이 볼 수 있는 것으로 풍작과 풍요를 의미하는 남성의

심벌로 해석되고 있다. 입석을 중심으로 그 아래에 있는 6개의 평평한 자연석 표면에 수십 개의 성혈이 존재하고 있다. 성혈의 엄청난 수를 고려하면 입석이 상당히 오랫동안 마을 사람들의 신앙의 대상이 되었던 것으로 추측된다.

르마탕 강과 림 강이 합류하는 곳에 탄중 실리 마을이 있다. 마을에서 3km 벗어난 정글 안에 다양한 석조 유물이 다수 분포하고 있다.

| 카람 다람 우루 마을의 입석과 성혈 |

석상은 검은 화산암을 가공한 것으로 물소를 타고 있는 인물상이다높이 151cm. 물소는 동체와 발 부분이 생략되어 얼굴 부분만 심플하게 조각되었을 가능성이 높다. 한편 인물상은 물소보다 크게 조각되어 있으며 얼굴 부분과 동체는 입체적으로 새긴 조각이다. 상반신이 앞으로 크게 웅크리고 인물과 물소가 일체가 된 모습으로 보아 전형적인 매시브형 석상이다. 인물상은 턱을 치켜든 얼굴로 정면을 응시하고 있으며, 얼굴을 옆으로 쳐든 물소는 당장이라도 움직일 것 같이 조각되었다. 인물상의 머리에는 제2차 세계대전 때 독일 군인의 헬멧과 같은 투구를 쓰고 무서운 표정을 하고 있다. 인물상은 비교적 사실적으로 처리되어 조각적으로도 뛰어나다. 입과 코는 파손되어 있지만 굵은 목과 둔중한 어깨, 팔은 힘센 전사와 같은 인상을 주

| 푸라후 판장의 물소를 타고 있는 인물상 |

고 있다. 목 주변에는 큰 옥을 구슬처럼 둥글게 가공해서 끈으로 묶은 목걸이 장식이 있고, 오른손은 물소 뿔을 잡고 있다.

북쪽으로 500m 떨어진 곳에 실물 크기로 새긴 인물상이 있고, 현재 쓰러져 있는 하반신의 일부는 지하에 묻힌 상태이다. 인물상은 전체적으로 정교하고 정성스럽게 조각되어 있다. 머리에는 투구를 쓰고 있으며 목 부근에는 앞면이 크고 뒤가 작은 구슬로 만든 목걸이 부조가 있다. 인물의 어깨와 팔꿈치에 이중의 동심원을 확인할 수 있다. 하반신은 구부린 왼발의 상태를 보면 코끼리 혹은 물소를 타고 있을 가능성이 높다. 가까운 곳에 석상 2기, 돌멘 1기, 4개의 사발 같이 뚫린 구멍이 있는 석제용기가 있다.

구릉지대인 팅기 하리에는 입석, 석상, 석제용기가 남아 있다. 높이 311cm, 폭 37cm, 두께 65cm의 입석 표면에 어른이 아이를 안고 있는 부조가 있다. 가까

| 푸라후 판장의 석상 |

| 팅기 하리의 석상 |

이에 석제용기가 있고 그 표면에 4개의 구멍지름 16.5cm, 두께 11cm이 파여 있다.

입석 근처에 웅크려 앉은 인물상이 있다높이 164cm. 현재 머리 부분은 유실되어 원래 모습은 알 수 없지만 몸체는 건장한 전사를 사실적으로 조각한 것이다. 앞으로 쑥 내민 굵은 목과 그 목 아래로는 목걸이 부조가 있다. 왼팔과 양손은 파손되어 정확하게는 확인할 수 없지만 오른손은 가슴 앞에서 무엇인가를 쥐고 있는 것처럼 보인다. 석상의 가까이에 돌멘 1기가 있다.

산 안쪽으로 5km 들어간 곳에 3기의 거대 석상이 있다. 첫 번째 석상은 좌상으로 얼굴은 마멸이 심해서 명확히 확인할 수 없지만 머리에는 투구를 쓰고 목에는 둥글고 큰 고리형의 목걸이를 하고 있다높이 244cm. 석상의 왼쪽 앞에서 보면 무릎을 세워서 지면에 앉아 있고 발과 발 사이에는 큰 뱀의 동체 일부라고 생각되는 조각이 있다. 북서 부근에 쓰러져 있는 멘히르높이 251cm가 있다.

두 번째 석상도 좌상으로 머리에는 투구를 쓰고 있으며 그 정면에는 예쁜 장식 문양이 남아 있다높이 244cm. 얼굴은 마멸이 심하지만 치켜든 턱 밑에는 짧고 굵은 목이 있고 목걸이를 하고 있다. 어깨 밑에는 양팔이 몸에 밀착되어 있으며 양팔은 무릎을 껴안고 앉아 있다. 하복부에는 직립한 남성의 심벌이 부

| 팅기 하리의 석상 |

| 팅기 하리의 석상 | | 팅기 하리의 석상 |

조되어 있고, 왼쪽 발목에는 둥근 고리형의 발목 장식이 있다.

세 번째 석상은 치켜든 턱, 묵직한 동체, 웅크린 모습 등은 팅기 하리의 다른 석상과 같은 양식이다높이 203cm. 오른쪽 가슴은 파손되어 있지만 왼쪽 가슴은 크게 융기되어 있으며 하복부에는 여성의 심벌이 삼각형으로 음각되어 있다. 무릎을 꿇고 앉아 있는데 석상의 하복부가 이상할 만큼 불룩하다. 아마 임신한 여성을 나타낸 것으로 생각된다.

르마탕 강 지류인 모에라쿠 강이 흐르는 수전지대에 파갈아람 마을이 있다. 마을 논 주변에는 개석식 돌멘이 다수 산재하고 있다.

높이 114cm, 길이 205cm, 폭 39cm로 화강암에 호랑이와 인물을 조각한 것이다. 두 마리의 호랑이는 입을 크게 벌린 채 흥분한 상태를 사실적으로 나타내

| 파갈아람 마을의 호랑이와 인물상 |

고 있으며 뒤의 호랑이가 앞 호랑이의 배를 앞발로 움켜잡고 마치 교미하는 모습을 하고 있다. 앞 호랑이의 양발은 사람아이의 머리를 잡고 당장이라도 잡아먹으려 하고 있다.

민가 가까이에 지름 16~18cm, 두께 12~13cm의 구멍이 뚫린 석제용기 4개가 있다. 모두 한 개의 구멍이 뚫린 것으로 마을 사람들은 절구라고 하지만 일상생활에서 사용되는 것이 아니다. 큰 구멍이 뚫린 석제용기에 4개의 성혈이 있다. 사발과 같은 구멍이 뚫린 석제용기와 성혈이 같이 있는 것은 보기 드문 사례이다. 이는 양자의 의미와 기능이 다르다는 것을 시사하고 있다. 마을 민가 가까이에 개석식 고인돌이 있고, 뚜껑돌은 높이 81cm, 남북 389cm, 동서 180cm이다. 뚜껑돌의 표면에 성혈이 5개 새겨져 있다.

스랑기스 강이 흐르는 구릉지대의 무아라 두아 마을 정글의 반경 60m 안에

| 파갈아람 마을의 개석식 지석묘 |

석상 11기, 돌멘 5기, 멘히르 4기, 석제용기 2개가 있다.

　건장한 어른의 인물상과 아이가 마주 보고 있는 석상이 있다. 어른과 아이의 상반신은 사실적으로 조각되었는데 양자 모두 얼굴 부분이 파손되었다. 어른 인물상은 굵은 손발과 동체의 표현에 의해 힘이 센 전사를 연상시키고, 양 발목에는 고리형의 족환이 있다. 무릎을 꿇고 웅크린 모습은 물소나 코끼리를 타고 있는 것을 나타내고 있다높이 91㎝. 인물과 마주 보는 아이 상은 동물물소의 머리 부분에서 한쪽 발을 들어 올려 올라타려고 하고 있다. 어른의 오른손이 아이의 왼팔을 쥐고 왼손은 동물 위에 올라타려고 하는 아이의 오른쪽 다리를 잡아 마치 어른이 동물 등에 앉아 그 위로 올라타려고 하는 아이를 돕는 모습이 조각되어 있다. 씩씩한 전사가 아이를 데리고 어디를 향하여 가려고 하는 것일까?

　가까이에 상반신이 많이 손상된 석상이 있다. 남아 있는 부분을 보면 조각

| 무아라 두아 마을의 석상 |

적으로 뛰어나다. 정면의 목 부분에는 구슬을 꿰맨 정교한 목걸이의 일부가 남아 있다. 오른쪽 다리는 건장하게 표현되어 있으며, 고리형의 족환을 하고 있다. 오른손 일부가 남아 있고 손과 발 사이에는 아이의 몸통 부조가 있다. 유감스럽게도 아이의 얼굴이 파손되어 있다. 분명히 어떠한 동물을 타고 있는 인물과 아이를 주제로 하고 있다높이 145cm. 어른의 인물상 등 뒤에는 장검이 부조되어 있다.

인접하여 높이 196cm, 어깨 넓이 103cm, 길이 198cm의 석상이 있다. 목이 절단되어 두부가 유실되었지만 조각적으로 뛰어난 석상이다. 인물의 상반신은 입체적으로 조각되었고, 손발은 정교한 고부조로 처리되어 있다. 동체의 가슴 부근에 고리형 목걸이의 일부가 남아 있다. 물소를 타고 있는 몹시 힘이 센 전사

| 무아라 두아 마을의 석상 |

를 표현한 것이다. 양 어깨와 양팔의 팔꿈치, 양쪽 발의 무릎 부분에 이중의 동심원이, 인물상 오른쪽 등 뒤에는 장검이 부조되어 있다. 3기의 석상은 반경 10m 안에 위치하며 그 중심에 깨어진 대형 돌멘이 있다.

남쪽으로 2km 떨어진 곳에 석상과 돌멘 2기가 있다. 석상은 좌상으로 하복부가 이상하리 만큼 불러 있는 것으로 보아 임산부를 나타낸 것이라고 생각된다. 양손은 얕게 부조되어 하복부 양쪽에 밀착시키고 있다높이 88cm.

팅기 하리의 유적에서 안쪽의 작은 길을 따라 파갈아람 군 방향으로 가면 신야르 블안 마을이 림 강가의 구릉지대에 위치한다. 마을 커피 밭의 반경 100m 안에 석상 8기, 돌멘 4기, 석제용기 2개가 남아 있다.

신야르 블안 마을의 석상 안에서 유일하게 완전한 모습으로 남아 있는 석상이다높이 145cm. 빡빡 깎은 머리에 이마가 좁고, 눈은 위를 향해서 치켜뜨고 있으며 목걸이를 하고 있다. 파세마 고원에 많이 남아 있는 석상 중에서 가장 사실적으로 표현된 인물상이다. 목 뒤에는 목걸이를 묶은 끈이 부조되어 있고 관통의로 보이는 옷의 일부를 확인할 수 있다. 하복부는 이상하리 만큼 불러 있고, 양손은 불룩한 배를 감싸안듯이 밀착시키고 있다. 무릎을 꿇고 있는 임신부의 모습이다. 이렇게 꿇어앉은 인물상이 이스터 섬의 가장 오래된 모아이로 여겨지고 있는데 기무라 시게노부는 이 석상이 폴리네시아 이스터 섬 모아이상의 기원으로 추정하고 있다. 부근에 6기의 석상이 남아 있지만 모두 얼굴 부분이 파손되어 있다. 가까이에 파괴된 대형의 돌멘이 있고, 석상에서 남동쪽으로 8m 떨어진 곳의 돌멘 표면에 성혈이 4개 있다. 석상에서 북서쪽으로 약 10m 떨어진 곳에 석제용기가 있다.

| 신야르 블안 마을의 석상 |

●● 파갈아람 군의 석상

트구르 왕이 마을은 뎀포 산 남쪽 기슭에 위치하고 있으며 논 가까이에 4기의 석상과 석실묘가 있다. 주변에는 많은 수의 돌멘이 산재하고 있다.

4기의 석상은 남쪽을 향하고 있으며 석실묘와 인접해서 남북으로 나열해 있다. 각각의 석상은 부분적으로 다른 곳도 있지만 전체적으로는 매우 흡사하다. 남쪽의 1호 석상은 높이 148cm, 2호 석상은 높이 129cm, 3호 석상은 높이 119cm, 4호 석상은 높이 98cm이다. 이들 석상은 중량감이 있어 매시브 조각의 백미라고 할 수 있다. 머리와 몸통, 손발 등이 일체가 되어 웅크린 덩어리의 조각과 같은 인상을 주고 파세마 고원 석상의 특징을 가장 잘 나타내고 있다. 큰 얼굴에 둥글게 돌출한 눈, 낮고 폭이 긴 코, 두툼한 입술 등 무서운 얼굴 표정이

| 트구르 왕이 마을의 석상(1호) |

| 트구르 왕이 마을의 석상(2호) |

| 트구르 왕이 마을의 석상(3호) |　　　　　| 트구르 왕이 마을의 석상(4호) |

절묘하게 표현되어 있다. 3호 석상은 코끼리 조각을 명확히 확인할 수 있지만 다른 3기의 석상은 하부가 지하에 매몰되어 있어 전체 모양을 알 수 없다.

석상으로부터 시냇물을 끼고 바로 북쪽에 1기의 석실묘가 있다. 필자는 1991년에 인근 석실묘의 내부에서 벽화를 확인하였다. 당시 벽화는 풍화에 의해 아주 많이 손상되어 있었는데, 투구를 쓴 거무스름한 두 사람의 인물이 서로 마주 보고 있는 광경이 그려져 있었다. 두 인물 사이에는 안쪽으로부터 황색, 적색, 백색의 둥근 원이 그려져 있었다. 둥근 원은 코끼리의 눈으로 왼쪽 인물은 코끼리의 코를 잡고 오른쪽 인물은 코끼리의 등에 타고 있다. 왼쪽 인물은 오른쪽보다 크게 그려져 있으며 허리에 흰색 허리띠를 두르고 있다. 오른쪽 인물에서는 목걸이와 팔찌를 확인할 수 있었다. 벽화의 인물은 전체적으로 석상과도 유사점이 많다. 4기의 석상에서 서북쪽으로 약 10m 떨어진 논 안에 대형 돌멘이

| 트구르 왕이 마을의 석실묘 |

| 트구르 왕이 마을의 석실묘 채색 벽화 |

  I. 장승과 돌하르방의 원류를 찾아서

있다. 하부에 4개의 지석을 확인할 수 있고 그 위에 큰 부정형의 상석이 올려져 있다. 상석은 높이 180cm, 길이 420cm, 폭 320cm이다.

호프는 트구르 왕이 마을에서 1기의 석실묘를 발굴하여 상세한 평면도와 채색 벽화의 스케치를 남기고 있다. 서쪽의 벽에는 채색한 인물과 물소의 그림이 그려져 있다.

트구르 왕이 마을에서 남쪽으로 약 2.5km 떨어진 곳에 트구르 왕이 라마와 가까운 곳에 있는 수직 거암높이 5m, 폭 4m 표면에 암각화가 그려져 있다.

중심 바위면의 암각화는 헤겔 I식 동손 동고를 등에 짊어지고, 양손에는 소형 동고를 들고, 낮은 자세로 서쪽의 뎀포 산을 향해 달리는 모습을 하고 있다높이 201cm, 폭 224cm. 트구르 왕이 마을의 석상과 닮은 무서운 얼굴을 하고 있으며 머리에는 물소 뿔로 장식한 투구를 쓰고 있다. 투구와 어깨, 팔과 양발의 관절에 이중의 동심원이 있는데 마치 피노키오와 같은 꼭두각시 인형처럼 보인다.

지면 가까이의 암각화는 중심부 인물상의 왼발 아래쪽에 위치하고 있다. 얼굴을 중심으로 방사상으로 선이 새겨져 있고, 몇 사람높이 6~15cm이 사지를 벌린 채 손을 맞잡고 서 있다. 작은 인물군은 조잡하게 선각되어 있으며 그 주제도 불명확하다. 당시의 종교의식을 그린 것으로 추정할 수 있다.

2002년 8월, 2005년 2월, 총 4회의 사진촬영을 했지만 암각화의 인물상을 선명하게 사진에 담을 수 없었다. 논길을 걸어 다리도 없는 강을 네 번이나 왕복했다. 암각화는 특히 양손 부분이 선명하지 못해서 육안으로도 확인하기 힘들었다. 파갈아람군 문화재과의 허락을 받아 인근 초등학교에서 어렵게 구한 분필로 마을 청년들에게 도움을 청해서 암각화에 선을 그려 넣었다. 그러자 인물 암각화의 양손에 헤겔 I식의 동손 동고를 들고 있는 모습이 확인됐다. 이렇게 해서 암벽 중심부의 암각화는 대형 동고를 등에 짊어지고 또 하나의 동고를 양손에

| 트구르 왕이 마을의 지석묘 |

| 트구르 왕이 마을의 석실묘 채색 벽화(호프) |

| 암벽 중앙의 암각화(트구르 왕이 라마) |

들고 있는 인물상이라는 것을 알게 되었다. 또 2005년 2월 우기 때의 조사에서 쏟아 붓는 듯한 스콜폭우에도 암각화 아래는 유일하게 비를 피할 수 있는 장소이며, 암각화가 있는 장소에서 뎀포 산이 보이고 가까이에 강이 흐른다는 입지 조

| 암각화(트구르 왕이 라마) |

건도 새삼스럽게 알 수 있었다. 스랑기스 강은 라하트의 르마탕 강과 합류하여 팔렘방으로 흐르는 큰 강으로 암각화를 그린 사람들도 아마 강을 거슬러 올라왔을 가능성이 높다.

트구르 왕이 마을에서 동쪽으로 얼마쯤 가면 블루마이 마을이 나오는데 마을 커피 밭 일대에 다수의 석조 유물이 남아 있다. 마을에서 조금 떨어진 곳에는 물소 등에 사람이 타고 있는 대형 인물상이 있다높이 152cm. 천연의 바위 표면에 인물과 물소를 부조한 것이다. 물소의 하반신은 생략되어 얼굴 부분만 구체적으

| 블루마이 마을의 석상 |

로 조각되어 있고, 머리에는 두 개의 뿔이 있다. 인물은 낮은 자세로 엎드려 물소 등에 타고 있으며, 왼손은 아이를 껴안고, 고리형의 팔찌와 족환을 하고 있다. 석상을 측면에서 보면 마치 인물과 물소가 당장이라도 뎀포 산을 향해 달리기 시작할 것 같이 약동적으로 조각되어 있다. 많은 석상들은 왜 뎀포 산을 향하여 달려가고 있을까? 아마 뎀포 산의 화산활동과 관련이 있을 것으로 생각된다. 주변 일대의 논에는 대형 돌멘이 다수 산재하고 있다.

마을 가까운 커피 밭 안에 인물상이 있다높이 121cm. 현재 석상은 정면에서 왼쪽으로 비스듬히 쓰러져 하반신의 일부가 땅에 묻혀 있다. 큰 얼굴은 앞으로 치켜들고 동체는 웅크린 모습을 한 전형적인 매시브 조각이다. 눈과 코 주변은 비교적 깊게 파여 눈과 코를 크게 양각한 것으로 무서운 얼굴이 한층 강조되어 있다. 얼굴만 보면 한국의 돌하르방이나 장승과 매우 유사하다. 오른쪽 어깨와

| 블루마이 마을의 석상 |

팔의 관절에는 이중의 동심원 부조가 있다. 특히 이 석상이 주목받는 것은 인물상의 등에 무엇인가를 짊어지고 있는 점이다. 얼굴은 앞으로 내밀고 웅크리고 있는 모습은 아무리 생각해도 부자연스럽다. 도대체 왜 이러한 모습의 조각이 생겼는지 그 이유를 생각해 보면 그것은 등에 짊어지고 있는 물건을 강조하려는 의도가 있었던 것이 아니었을까? 그렇다면 짊어지고 있는 것은 석상이 만들어진 당시의 사회에서 중요한 의미를 가지는 것이다. 석상이 등에 진 것은 헤겔 I식의 동손 동고와 매우 흡사하다. 동고를 등에 짊어지고 있는 인물상은 트구르 왕이의 암각화나 다른 석상에서도 보이는 것으로 인접해 있는 돌멘 혹은 석실묘와 무관하지 않고, 그 제작도 비슷한 시대의 것으로 생각된다. 트구르 왕이의 암각화 인물상과 매우 흡사하다. 남쪽으로 조금 떨어진 곳에 석실묘와 성혈이 있는 돌멘이 있다.

탄중 아로 마을의 민가 가까이에 2기의 석실묘가 남북으로 인접해서 나열해 있다. 석실묘 벽면에는 채색 벽화의 흔적이 남아 있는데, 헤케렌은 이 채색 벽화를 데 비에de Bie의 보고를 인용하여 "벽화는 종횡이 150cm로 흰색, 검은색, 적색, 황색, 회색으로 양식화된 인물상과 동물이 그려져 있고, 손에는 3개의 손가락밖에 보이지 않으며 눈은 동심원으로 표현되어 있다"고 소개하고 있다.

| 블루마이 마을의 돌멘과 성혈 |

| 탄중 아로 마을의 석실묘 |

| 탄중 아로 마을의 석실묘 벽화(헤케렌, 1958) |

| 탄중 아로 마을의 석실묘 벽화 |

| 탄중 아로 마을의 석실묘 벽화(헤케렌, 1958) |

코끼리의 머리 위에 타고 있는 3개의 손가락을 가진 원숭이가 그려진 인물화는 석실 오른쪽 벽에 있던 것으로 현재 인도네시아 국립박물관에 소장되어 있다.

헤케렌이 소개한 벽화는 석실묘 동쪽 벽면에 그려진 것으로 물소와 인물화이다. 물소는 콧구멍이 벌렁거리고 눈꼬리가 치켜 올라가 흥분 상태가 절묘하게 표현되어 있다. 벽화가 흑백으로 처리되어 있기 때문에 상세한 색상은 알 수 없지만, 인물과 코끼리는 다른 벽화가 모두 검은색으로 그려져 있는 점을 추측해 볼 때 검은색으로 그려졌고, 눈은 적색이 사용되었을 것으로 생각된다.

마을 서쪽 논 안에 큰 뱀과 얽힌 인물 조각이 있다. 높이 120cm, 둘레 301cm의 돌 표면에는 앉아 있는 두 사람의 인물 부조가 있고, 큰 뱀이 이들을 휘어감아 큰 입으로 사람의 머리부터 집어 삼키려고 하고 있다. 천연의 바위를 이용하여 표면만 거칠게 가공하여 뱀과 인물을 새겼다. 이 석상을 동물과 싸우는 인물상이라고 보는 견해도 있다. 석상에서 서쪽으로 10m 떨어진 곳에 다수의 돌멘 군이 있다.

| 탄중 아로 마을의 지석묘 |

| 탄중 아로 마을의 석상 |

  팔렘방의 박물관에 아이를 업고 있는 인물상이 있다높이 145cm. 머리나 몸통, 손발이 일체가 되어 있고 묵직한 양감이 있는 조각이다. 둔중한 어깨 밑으로 팔이 얕게 부조되어 있으며 큰 양손은 하복부에 손바닥을 밀착시키고 있다. 복부는 크게 불룩하여 마치 임산부 같은 인상을 받는다. 양 다리는 무릎을 살짝 구부리고 있고 등에는 아이가 양손으로 어깨를 잡고 달라붙어 있다. 이 석상은 본래 탄중 아로 마을에 있었던 것으로 폴리네시아의 석상들과 매우 유사하다.

●● 자라이 군의 석상

  팔렘방의 박물관에 바투 가자코끼리의 석상라고 불리는 석상이 있는데 이 석상은 원래 자라이 군 코타 라야 렘박 마을에 있었던 것이다. 화강암에 코끼리길이

| 바투 가자(오른쪽 면) |

217cm의 얼굴과 동체를 새기고 그 양편에 두 사람의 인물상을 부조한 것이다. 인물상과 코끼리는 얕은 부조로 되어 있음에도 불구하고 건장하게 표현하여 풍부한 볼륨감이 있다. 전면의 코끼리 코와 얼굴은 입체 조각에 가깝지만 두 사람의 인물상은 모두 얕은 부조로 되어 있다. 코끼리의 얼굴을 향해서 오른쪽 인물상은 양손으로 코끼리의 귀를 꽉 붙잡고 무서운 얼굴로 전방을 응시하고 있다. 머리에는 투구를 쓰고 하반신에는 허리띠와 왼발에 고리형의 족환이 새겨져 있다. 특히 이 석상이 주목받는 것은 인물이 어깨에서 헤겔 I식 동손 동고 손잡이에 끈을 걸어서 등에 짊어지고 있는 것이다.

　　석상의 왼쪽 인물상도 양식적으로 같다. 무서운 얼굴을 뒤로 돌리고 있으며 허리에 긴 장검을 차고 있다. 굵은 목이나 손발의 부조에 의해 몹시 힘이 센 전

| 바투 가자(왼쪽 면) |

사상을 떠오르게 한다. 왼쪽 인물상의 등에도 오른쪽 인물상과 같은 동손 동고의 부조가 있다. 현재는 마멸이 심하여 육안으로 식별하기 어려운데 호프의 사진에서는 선명하게 나타난다. 왼발에는 7개의 고리형의 족환이 새겨져 있고, 코끼리의 반대쪽 측면 밑에 멧돼지의 얼굴이 새겨져 있다.

　코타 라야 렘박 마을의 커피 밭 안에 석실묘와 석제용기가 있다. 석실묘는 민가 가까이에 있고 석실 내부의 서쪽 벽에 채색 벽화가 남아 있다. 적색, 검은색, 백색을 사용하여 입을 크게 벌린 물소의 머리만 그린 것이다. 물소 벽화는 파세마 고원 석상의 물소 조각과 유사하게 표현되었다는 점이 흥미롭다. 이 벽화는 사자의 명복을 기원하는 물소의 희생 의례와 관련되는 것으로 생각된다. 원래 석실묘 사방 벽에 적색, 검은색, 백색의 극채색을 사용한 벽화가 그려져 있

| 물소 벽화(코타 라야 렘박) |

었던 것으로 생각된다. 석실의 북벽은 1장의 석재가 사용되었고 주제를 알 수 없는 벽화 흔적이 비교적 선명하게 남아 있다.

　　같은 커피 밭 안에 3기의 석실묘가 동서로 나란히 있는데 각각의 석실 안에는 채색 벽화가 남아 있다. 3기의 석실묘 안에서 가장 서쪽에 위치하는 석실 내부의 북쪽과 남쪽, 동쪽 벽면의 일부에 채색 벽화가 남아 있다. 특히 북쪽 벽에는 검은색, 적색, 백색을 사용한 주제를 알 수 없는 이상한 벽화가 그려져 있다. 벽면 중앙 위쪽에는 검은색으로 둥근 눈, 초승달형의 입, 1개의 굵고 구부러진 눈썹이 그려져 있고, 적색으로 코, 머리 위로 펼쳐진 장식이 그려져 있다. 그 양쪽에는 새의 날개와 같은 것이 있다. 벽화 오른쪽에 검은색과 빨간색으로 동심원이 그려져 있다. 이것은 코끼리의 눈을 그린 것으로 주변 그림을 잘 관찰하면 코끼리의 머리만 그려져 있는 것을 알 수 있다. 코끼리의 얼굴은 검은색이 사용

| 코타 라야 렘박 마을의 석실묘 북쪽의 벽화(제1호) |

되어 트구르 왕이 석실묘 벽화와 매우 흡사하다. 그런데 그 왼쪽 벽동쪽은 원래 3장의 벽판으로 구성되어 있는데 현재는 중앙 벽판이 제거되어 그 북쪽 벽면에 벽화가 남아 있다. 검은색을 사용하여 얼굴을 위로 향하고 입을 크게 벌린 흥분 상태의 물소 머리와 동체의 일부가 그려져 있다. 그리고 물소의 뿔만 백색으로 칠하고 있다. 그 서쪽 벽에도 두 인물이 마주 보고 있는 그림이 그려져 있다. 전체적으로 검은색이 사용되고 있으며 인물의 표정을 보면 말다툼을 하고 있는 모습이다.

제3호는 중간에 위치하고, 석실 규모는 제1호 석실묘와 거의 같다. 사방 벽에는 벽화가 그려져 있지만 낙서 등 인위적인 파괴로 인해 보존 상태가 좋지 않다. 북쪽 벽에는 적색, 검은색, 백색을 사용하여 큰 이중의 동심원과 원의 일부가 그려져 있다. 벽 오른쪽에는 손자국 그림이 있다. 이러한 손자국 그림은 술라웨시 섬 남부와 칼리만탄의 동굴 유적에서 발견되었다. 주술적인 의미가 있었던 것으로 생각된다.

가장 동쪽에 위치하는 석실묘의 북면과 남면의 벽화만 남아 있다. 북면 벽화는 검은색, 백색, 적색의 도료를 사용하여 식물이 크게 성장해 가는 모습을 그린 것으로 생각된다. 남면 오른쪽 위에 검은색으로 인물화가 그려져 있다. 입을 벌린 채 얼굴은 앞으로 쭉 내밀고, 어깨를 쳐들고 웅크린 모습을 하고 있다. 이러한 모습은

| 코타 라야 렘박 마을의 석실묘 남쪽의 벽화(제4호) |

파세마 고원 석상에서도 많이 볼 수 있는 포즈로 어떤 동물을 타고 있는 인물을 상징적으로 그린 것이다. 인물의 어깨에 검은색과 백색으로 그려진 이중의 동심원이 있다.

구능 메강 마을에는 다양한 석조 유물이 많이 남아 있다. 현재 마을 내 민가에서 약 200m 떨어진 곳에 석상, 돌멘, 석실묘, 석제용기가 반경 1km 안에 밀집하여 분포하고 있다.

구능 메강 마을 민가 가까이에 석실묘가 있다. 뚜껑돌은 길이 336cm, 폭 231cm, 두께 91cm의 크기로 상석의 형태는 돌멘 뚜껑돌과 매우 흡사하다. 석실 북동쪽의 벽면에 3개의 성혈이 있다. 석실 내부의 성혈의 존재는 석실묘 축조 이전부터 성혈이 만들어져 후대에 성혈이 있었던 석재가 석실묘 조영에 재사용되

| 구능 메강 마을의 뚜껑돌과 성혈 |

었을 것으로 추측된다.

석실묘에서 남쪽으로 4m 떨어진 바윗돌의 표면에 수십 개의 성혈이 있다. 현재 돌의 하부구조가 땅속에 묻혀 있어 돌멘인지 석실묘인지는 단정할 수 없지만 가까이에 석실묘가 존재하고 있는 것으로 보아 하부에 석실이 있을 가능성이 높다.

마을 가까이에 코끼리를 타고 있는 인물이 조각되어 있는 석상높이 145cm, 폭 116cm이 있다. 코끼리는 코와 얼굴 부분이 부조되어 있는데 인물은 입체형에 가까운 형태로 조각되어 있다. 인물상 뒤에는 길이 102cm의 장검이 부조되어 있다. 석상의 정면은 뎀포 산을 향하고 있다. 석상 옆에 개석식 돌멘높이 102cm, 길이 208cm, 폭 154cm 표면에 5개의 성혈이 있다.

석상 후방의 4m 되는 지점에 높이 76cm, 길이 530cm, 폭 345cm의 대형 돌멘이 있다. 2002년 8월의 조사 때는 막연하게 돌멘의 뚜껑돌이라고 생각했는데

2005년 2월의 조사에서 그 고장 사람들이 이 평석을 바투 푸라후 돌 배(岩船)라고 부르고 있다는 것을 알 수 있었다. 이 점은 인도네시아 제도에서 돌멘이나 석관을 배라고 부르는 것과 일치한다.

자연석 한 면을 평평하게 다듬어 그 표면을 십자十字로 구획하여 원형의 구멍을 파낸 석조 용기가 있다. 높이 99cm, 길이 127cm, 폭 125cm의 석재 한 면만 가공하여 네 개의 구멍지름

| 구능 메강 마을의 코끼리를 타고 있는 인물상 |

| 구능 메강 마을의 돌멘 |

| 석조 용기(구능 메강) |

| 구능 메강 마을의 코끼리를 타고 있는 인물상 |

16.5cm, 깊이 14.5cm이 파여 있었는데, 안내해준 마을 사람은 돌절구라고 했다. 주변 가까이에는 2개의 구멍을 가진 석제용기가 있고 코끼리를 탄 인물 석상 2기와 수십 기의 개석식 돌멘이 있다.

파갈아람의 시립도서관 정원에는 구능 메강 마을에서 이전된 석상이 있다. 코끼리를 타고 있는 인물상이다(높이 90cm). 자연석 표면에 코끼리를 타고 있는 인물을 얕게 조각한 것이다. 현재 인물상의 얼굴 부분은 결손되어 있고 오른손은 코끼리의 턱을 붙잡고 왼손은 귀를 잡고 있다. 코끼리의 머리는 크게 조각되어 있지만 발은 극단적으로 짧게 처리되어 있다. 전체적으로 얕게 부조되어 있지만 인물상과 함께 코끼리의 얼굴은 사실적으로 처리되어 있다. 시립도서관 뒷마당에는 2개의 석제용기가 있다. 사발 모양의 구멍이 뚫려 있는 것으로 보아 돌절구로 사용되었던 것을 알 수 있다.

원래 구능 메강 마을에 있었던 석상이 현재 팔렘방의 박물관에 전시되어 있다. 물소를 타고 있는 인물상으로 높이는 95cm이다. 인물상의 얼굴은 입체적으

로 조각되어 있지만 물소의 얼굴은 부
조로 처리되어 비교적 사실적으로 조
각되어 있다. 오른손은 물소의 목을
움켜쥐고 왼손은 복부 위에 놓여 있으
며 양발은 짧게 부조되어 있다.

　풀라우 팡궁 마을 뒤에 있는 커피
밭의 반경 50m 안에 석상, 돌멘, 석조,
석제용기가 산재하고 있다. 커피 밭
안에 코끼리를 타고 있는 인물상이 있
다(높이 138cm). 인물상은 코끼리에 비해
크고 사실적으로 조각되어 있다. 머리
에는 투구를 쓰고 얼굴은 전방을 향하
여 크게 내밀고 있다. 굵은 목에는 목
걸이의 부조가 있고, 그 양 옆으로 건
장한 어깨가 조각되어 있다. 고리형의
팔찌를 낀 왼손은 코끼리의 머리를 움
켜쥐고, 오른손은 장검을 들고 있다.
인물상의 양 겨드랑이 밑에는 두 아이
가 달라붙은 모습의 부조가 있다. 두
아이를 겨드랑이에 낀 채 코끼리를 타
고 뎀포 산을 향하여 돌격하는 전사
상이 조각되어 있다.

　석상 바로 뒤에는 대형 돌멘이 있

| 구능 메강 마을의 물소를 탄 인물상 |

| 풀라우 팡궁 마을의 석상 |

| 풀라우 팡궁 마을의 파괴된 돌멘 |

| 풀라우 팡궁 마을의 석조유구 |

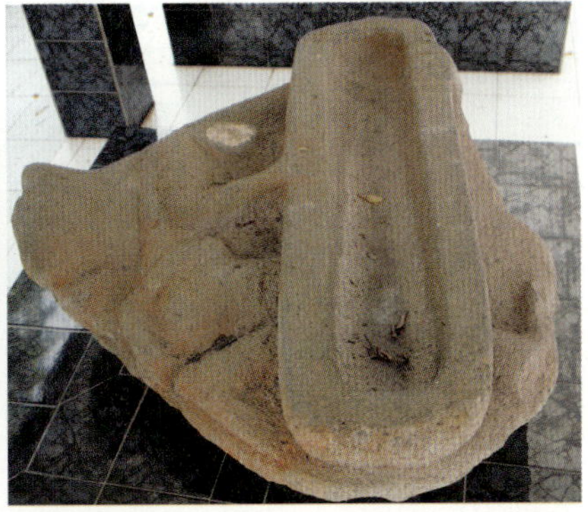

다. 현재 뚜껑돌이 네 개로 갈라져 있지만, 사방에 각각의 지석을 확인할 수 있다. 석상과는 근거리약 2.5m에 위치하고 있으므로 양자는 어떠한 관련이 있었던 것으로 생각된다. 돌멘 장축은 석상의 정면과 일치하고 있다.

석상에서 조금 떨어진 곳에 6기의 석조 유구르숑가 있다. 용도와 연대는 알 수 없지만 석상이나 돌멘과 어떠한 관련성이 있을 것으로 추정된다. 헤케렌은 이것들을 사자의 뼈를 보존하기 위한 용기로 추정하고 있다. 석조가 금을 제조하는 용기라고도 전해지고 있지만 유력한 근거가 없다. 근처에 석조 유물이 있는 것을 보면 선사시대의 어떠한 용기였을 가능성이 높다. 팔렘방의 박물관에도 풀라우 팡궁 마을에 있었던 석조가 소장되어 있다. 높이 40cm, 길이 120cm, 폭 100cm로 위에 파인 구덩이는 길이 83cm, 폭 21cm, 두께 13cm이다. 석조 옆에는 무릎을 구부려서 누운 인물상이 비교적 사실적으로 부조되어 있다. 오른손은 석조 내부를 잡고 왼손은 석조 아래로 넣어서 반대편을 잡고 있다. 현재 입체적으로 조각된 얼굴 부분은 결손되어 있지만, 호프가 조사했을 때에는 얼굴이 남아 있었다. 이 석조의 인물상 등 뒤에 헤겔 I식 동손 동고가 새겨져 있다.

| 구능 카야 마을의 돌멘 |

뎀포 산의 동북쪽에 위치하는 구능 카야 마을 전원지대의 반경 1km 안에 돌멘, 석상, 석제용기가 있다. 논 안에 높이 80cm, 폭 110cm, 두께 70cm의 석재 표면 좌우에 두 개의 구멍지름 14cm, 두께 15cm이 파여 있다. 그리고 측면에는 인물상이 얕게 부조되어 있고 표면의 오른쪽 구멍 가까이에 얼굴 부분이 절단된 흔적이 있다. 남아 있는 인물의 부조는 파세마 고원의 다른 석상과 유사하다. 주변에 돌멘으로 보이는 많은 거석유구가 있다.

●● 석조 유물의 성격과 연대

파세마 고원의 석상은 수가 많고 종류도 다양하다. 인물상은 인물과 동물코끼리, 물소을 함께 새긴 석상보다 그 수가 적다. 남성 단독상은 총 4기, 여성 단독상

| 동손 동고에 새겨진 코끼리와 말 |

은 1기뿐으로 성기를 노출한 임산부를 나타낸 것도 있다. 또 성별을 명확히 확인할 수 없지만 하복부가 이상하리 만큼 불룩해져 있는 것으로 보아 임산부를 나타냈다고 생각되는 석상이 3기, 여성과 아이가 함께 있는 석상 2기가 있다. 인물만 있는 석상은 모두 10기로 극히 양감이 있는 자연주의적인 양식이다. 그중 9기는 지면에 무릎을 세워서 앉아 있는 좌상으로 양발이 극단적으로 왜소한 형태로 표현되어 있다. 양발이 왜소하며 무릎을 굽히고 있는 석상은 폴리네시아의 석상과 아주 유사하다.

인물 단독상보다 인물과 동물이 하나가 된 석상이 많다. 물소를 타고 있는 인물상은 총 6기, 코끼리를 타고 있는 인물상은 11기이다. 또 물소 혹은 코끼리를 타고 있다고 생각되는 석상은 총 7기이다. 이렇게 파세마 고원의 많은 석상은 인물이 코끼리나 물소를 타고 있다. 물소와 코끼리는 그 전체가 조각되지 않고 얼굴이나 동체의 일부가 상징적으로 표현되어 있다. 인물의 얼굴은 입체적으로

| 말을 탄 전시상(바탁) |

조각되었고 상반신까지 실물크기로 조각되어 있다.

코끼리나 물소를 타고 있는 인물상 중에는 아이를 동반하는 경우가 많다. 힘이 센 전사가 아이를 데리고 코끼리나 물소를 타고 있는 모습이다. 또한 동물과 인물이 하나가 되어 얽혀 있는 석상도 있다.

파세마 고원의 인물상은 장식성이 풍부하다. 장신구로는 목걸이, 귀걸이, 고리형 팔찌나 족환이 있다. 목걸이에는 둥근 보석류를 끈에 꿰어 만든 것, 굵은 고리형의 목걸이, 보석류를 4각형으로 가공한 것이 있다. 이들 목걸이는 인물상과 함께 극히 사실적으로 조각되어 있다. 목걸이와 함께 인물상의 장신구로서 자주 보이는 것이 고리형 팔찌와 족환이다. 아마 청동제의 장식품이라 생각된다.

발굴조사가 거의 행하여지지 않는 현재 상황에서 돌멘과 석실묘의 구분은 지극히 곤란하다. 그 이유는 현재 지표 위로 노출되어 있는 양자의 외견이 아주 닮아 있기 때문이다. 하부구조에서 석실을 확인한 경우만 석실묘로 분류하고 분명히 지석만 확인할 수 있는 것은 돌멘으로 분류했다. 양자가 어떠한 관계인지 지금 단계에서는 알 수 없다. 파세마 고원에 한해서 개석식 지석묘에서 하부에 석실을 만드는 석실묘로 변형되었을 가능성이 높다. 파세마 고원의 석실묘를 조사한 전남대학교의 임영진 교수에 의하면 석실묘의 연대는 지석묘보다 상당히 후대에 축조되었을 가능성이 높다고 한다.

돌멘의 뚜껑돌은 불규칙한 자연석과 평평한 평석 두 종류가 있다. 돌멘의 지석은 하부구조 대부분의 사방에 4~6개의 지석이 있다. 지석은 지표에서 10~30cm 정도 노출되어 지면과 상석 사이에는 대부분 공간이 없다. 예외적으로 바투 자왕의 돌멘은 지석이 방형의 석주형으로 높게 가공되어 있으며 상석도 직사각형으로 다듬어져 전체적으로 탁자식 돌멘의 형태를 하고 있다.

파세마 고원의 돌멘이 발굴된 것은 호프에 의한 트구르 왕이의 돌멘이 유일하다. 호프는 돌멘 밑에서 아무런 출토품도 없었다는 이유로 분묘가 아니라고 보고하고 있다. 그러나 파세마 고원의 돌멘은 부정형의 대형 뚜껑돌 형태를 고려하면 제단으로 보기는 어렵다. 필자는 적어도 개석식 돌멘은 분묘일 가능성이 높다고 생각한다. 일부 돌멘은 석실묘나 석상과도 근거리에 위치하고 있어 원래

| 파자르블란의 지석묘 |

이것들은 상관관계를 가지고 있다고 추정된다.

파세마 고원에서 확인된 석실묘는 총 10기이다. 개석식 돌멘의 하부에 판석으로 석실을 만든 형태이다. 그 크기는 높이 103~171cm, 길이 185~287cm, 폭이 137~203cm이다. 이들 석실묘는 주로 뎀포 산 주변에만 분포하는데 호프는 1931년에 트구르 왕이의 석실묘를 발굴하여 11호에서 홍색 관옥 4개, 적색 구슬 28개, 녹색, 적색, 황색 구슬 63개, 청동기 조각, 다량의 유리구슬을 발견했다. 호프가 게재하고 있는 도록을 보면 출토품은 석상 목걸이와 동일하다. 그 외에도 대량의 청동제 얇은 판동손 동고의 파편일 가능성이 높다, 검은색 토기 8점이 출토되었다. 이들 출토 유물은 석실묘가 금속시대에 속한다는 것을 나타내고 있다. 11호의 서쪽 벽에는 채색한 인물과 물소가 그려져 있는데 이 벽화는 파세마 고원의 많은 석상과 같은 것으로 석실묘와 석상이 같은 시기에 만들어진 것을 나타내고 있다.

그 외에도 석실묘와 석상이 같은 연대와 문화인 것을 나타내는 벽화가 있다. 트구르 왕이의 벽화는 코끼리를 탄 두 인물을 나타내고 있는데 코끼리는 동체는 대담하게 생략하여 안면만을 정성스럽게 그리고 있으며, 인물상은 비교적 사실적으로 표현되어 있다. 투구형의 모자, 무서운 얼굴 표정, 허리띠나 목걸이, 팔찌, 인물의 어깨에 그려진 이중의 동심원은 파세마 고원의 다른 석상과 매우 유사하다.

석제용기는 평평한 돌의 표면에 원형의 구멍사발 크기을 파낸 것을 가리키며, 다른 석조 유물과 인접해서 분포한다. 그 크기는 지름 12~22cm, 두께 11~21cm로 파세마 고원의 경우 표면을 2, 4, 6구획으로 나누고 각 구획의 중앙에 구멍을 뚫은 것도 있다. 절구로 사용된 것으로 추정된다.

파세마 고원의 성혈은 주로 돌멘의 뚜껑돌에서 자주 볼 수 있다. 성혈의 크

| 파자르블란의 석제용기 |

기는 대개 지름 3.5~9cm, 두께 0.5~6cm로 인도네시아어로 바투 다콘이라고 부른다. 성혈 안에 곡물의 씨앗이나 날달걀을 넣고 풍요를 기원하는 사례는 자바 섬, 사부 섬, 술라웨시 섬, 발리 섬 등에서 필자가 확인했다.

파세마 고원에 있는 석상의 연대에 대해서는 유력한 문헌이나 고고학적 자료가 결여되어 알 수 없는 부분이 많다. 그러나 일부 석상과 암각화에 헤겔 I 식의 동손 동고가 새겨져 있어 제작 연대 추정에 중요한 자료가 되고 있다. 트구르 왕이 라마 암각화의 헤겔 I 식 동손 동고는 바투 가자 석상의 동고와 동일한 것이다. 모자와 어깨, 팔과 양쪽 발의 관절의 2중의 동심원도 다른 석상과 벽화에서 많이 볼 수 있는 문양이다.

헤겔 I 식 동손 동고는 석상이나 암각화의 제작 연대를 결정하는 유력한 근거가 된다. 동손 동고의 주된 기능이 제기인 것을 고려하면 그것을 가지고 있는 인물은 제관을 나타낸 것이라고 해석할 수 있다. 또 동손 동고는 위신재로서 권력자를 나타냈을 가능성도 있다.

물소나 코끼리를 타고 있는 많은 전사상은 뎀포 산을 향해 달려가는 모습으로 세워져 있다. 아마도 뎀포 산의 분화와 관계가 있을 것으로 생각된다. 신관 혹은 신의 힘을 빌려 무서운 화산의 분화로 인한 피해공포를 막기 위해서 암각화 석상를 제작하여 어떠한 종교의식을 행한 것은 아닐까? 가까이에 강이 흐르고 있는 점도 이 장소가 종교적으로 중요한 의미를 가지는 요인이라고 생각된다. 따라서 모든 석상을 특정한 선조상으로 해석하는 것은 재검토할 필요가 있다.

필자는 파세마 고원의 석조 유물 모두가 같은 시기에 제작된 것이라고는 생각하지 않는다. 그러나 동손 동고가 표현된 석상이나 암각화는 거의 비슷한 시기에 제작된 것으로 밖에 볼 수 없다. 이렇게 연대를 특정할 수 있는 기준적인 석상과 암각화, 벽화를 중심으로 이와 유사한 양식문양과 장식을 포함을 가진 다른 석상들도 거의 비슷한 시기에 제작되었다고 볼 수 있다. 동손 동고를 가진 석상이나 암각화에서 볼 수 있는 장검, 헬멧과 같은 투구, 장신구고리형의 팔찌, 족환, 목걸이, 2중 동심원 등이 우선 다른 석상의 연대를 결정하는 기준이 된다. 중부 베트남의 동손문화는 기원전 1000년~기원후 100년이 유력시되고 있으므로 파세마 고원에서는 적어도 기원전 5세기 전후를 상한으로 보는 것이 타당할 것이다. 따라서 파세마 고원의 석조 유물의 상한도 기원전 5세기까지 거슬러 올라가는 것으로 생각된다.

니아스 섬의 석상

●● 신비의 섬 니아스

　　인도네시아 수마트라 섬 북부 서해안에서 112km 떨어진 인도양 위의 적도 근처에 니아스 섬이 있다. 니아스 섬 주변의 바다는 해류가 급하고, 해안에는 배가 접근하기 힘든 산호초로 둘러싸여 있다. 이러한 자연환경으로 인해서 최근까지도 고립되어 예부터 신비로운 섬이라고 불리고 있다. 섬사람들은 20세기 초 네덜란드의 지배를 받기까지 거의 순수한 토착문화를 그대로 유지해 왔다.

　　행정구역상 니아스 섬은 북부·중부·남부의 세 지역으로 나누어진다. 기본적으로 니아스인은 동일 민족이지만 역사적·문화적으로 북부·중부·남부는 지역차가 다소 있다. 가옥의 형태나 촌락 구조, 언어 등에서 지역에 따라 약간의 차이가 있다. 예를 들면 북부 니아스는 외래문화가 들어오는 현관으로 외부와의 접촉이 잦아 외부문화의 영향을 받아 왔다. 그러나 이러한 지역은 북부 및 수마트라 섬에 접한 동해안의 일부에 지나지 않으며 많은 마을들이 종래의 전통문화를 그대로 지켜 왔다. 특히 남부 니아스는 높은 산맥과 깊은 정글에 가

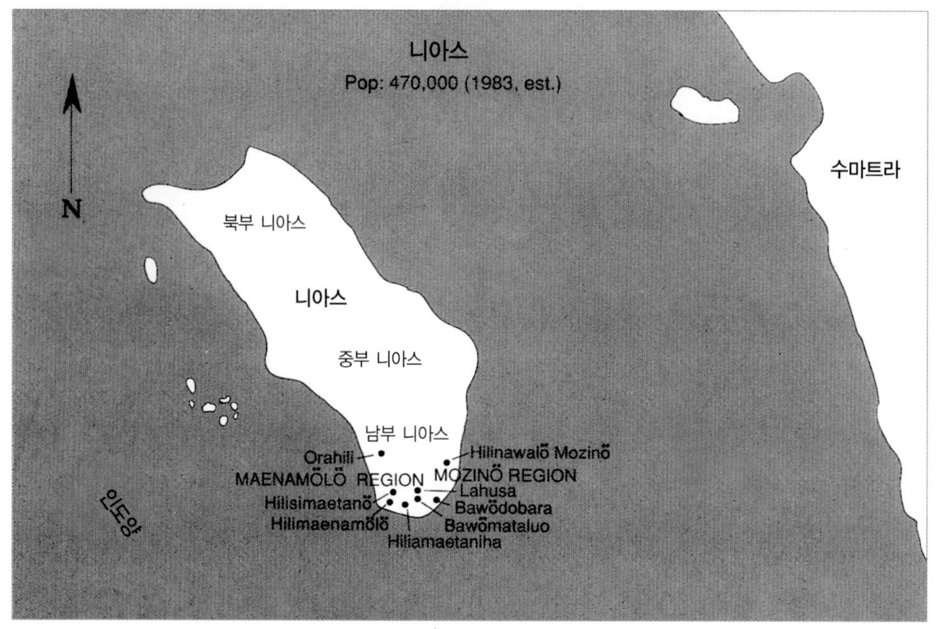

| 니아스 섬의 지도 |

려져 20세기 초까지 외래문화의 영향을 받지 않았다.

　　니아스 사회는 바누아라 불리는 몇 개의 중심 마을로 성립되며 각 마을에는 한 명의 투하수장가 다스린다. 니아스 사회는 신분제도가 존재하며 투하를 대표로 하는 귀족, 신관, 평민, 노예라는 네 개의 사회계층이 있다. 귀족은 마을 설립자의 자손으로 니아스에서는 '강의 상류에 있는 사람'이라는 의미로 시울혹은 사라와로 불리는데, 그들은 관습법의 화신으로 생각되고 있다. 수장은 귀족의 정점에 위치하는 존재이다. 수장이나 귀족들은 사람들에게 신분과 지위를 인정받기 위해서 탄생, 결혼, 장례식 등의 통과의례에 걸맞은 성대한 의례를 행하는 것이 관례이다. 신관은 에레로 불리며 귀족과 평민의 매개자로 존재한다. 평민은 사토라 불리며 수장이 지배한다. 남부 니아스에서는 시라라는 평민 출신의 유력한 연장자 평의회가 있고 이들은 정치적으로도 일정한 발언권이 있다. 노예는 귀족의 소유로 마을 안에서 거주하는 것이 허용되지 않았다. 단, 니아스의 노예는 일정한 채무나 의무의 변제가 끝나면 평민으로 돌아갈 수 있다. 따라서 니아스의 신분제도는 인도의 영향이라고 보기는 어렵다. 현재는 수장이나 노예 계층은 사라졌지만 남부 지역에서는 귀족인 시울과 평민인 사토의 구별이 지금도 남아 있다.

　　니아스인의 기원에 대해서는 보르네오 섬의 다야크인, 술라웨시 섬의 토라자인, 수마트라 섬의 바탁인으로부터 파생되었다는 전승이 있는데 인류학적으로도 바탁인, 토라자인, 다야크인과의 관련이 지적되고 있다. 그러나 상식적으로 생각했을 때 제일 인접한 바탁인과의 연관이 제일 농후하며, 실제로 니아스인과 바탁인의 물질문화, 사회조직, 종교체계 등에는 유사점이 많다. 또한 최근에 수마트라 중부의 바탁인들이 거석문화를 갖고 있는 것이 판명되었다. 특히 토바 바탁에 다양한 석상·석제용기·석관 등이 있는 것으로 보아 니아스의 거석문화는 바탁에서 유입되었을 가능성이 높다. 이러한 석조 유물들은 인도의 불교나 힌두교의 영향으로 만들어진 것이 아니다. 아주 적은 일부 요소에서 인도 힌두교의 영향을 배제할 수 없지만, 거석문화는 바탁인의 전통

| 코끼리 등에 타고 있는 인물상(사모실 섬) |

| 여자 석상(바탁) |

문화 중의 하나이다. 바탁의 석상 중에서 주목되는 것은 제네바의 박물관에 소장되어 있는 코끼리 등에 타고 있는 인물상 높이 142.4cm이 있다. 묘석으로 세워진 것으로 이 같은 모티프는 파세마 석상에서도 많이 볼 수 있다.

니아스의 창세신화에 의하면 니아스인의 기원은 여섯 신이 천상계에서 지상으로 내려와 중부의 시화라고라는 고원지대에 정착했다고 전해진다. 다른 신화에도 니아스인의 조상이 중부 니아스의 고원지대에 최초로 정착했다는 점은 일치한다. 즉, 니아스의 문화는 중부 니아스의 고모나 아라모로부터 남북으로 파급된 것으로 보인다. 그 시기가 언제인지는 명확하지 않지만 남부 니아스의 마지막 왕인 사오니게호의 15대 선조인 모로 왕이 중부 니아스에 살았다고 전해지고 있다. 이러한 전승과 관련해 중부 니아스의 튼두룸바호에서 새로운 유적이 발견되었다. 마을의 입구와 출구로 보이는 곳에 각각 2기씩의 입석이 세워져 있으며 마을 안으로 보이는 곳에는 거석유구가 상당수 남아 있다. 그 형태는 남부 니아스와는 약간 차이가 있지만 다로다로라고 불리는 돌멘, 멘히르, 석상이 존재한다.

니아스의 전통마을은 예외 없이 전쟁 시의 방어 목적으로 높은 언덕 위에 돌담으로 둘러싸인 산성처럼 형성되어 있다. 촌락 형태의 기본적인 배치는 광장을 사이에 두고 고상가옥이 두 줄로 나열해 있다. 마을의 중심에는 수장의 집과

| 석관(토바 바탁) |

바레라는 집회소가 있다. 남부 니아스의 전통마을은 급경사의 언덕 위에 있기 때문에 그 입구에는 예외 없이 긴 돌계단이 있다. 계단의 양쪽에는 뱀, 도마뱀, 악어, 원숭이, 물고기 등 조각적으로 상당히 뛰어난 부조가 새겨진 마을이 많다.

남부 니아스 바워마타르오 마을 입구의 계단에는 신화에 나오는 라트라 다네가 조각되어 있다. 라트라 다네는 니아스 신화에서 강의 하류하계를 관장하는 최고신의 하나로 뱀이나 악어의 모습을 하고 있으며 달, 악, 죽음, 암흑 등을 상징한다. 또 하나의 최고신인 천상계를 관장하는 로우라니는 수탉의 모습을 하고 있으며 태양, 선善, 생生, 빛의 상징이다. 히리시마에타노 마을의 경우는 계단 좌우에 악어, 물고기, 원숭이, 새의 부조가 새겨져 있다. 이와 같이 마을 출입구에 있는 지상과 수중 동물의 부조는 니아스 신화를 주제로 하고 있다.

세계의 모든 신화에서 계단은 어느 존재 양태로부터 다른 존재 양태로의 이행을 가능하게 하는 것으로 두 개의 차원을 결합시키는 조형적인 상징이다. 니아스인에게 있어 마을 입구의 계단 아래 세계는 강의 하류나 하계를 의미한다. 계단에서 볼 수 있는 조각은 니아스 신화를 근거로 하여 하계나 지상을 상징하는 동물이 조각되어 있다. 한편 마을 중심에 있는 수장의 집이 있는 구역은 '시바로이'라 불리며 강의 상류천상계를 상징한다. 귀족인 시울은 '강의 상류에 있는 사람'이라는 의미이다. 시바로이 구역에는 각 집 앞에 많은 거석유구들이 있는데 이것들을 세울 수 있는 사람은 수장을 대표하는 귀족뿐이다.

바워마타르오 마을의 수장의 집 앞에 2기의 돌멘이 있는데 입구의 오른쪽 돌멘을 '흰 배'라고 부르고 왼쪽 돌멘을 '검은 배'라고 부른다. 흰 배는 우측, 상류, 천상계에 속하며, 그에 반해 검은 배는 좌측, 하류, 하계를 상징한다. 니아스인은 모든 물상에 천상계와 하계의 의미를 부여해 황금빛 또는 백색은 천상계에 속하는 귀족의 색이고, 붉은색은 평민의 색으로 하계에 속한다. 방위적으로는 태양이 뜨는 동쪽오른쪽은 생과 빛의 세계이고, 태양이 지는 서쪽왼쪽은 죽음과 암흑의 세계를 의미한다. 이와 같이 니아스 사회는 천상계와 하계, 상류와 하류, 오른쪽과 왼쪽, 흑과 백, 생과 사의 이원적 상징성이 명백히 나타난다.

북부 니아스의 가옥은 평면이 타원형으로 되어 있는데 이러한 규칙에 어긋난 고상가옥도 적지 않다. 남부 및 중부 니아스의 가옥 구조는 거의 같고 촌락의 구조는 직사각형 또는 방형으로 모든 집들은 다음과 같은 공통점이 있다.

마루 밑이 높은 고상식 가옥이다. 기초 부분의 초석 위에 놓인 수직의 둥근 기둥과 비스듬히 경사지게 세워진 기둥이 있어 그것들이 규칙적으로 섞여 있다. 비스듬한 기둥은 지진이 많은 니아스에서 가옥의 도괴를 막기 위함이며, 건물의 정면 개관을 구성하는 디자인의 중요한 요소이기도 하다. 이것은 인도네시아나

| 오모 세부아(오른쪽이 라오워 왕의 돌멘, 왼쪽이 사오니게호 왕의 돌멘) |

동남아시아의 다른 건축에서는 보이지 않는 니아스 건축의 큰 특징이다.

이러한 집들은 신분의 차에 따라서 크기에도 차이가 있다. 특히 남부 니아스의 마을 중에서 수장의 집인 오모 세부아거대한 집이라는 의미는 당당한 건축으로 높이 솟아 있다. 평민의 집보다 훨씬 크고 정교하다. 바워마타르오 마을의 오모 세부아는 마루 밑의 구조가 거대한 원형기둥을 나란히 세우는 것을 기초로 한다. 그 높이는 22m로 목조 주거로서는 세계 최대급이라고 해도 좋다. 급경사 지붕의 대담한 커브, 대들보나 문, 그 밖의 내부 조각의 호화로움은 예술성이 풍부한 건축 양식을 보여주고 있다.

바라보는 사람에게 위압감을 주고 이상하리만큼 커다란 집을 지은 이유는 마을 안팎의 많은 사람들에게 보여줌으로써 수장의 힘을 과시하기 위한 것이다. 그리고 오모 세부아에는 신화에 나오는 여러 가지 주제가 집 안팎에 조각되어 있다. 정면의 처마 밑에는 왕의 수호신인 상상의 동물 라사라사슴의 모퉁이, 코뿔소 나비의 부리, 돼지의 송곳니를 가진 괴물의 얼굴 세 개가 조각되어 있다. 가옥 내부의 벽에도 선조상을 안치한 제단을 비롯하여 조상신이 강림하여 앉는 의자와 우산, 금으로 만든 장신구, 보석상자, 동물이 조각되어 있다.

　니아스 사람들에게 수장의 집과 함께 중요한 건물은 바레이다. 바레는 사방에 벽이 없으며 타원 형태의 지붕을 가진 고상건축으로 일반적인 가옥과 형태가 다른 니아스 건축의 가장 오래된 형식을 지녔다. 바레는 집회소의 역할을 하며 마을의 중대사를 결정하는 회의나 재판 등이 행해지는 곳이다. 바레가 갖는 또 하나의 중요한 의미는 조상 신앙과 밀접한 관계를 갖고 있다는 것이다.

　내부에는 아두라 불리는 목상의 조상상이 안치되어 있는데, 니아스인은 조상의 영혼에 의해 마을의 안전이나 행복이 지켜질 수 있다고 믿고 있다. 따라서

| 가옥 안의 선조상 |

바레는 집회소 역할이 강하지만 본질적으로는 그들이 제일 중요하게 생각하는 조상신의 제사를 모시는 제당이다. 즉, 수장의 집이 권력의 상징이라고 한다면 바레는 조상숭배에 의거한 정신적인 상징이다. 니아스 섬의 바레는 인도네시아어로 루마 아닷이라 불리는데 불교, 힌두교, 이슬람교 등 외래 종교의 영향을 받지 않은 인도네시아 제도의 넓은 지역에 분포하고 있다. 인도네시아어로 루마는 집, 아닷은 관습법의 의미로 두 개의 단어를 붙여 관습가옥이라고 한

다. 관습가옥 내부에 조상의 신상祖上像이나 제기
등이 안치되어 여러 의례에 중요한 역할을 하는
공간이다.

니아스에는 탄생, 결혼, 죽음 등의 통과의례
외에 오와사라 불리는 독특한 의례가 있다. 오와
사는 한마디로 간단히 설명하기는 어렵지만 수
장귀족이 새롭게 얻은 자신의 지위를 사람들에게
알리는 취임식 같은 축연이다. 새로운 지위라는
것은 아버지가 사망한 후 세습되는 것으로 이것
은 또한 넓은 의미에서 장례 의례와 밀접하게 관
련되는 것이다. 특히 니아스에서는 새로운 수장
이 등장할 경우 성대한 의례와 축연이 벌어진다.
그때는 수많은 돼지의 희생, 거석 기념물의 제
작, 사람의 목을 따오는 풍습도 함께 행하여진
다. 돼지는 니아스인에게는 부의 상징으로 니아
스에서 가장 중요한 위치를 차지하는 가축이다.

| 추장상(국립호주미술관) |

니아스 섬의 목 사냥 풍습은 비교적 일찍부터 알려졌다. 이러한 풍습은 20
세기 초까지 계속되었는데 우리의 문화 척도에서 보면 잔혹하고 용서할 수 없는
야만스러운 행위처럼 보이지만 니아스 내부 사회에서는 그 나름대로의 이유가
존재한다. 우선 목 사냥의 그 대상은 아무나 되는 것이 아니라 적대 관계에 있는
마을의 성인 남성에 한하며 적의 목을 자른 자는 용감한 전사의 표상이다. 그리
고 잘리는 쪽도 자르는 쪽도 양쪽 모두에 이점이 있다고 믿으며 주된 의례를 신
성하게 하기 위해 빠뜨릴 수 없는 행위라고 여겨졌다. 바워마타르오 마을의 오

모 세부아와 집회소인 바레가 완성되었을 때도 중부 니아스 아라모로부터 80여 개의 사람 목을 따와 지하계의 신神 라투르 다노와 천상계의 신 로우라니에게 바쳤다고 한다.

니아스의 거석유구는 특히 수장 및 귀족 등 조상신앙과 관련된 장례식이나 각각의 신분과 지위를 과시하고 싶어 하는 사람에 의해 만들어진다. 적당한 석재를 입수하여 그것이 완성될 때까지 일련의 오와사가 열린다. 바워마타르오 마을의 수장 및 귀족의 집 앞에는 테이블형의 거대한 돌멘이 있다. 수장 집 앞의 우측 돌멘은 마을의 창설자 라오워 왕을 기념하여 1881년에 만들어졌다. 상석에는 보석상자와 세련된 인물 부조가 있다. 인물의 오른손에는 한 숟가락의 금전, 왼손에는 금전을 재는 저울이 그려져 있다. 수장에 의한 부의 분배를 상징적으로 나타내고 있다. 돌멘의 뒤에는 비교적 높은 4개의 지주 위에 원형직경 70cm의 돌을 올린 특이한 돌멘이 있는데 이것은 라오워 왕의 왕비를 위한 기념물이다. 수장 집 앞의 좌측 돌멘은 라오워 왕의 장남이자 니아스 섬의 마지막 왕인 사오니게호의 것으로 1914년에 축조된 니아스 최대의 돌멘이다. 개석의 크기는 길이 3.5m, 폭 2m, 높이 40cm나 된다.

당시 개석을 운반하는 사진이 라이덴의 리크스 박물관에 소장되어 있다. 돌멘의 축조과정은 우선 양질의 석재를 신중하게 선택해 채석장에서 돌을 적당하게 자른다. 거대한 원석을 Y자형의 수라에 싣고 등나무의 밧줄로 원석과 수라를 연결하여 그 아래에 굴림대인 통나무를 깔고 앞에서 사람들이 두 패로 나뉘어

| 사오니 게호 왕 돌멘의 운반 광경 |

밧줄을 당기면서 옮긴다. 마을이 급경사의 언덕 위에 위치하기 때문에 아래에서 위까지 옮기는 데 515명이 3일이나 걸렸다고 한다. 석재가 마을까지 옮겨지면 성대한 오와사가 개최되고 다양한 의례가 행해져 참가자에게 돼지고기 요리와 황색의 옷감이 분배된다. 돌멘을 배로 생각하여 사자의 영혼을 옮기는 것이라 믿고 있다.

일반적으로 오와사는 귀족이 자신의 지위를 세습하기 위해서 행하는 것으로 성대한 연회나 거석 기념물의 제작을 수반해 천문학적인 비용이 든다. 오와사 의례는 무장한 두 명의 전사의 호위를 받으며 황색과 적색의 민족 의상으로 치장한 소녀들이 열을 지어 북 연주와 함께 노래하면서 우아한 춤을 추며 행진하는 것으로 시작된다. 그 후 창과 방패로 무장한 수백 명의 남성들의 격렬한 전사의 춤이 이어진다. 그리고 신들린트랜스 상태의 신관의 춤이 계속된다. 전사의 춤은 악령을 쫓기 위한 것이며 신관의 춤은 조상신들과 교신하여 주최자의 행복

| 소녀들의 춤 |

| 전사들의 춤 |

| 신관의 춤 |

| 도약대를 뛰어넘는 전사 |

이나 마을 사람의 안녕을 기원하는 것이다. 일련의 춤이 끝나면 젊은 남자들이 광장에 모여 수장의 집 앞 광장에 돌로 쌓은 높이 2m의 도약대를 차례차례로 뛰어넘어 간다. 젊은이들이 도약대를 뛰어넘는 행위는 적대 마을을 공격하는 훈련이기도 하며 소년에서 성인의 전사가 되는 통과의례이기도 하다.

니아스 섬의 거석유구는 다양한 형태를 가지고 있는데 남부 니아스의 바워마타르오, 히리시마에타노, 오라히리 등의 거석유구 대부분은 오와사 의례에 의해 만들어진 것이다. 거석 유물의 형태에는 멘히르, 돌멘, 석상, 석제 의자가 있으며 모두 정교하게 가공되어 있는 것이 특징이다.

멘히르는 인도네시아 제도에서 가장 넓게 분포하며 그 대부분은 조상신앙과 관련되어 있다. 즉, 죽은 조상을 기념하기 위해서 세운 것으로 현재의 니아스 마을들에 있는 것을 보면 한국의 입석과는 달리 매우 정교하게 가공되어 있으며

다양한 형태의 부조가 조각되어 있다. 남부 니아스에서는 멘히르를 니타루오라고 하고 북부 또는 중부 니아스에서는 베후라고 하나, 이것은 어디까지나 명칭만 다를 뿐 기본적으로 같은 것이다. 그 명칭은 '남성의 돌'이라는 의미로 남근 형태의 것이 많다. 특히 북부 니아스에서는 남근 형태의 입석과 중앙에 구멍이 있는 둥근 돌을 합쳐놓은 음양석이 있다. 이것들은 성교를 나타내며 남녀의 합체에 의해 통일적 우주관을 상징하고 있다. 이는 인도 힌두교의 요니음석와 링가양석의 영향일 가능성도 배제할 수는 없지만 양자의 형태에는 꽤 차이가 난다.

현재 마을 안에서 보이는 돌멘은 세련된 조각으로 4개의 지주를 가진 직사각형의 테이블 모양으로 가공되어 남부 니아스에서는 다로 다로, 북부 및 중부 니아스에서는 하레파라 불리는데, '여성의 돌'이라는 의미를 갖고 있다. 큰 돌멘은 네오가디, 작은 것은 네오두로라 불리며 탁자의 기능을 가진다고 한다. 네오가디는 수장이나 귀족의 결혼식을 위한 의례용으로 사용되며, 신랑은 신부에게 네오가디를 주는 오와사를 개최하지 않으면 안 된다. 고모의 튼두룸바호에 있는 돌멘은 네오가데라고 불리고, 옛날에는 왕비가 춤을 추었다고 전해지고 있다.

니아스 섬의 돌멘은 다양한 기능을 가지고 있다. 돌멘은 통치자의 장례식,

신통치자의 즉위식, 결혼식 등의 일관으로 해서 만들어진 것을 알 수 있다. 그러나 돌멘 위에는 시체가 안치되며 나중에 유골만 그 아래에 매장했다는 이야기도 많이 남아 있다. 니아스 섬의 돌멘이 선사시대의 지석묘와 어떠한 관계를 가지고 있는가는 큰 의문점이지만 돌멘은 종래부터의 무덤 기능 이외에 기념물로서의 기능도 함께 가졌을 가능성이 높다. 니아스에서는 멘히르과 돌멘이 함께 존재하며 멘히르는 남성의 상징, 돌멘은 여성의 상징이라 한다. 또 멘히르는 남성의 조상, 돌멘은 여성의 조상을 나타낸다고 한다.

　니아스 섬의 각 마을에는 매우 세련되게 조각된 돌 의자가 마을 광장에 있다. 그 종류는 1인용의 단독 형태와 복수용의 벤치 형태다로 다르가 있다. 전자는 왕이 의식 때 사용한 것으로 후자는 관습에 따라 소정의 의식을 행하는 유력한 평민도 자신의 집 앞에 놓고 평상시에 앉아서 쉬는 의자로 사용되었다. 히리시마에타노 마을의 광장에는 바트 파요우산의 돌이라는 의미라는 지붕이 붙은 왕 전용

| 바트 파요 |

의 특이한 의자가 있다. 단독 형태의 돌 의자는 의식을 거행할 때 왕 혹은 신관이 앉는 것으로 그 원형으로 보이는 것이 자바 섬, 술라웨시 섬, 발리 섬의 선사시대 유적에서 자주 발견되고 있다. 인도네시아 각지에는 다양한 돌 의자가 발견되고 있는데, 이 거석들은 일상생활에서 사용된 것이 아니라 의례 때 왕이나 신들이 앉은 장소이다. 이러한 의자는 폴리네시아의 제당에서도 보인다. 오사오사라는 니아스 섬의 독특한 조형은 의례용 의자에서 파생한 것이다. 그러나 니아스 섬의 돌 의자가 모두 의례용으로 만들어진 것은 아니다. 바워마타르오 마을 입구에 있는 계단의 최상단 뒤에는 침입자를 감시하기 위해 병사가 앉는 독특한 의자도 있다.

돌멘과 멘히르는 인도네시아나 그 밖의 지역에서도 꽤 널리 볼 수 있는 것이지만 오사오사는 니아스에서만 발견되고 있다. 오사오사는 목제남부 니아스와 석제북부·중부 니아스가 있으며 정체불명의 얼굴사슴이라고도 한다을 한 새의 형태를 하고 있다. 오사오사는 현재 니아스 섬에는 거의 남아 있지 않지만 예전에는 의례 때 주최자수장이나 귀족가 앉는 의자로 사용되었다. 세 개의 머리를 가진 것은 남성용, 하나의 머리를 가진 것은 여성용이다. 남부 니아스에서는 귀족의 시체를 옮기는 데 사용되었다. 고모의 오라히리 화우에는 다로 다로라고 불리는 돌멘이 있고 그 위에 오사오사가 놓여 있다. 이는 영혼을 나르는 상징으로 놓여진 것이다.

통과의례와 관련하여 히리시마에타노 마을 입구의 계단 최상단에는 두 개의 둥근 돌이 놓여 있다.

| 오라히리 화우의 오사오사(인니 고고학연구센터) |

이 돌을 들어 올리는 것으로 어른이 된다고 한다. 이것은 한국 남부의 들돌, 일본의 역석力石과 같은 것으로 숨바 섬에서도 동일한 사례를 볼 수 있다. 특정한 돌을 듦으로써 한 사람의 어엿한 성인이 되거나 전사가 되는 통과의례는 동남아시아, 폴리네시아, 한국, 일본의 연안부에 공통되는 것이 주목된다.

니아스 조형미술의 특징을 가장 잘 나타내는 것은 '아두'라는 이름이 붙여진 목상이다. 현재 니아스 섬은 기독교화가 진행되어 아두상이 버려지거나 부서지거나 골동품상에 팔려나가 섬에는 거의 남아 있지 않다. 본래 아두는 의례용으로 사용되었던 것으로 그 형식은 지역이나 의례 내용에 따라 다양한 형태가 있다.

니아스의 각 마을에는 귀족 계층의 중요한 연장자가 죽으면 아두 자트와라는 죽은 사람의 목상을 만들어 집안의 벽에 제단을 마련해 안치한다. 가족들은 이 제단에 공물을 바쳐 출산이나 결혼 등 가족의 중대사를 보고하고 여러 가지 소원을 빈다. 이 목상이야말로 영혼의 세계와 현세를 잇는 중개자인 것이다. 니아스인은 위대한 조상의 영혼이 사회의 질서, 가족의 행복과 안전, 농작물의 수확, 가축의 다산 등을 지배한다고 믿었다. 그런데 아두상에는 무릎을 구부리고 있는 것이 많다. 왜 무릎을 구부리고 서 있는 것인지는 알 수 없지만 파세마 고원 석상과 폴리네시아 석상과의 유사점이다.

아두는 북부 니아스, 중부 니아스, 남부 니아스에서 세부 양식이 조금씩 다르며 개개의 목상에 따라 다소의 변화는 있지만 돌기를 가진 높은 모자, 작은 타원 형태의 눈, 평평하고 큰 코, 작은 입, 둥근 귀와 귀고리, 굵은 고리형의 목걸이, 직립한 남근 등이 특징이다. 아두에는 초자연적인 힘이 있다고 믿으며 조형상 지극히 추상적으로 강하게 표현되어 있다. 이러한 아두는 귀족층이 사용하였던 것으로 출산, 결혼, 죽음, 재판, 치병 등 의례상의 각각 한정된 목적이 있었다.

| 아두 시라하 사라와(북부 니아스) |　| 아두 시라하(중부 니아스) |　| 아두(남부 니아스) |

아두는 생과 사의 가운데 자리하고 있다. 아두와는 달리 병을 치료하기 위한 베헤로라는 우상이 있다. 베헤로는 지극히 조잡하게 만들어져 있으며 주술사는 이 우상을 이용해 환자의 악령을 쫓아 보내고 정령을 불러들인다. 또 출산을 관장하는 아두는 '덴도로루르오'라 불리며 로와라니의 분신으로 여겨진다.

　　지금까지 아두는 목상만이 보고되었지만 필자는 중부 니아스에서 석상의 아두를 새롭게 발견했다. 석상은 중부 니아스의 오에아야마, 비하타 마을에 있다. 도로에서 남쪽으로 약 300m 떨어진 정글 안에 석상 6기와 입석 13기가 평평한 돌로 쌓아올린 기단 위에 동서로 서 있으며, 그 전방의 남쪽으로 8개의 돌멘

| 비하타 마을의 유적 전경 |

이 나란히 세워져 있다. 멘히르와 돌멘은 남부의 것과 비교하면 조잡하게 가공되어 있다. 돌멘이 제단인지 분묘인지는 향후 발굴 성과를 기다려야 하겠지만 남부 니아스의 가장 오래된 형식인 것은 틀림없다고 생각된다. 비하타 마을에 있는 돌멘군은 종래의 연구에서 니아스 섬의 돌멘이 거석기념물이라는 지적을 재검토할 수 있는 중요한 의미를 가진 유적이라 생각된다.

8기의 석상은 목제의 아두상과 같은 양식으로 파세마 고원의 매시브 석상과는 느낌이 다른 전형적인 멘히르형 석상이다. 하나의 화강암을 깎아 만든 것으로 그 조각이 아주 훌륭하다. 행인형의 눈, 평평하고 큰 코, 둥근 귀와 귀고리, 둥근 목걸이, 직립한 남근 등이 모든 석상의 공통점이며 목제 아두상과 아주 흡사하다. 그러나 8기 석상의 세부 양식은 각각 다소 차이점이 있고 그것을 크게

| 제1형식의 동쪽 석상(비하타 마을) |

두 가지 형태로 분류할 수 있다.

　　제1형식은 중앙에 위치하는 2기의 석상으로 신체가 비교적 사실적으로 표현되어 있다. 동쪽 석상총 높이 135cm은 대석높이 60cm 위에 양 다리를 구부린 모습을 하고 있다. 서쪽 석상높이 168cm은 무릎을 구부린 채 기단 위에 앉아 있다. 머리 주위에는 돌기가 붙은 왕관과 같은 모자를 쓰고 있으며 작은 입과 양손은 가슴 앞에 놓여 있고, 양 다리가 조각되어 있는 것이 특징이다. 그리고 무릎에는 동심원 문양이 있으며 이것들은 파세마 고원의 석상, 석실고분의 벽화나 암각화 등에서 보인다. 필자는 이 2개의 석상이 그 위치나 조각으로 볼 때 중심적인 존재라 생각한다. 또한 무릎을 구부리거나 꿇어앉은 석상은 폴리네시아에서도 볼 수 있는 것이다.

　　제2형식은 입석처럼 표면을 잘 다듬어 대담하게 손과 발을 생략한 전형적인 입석형 석상군이다. 큰 돌기를 가진 모자와 입이 없는 것이 특징이다. 그중에는 미완성이라 생각될 정도로 얼굴이나 남근만을 조각한 석상도 있다. 이와 같이 손과 발이나 입의 표현이 없는 석상은 술라웨시 섬 중부 산악지대의 선사시대 석상에서도 많이 찾아볼 수 있다.

　　첫 번째 유적에서 약 50m 정도 내려온 정글 안에 7기의 석상

| 제2형식의 석상(비하타 마을) |

| 비하타 마을의 석상 전경 |

2기는 넘어져 있다이 멘히르와 함께 정면을 북측으로 향해 동서로 줄지어 있다. 그 중심에 제1형식의 석상높이 162cm이 있고, 그 위치나 조각으로 보아 석상들 중에서 가장 중심적인 존재로 보인다. 그 좌우에 제2형식의 석상이 있다. 각각의 석상과 멘히르는 동서로 줄지어 있으며 정면은 바깥쪽인 북쪽을 향하고 있다. 석상 중 1기는 필자가 분류한 형식과는 전혀 다른 형태를 하고 있으며 일반적인 니아스 조각과 동떨어진 양식이다.

두 곳의 유적에 있는 석상들이 동서로 줄지어 서로 마주 보는 위치로 배치되어 있다. 첫 번째 유적과 두 번째 유적을 마을의 양 입구로 보는 것은 둘 사이의 거리가 너무 좁아 그 공간은 오히려 종교적인 성지 혹은 제사를 지내는 장소라고 보는 것이 타당할 것이다. 그리고 남부 니아스의 마을을 통해 유추하자면 본래는 주변 일대에 마을이 있었을 가능성이 높다.

이와 같이 중부 니아스의 석상을 두 개의 형식으로 분류했지만, 기본적으로 양자는 동일한 양식과 성격으로 다만 신분이나 신격의 차이를 나타내기 위한 것으로 보는 것이 타당할 것이다. 석상은 모두 조각이 뛰어나며 그 제작에 있어서는 전문적인 석공이나 철기의 존재를 생각해야 할 것이다. 석공 집단을 거느리고 다수의 사람을 동원할 수 있었던 것은 당시의 사회도 계층분화가 있었으며 오와사 같은 훈공제연勳功祭宴이 행해졌던 것으로 생각된다.

중부 니아스의 거석유구는 그 밖에도 시사라히리 마을의 민가 앞에 있는 석상제1형식 1기, 그리고 그 근처에 있는 평평한 제단석 같은 석재돌멘와 입석 3기가 있다. 또 히리파돌로 마을 집회소 근처에 있는 두 개의 평평한 석재 뒤의 각형

| 시사라히리 마을의 석상 |

| 히리파돌로 마을의 석상 |

| 오노나몰로의 석상(인니 고고학연구센터) |

멘히르 2기와 석상 1기제2형식가 있다. 이들은 모두 간선 도로변에 위치하고 있다. 중부 니아스의 거석유구는 툰두룸바호나 비하타의 유적과 같이 다수가 밀집하여 분포하고 있으므로 다른 장소에서 옮겨왔을 가능성이 높다. 석상을 포함한 돌멘이나 멘히르 등의 유적 연대는 불명확하지만 남부 니아스 마을에서 보이는 거석 기념물의 원형인 것은 틀림없다. 시토리 산 오노나몰로에 있는 조령의 상이라고 불리는 석상도 제1형식의 석상이다.

기무라 시게노부는 아두를 남녀 양성 구상이라고 주장하고 있다. 기무라는 북부 니아스의 오노와엠보의 석상을 소개하며 유방과 남근을 구비한 것을 근거로 니아스에서는 그 독특한 우주관을 기초로 천상계와 하계의 통일체로서 양성兩性의 인물상이 만들어졌다고 지적하였다. 이 석상이 남녀 양성 구상인지 어떤지는 알 수 없지만 미국의 스미소니언연구소의 보고서에 의하면 중부 니아스에서는 아두 안에 유방과 남근을 구비한 목상이 있었다고 한다. 필자가 조사한 시사라히리 마을의 석상제1형식에도 여성의 젖가슴이 표현되어 있다. 아두가 남녀 양성을 나타낸 것인지는 향후 더 검토할 필요가 있을 것이다.

| 선조상 |

●● 니아스 석상의 기원

　　니아스 섬의 오와사를 닮은 의례와 거석유구가 인도 앗삼의 나가족에서 볼 수 있는 데서 니아스의 거석문화는 나가족에서 유래했다는 견해도 있지만 양자의 영향 관계는 아직 증명되지 않았다. 이 문제를 명확하게 해결하기 위해서는 고고학적 조사를 통해야만 해명할 수 있겠지만 지리적인 위치로 생각했을 때 인도네시아와 대륙과의 교류는 수마트라에서 시작되었다고 보는 것이 타당하다. 역사적으로 수마트라 섬은 예부터 인도문화의 영향을 강하게 받았으나 니아스 섬의 문화나 유적에서는 인도의 영향이 전혀 보이지 않는다. 상식적으로 생각해도 니아스인이 바다를 건너온 것이라면 근처의 수마트라 섬으로부터 도래했다고 보는 것이 타당하다. 그렇다면 수마트라에 최초로 유입된 문화는 인도차이나 반도를 통해 들어온 벼농사문화를 동반한 동손문화일 것으로 추정된다. 니아스 문화의 기원은 인도보다는 수마트라 섬의 바탁이나 파세마 그리고 동남아시아의 내륙부에서 찾아야 할 것이며, 그 후 니아스에서 독자적으로 전개해 온 것이라 생각된다.

　　지금까지 소개한 니아스 섬의 사회와 문화의 전반은 인도보다 인도네시아와 동남아시아의 기층문화와 일치하는 곳이 많다. 형질인류학의 연구에서도 니아스 사람들은 인도네시아의 바탁인과의 친연성이 증명되고 있다. 거석유구에 관해서도 니아스 섬의 독자성이 인정된다. 이는 이 섬이 최근까지 고립되어 있었던 것이 그 원인이라 생각되지만 인도네시아 제도의 거석문화와 공통되는 점도 많다. 따라서 하이네 겔데른이 주장한 인도네시아의 거석문화가 인도 앗삼 지방의 나가인과 직접적으로 연관된다는 것에 대해서는 앞으로 검토해야 할 문제이다. 또 최근의 연구에서는 파세마 고원이나 술라웨시 섬 중부에 있는 선사

| 돌멘 석재 운반(숨바 섬) |

시대의 석조 유물이 중국의 남서부나 말레이시아 반도에서 온 영향이라는 것이 밝혀져 니아스 섬의 거석유구의 시원과 원류도 그 연장선 상에서 생각할 필요가 있다.

니아스 섬과 같이 살아 있는 거석문화를 가진 섬은 술라웨시 섬, 숨바 섬, 플로레스 섬, 사브 섬, 티모르 섬 등이 있다. 그중에서도 숨바 섬과의 일치점이 현저하게 나타난다. 이들의 전통마을은 모두 고지에 위치하고, 목 사냥 풍습과 신분계층이 있으며, 마을 안에 거석광장이 있는 것이 그 공통점이다. 각 마을에는 집회소 역할과 동시에 조상숭배를 위한 의례상의 공간인 관습가옥, 같은 종류의 거석유물, 가축을 제물로 바치는 훈공제연, 지붕이 높은 고상가옥 등이 일치한다. 게다가 돌멘의 제작이나 운반 과정도 같고 운반도구인 수라를 모두 배라고 부르며 돌멘이 여성을, 멘히르가 남성을 상징한다는 것도 유사하다. 인도네시아의 거석문화를 가진 상당히 넓은 지역에서 이러한 많은 공통점이 보인다.

지금까지의 연구에서 니아스 섬의 돌멘을 단순한 거석 기념물로 간주하고 있으므로 명확하게 무덤의 역할을 나타내는 돌멘을 가진 숨바 섬과는 그 성격이 전혀 다른 것으로 생각되어 왔다. 그러나 과연 니아스 섬의 모든 돌멘이 죽은 수장의 기념비로서 만들어진 것일까? 바워마타르오 마을의 돌멘이나 멘히르가 기념비로서의 역할이 강한 것은 사실이다. 그

| 치사라히리의 석관(인니 고고학연구센터) |

러나 바워마타르오 마을은 역사적으로 그리 오래된 마을이 아니며 니아스 섬의 돌멘이 모두 기념비라는 유력한 근거도 없다. 실제로 중부 니아스에서는 오래된 형태의 돌멘 아래에 옛 수장의 유골을 묻었다는 전승이 있다. 이러한 전승을 정리하면 숨바 섬과 마찬가지로 니아스 섬의 옛 형태의 돌멘은 무덤의 기능을 가지며, 2차장이 행해졌을 가능성이 매우 높다. 니아스 섬 고모의 치사라히리에서 발견된 석상은 한 인물이 석관을 짊어지고 있다. 석관은 배의 형태로 조각되어 있고, 석관의 크기로 보아 명확히 2차장이 행해졌던 것을 말해준다.

니아스 각지의 신화나 전승에서 니아스의 문화가 중부 고원지대에서 남북으로 파급된 것도 필자의 현지조사에 의해 거의 확실해졌다고 생각한다. 중부 니아스의 돌멘, 석상, 멘히르 등은 남부 니아스의 원형으로 생각된다. 다만 석상

| 배와 새는 죽은 자의 영혼을 나르는 상징(칼리만탄 섬) |

| 영혼을 나르는 배(칼리만탄 섬) |

| 영혼을 나르는 배(동손청동기, 베트남) |

과 목상 중 어느 쪽이 먼저 출현했는가 하는 것은 닭이 먼저인지 달걀이 먼저인지 하는 것처럼 어려운 과제이다. 니아스인의 조상이 배를 타고 바다를 건너왔다는 것을 상정하면 가장 오래된 형태는 소형의 목형이나 석상밖에 생각되지 않으며 그것이 나중에 니아스의 독자적 양식으로 전개되었다고 보는 것이 타당할 것이다. 니아스의 조상이 거석문화를 갖고 언제 수마트라 섬에서 건너왔는지는 알 수 없지만 적어도 파세마 고원의 거석문화BC 5C 이후보다는 늦은 시기였던 것으로 생각된다.

환태평양의 석상

인도네시아의 석상

인도네시아 제도에는 다양한 석조 유물거석유구이 존재하며 선사시대부터 최근까지 만들어졌다. 인도네시아의 거석문화는 수마트라 섬, 술라웨시 섬, 자바

| 인도네시아 거석문화 분포도 |

섬, 발리 섬, 칼리만탄 섬, 니아스 섬, 숨바 섬, 플로레스 섬, 사부 섬, 라이주아 섬, 티모르 섬 등에서 발견되고 있다. 하이네 겔데른R. Heine Geldern은 인도네시아의 오래된 거석문화의 전파는 신석기시대인 기원전 2000~1500년으로 멘히르, 돌멘, 돌 의자, 석상, 적석기단, 열석 등 거석광장을 특징으로 한다고 주장하고 있다. 새로운 문화의 전파는 북베트남에서 기원전 1000년대 후반부터 기원후 1000년대 초기에 발달한 동손 청동기문화의 영향을 받아 도서부를 중심으로 한 석관, 석실무덤이 특징이라고 한다.

발리 섬 및 자바 섬에도 선사시대의 매시브 조각이 많이 남아 있다. 현재 발리박물관에 매시브 조각이 몇 개 있다. 그 대표적인 석상으로는 선사 조각 진열장에 전시된 빤 부라웃 상, 빤 부라웃과 멘 부라웃 합체상의 2기를 들 수 있다.

| 라이주아 섬의 뇌석(돌과 번개를 묶는 전설이 있다) |

| 티모르 섬의 석상 |

빤 부라웃 상은 얼굴과 손발이 몸통에 밀착한 매시브 조각으로 안면 중앙의 큰 코의 형태라든가 눈꼬리가 치켜 올라간 눈 형태는 돌하르방이나 아스카의 사루이시와 유사하다. 빤 부라웃은 남신을 의미하는데, 남근을 수반하는 점은 사루이시와 같은 취향을 보이고 있다. 빤 부라웃과 멘 부라웃의 합체상은 여신인 빤 부라웃이 멘 부라웃의 등 뒤에서 끌어안고 있는 매시브 조각이다. 남신상의 턱 밑에 아이의 얼굴이 있기 때문에 자식을 점지해주는 산신産神의 성격이 한층 명료하게 나타나 있다.

김병모는 발리 브사키 사원의 석상이 제주도 돌하르방의 기원이라고 주장한다. 브사키 사원의 석상은 높이가 50~70cm 정도로 작지만 남성상과 여성상을 성기로 명확히 구별하였으며 두건 형을 한 모자, 울퉁불퉁한 눈, 양손을 배 위에 둔 점 등 제주도 석상과 많은 공통점이 있다.

발리 섬의 매시브 조각과 같은 형태의 석상은 중부 자바의 소노부도요박물관에 있는 석상 2기를 들 수 있다. 모두 중부 자바의 우노사리 제사유적에서 발굴된 것들이다. 더욱이 동부 자바의 본도와소에는 무릎을 꿇고 있는 석상이 돌멘과 인접해서 위치한다. 석상의 얼굴은 마멸이 심하여 명확하게 확인할 수 없지만 둥근 어깨와 두 손을 볼록한 아랫배에 밀착시키고 있다. 양팔의 일부는 유실되었지만 볼록한 아랫배가 특징이다. 화산암을 조각한 것으로 높이는 141cm 하반신의 일부가 매장되었음이다. 마을 사람들은 이 석상을 바투 니아이여자 주술사라고 부르며 지금도 신앙의 대상이 되고 있다. 이 석상은 폴리네시아의 석상들과 매우 흡사하다. 폴리네시아의 석상문화가 동남아시아에서 전파되었다고 하는 증거로 볼 수 있는 유력한 자료이다. 인접해 있는 돌멘은 전형적인 제주도식위석식 지석묘이다. 개석의 길이 201cm, 폭 142cm, 높이 73cm로 9개의 지석이 둘러싸고 있다. 지석묘 안에는 시내 돌이 깔려 있고 장축은 동서이다. 본도와소 일대에

| 아이를 안고 있는 상(소노부도요박물관 석상) |

| 본도와소의 석상 |

| 본도와소의 지석묘 |

| 발리 섬의 지석묘 |

| 플로레스 섬의 지석묘 |

는 선사시대의 위석식 지석묘가 다수 남
아 있다.

이 밖에도 매시브 조각은 자카르타
국립박물관에 많이 소장되어 있다. 본래
자바 섬과 발리 섬에 더 많은 양의 매시브
조각이 있었다고 생각되나 종교적인 이유
로 파괴 혹은 유실된 것으로 생각된다. 이
들이 파괴된 큰 원인의 하나는 생식기를
표현했기 때문이다. 자바 섬과 발리 섬 외
에도 거석광장에 선조상을 만들어 모신
곳이 많다. 이들 석상목상을 포함의 공통되는
특징은 성기를 표현하고 있다는 점이다.

| 여자 석상(자카르타 국립박물관) |

나상 표현의 원본은 열대 남국지방에 있다고 보는 것이 상식적이다. 예를 들면
타히티 섬의 고갱 미술관에 있는 매시브한 여성상은 여성의 음부를 노출한 나상
이며 이러한 종류의 석상 조각의 문화적 확대를 보이는 것이라고 볼 수 있다.

인도네시아 제도의 석조 유물 중 선사시대의 대표격은 중부 술라웨시 주와
파세마 고원의 유적군이다. 이들 유적은 아직 대부분 발굴되지 않았지만 힌두교
나 불교의 직접적인 영향은 받지 않았다. 영향을 받지 않았다기보다 인도문화
전파되기 이전에 성립했다고 보는 것이 타당할 것이다. 현재까지 이들 지역에서
출토된 청동기나 토기 등의 편년연구에 의하면 거석 유물은 금속기시대에 속하
는 것이라고 보아도 틀림이 없다. 그러나 양자가 어떤 영향 관계를 가졌는지는
알 수 없다. 술라웨시와 수마트라는 같은 인도네시아에 속해 있지만 거리상으로
제주도와 아스카보다 훨씬 멀리 떨어져 있다. 중부 술라웨시에서는 컵의 형태를

| 사부 섬의 지석묘 |

하고 있는 석관을 현저하게 볼 수 있는 것에 비해 파세마 고원에서는 이 같은 석관이 눈에 띄지 않는다. 또 파세마 고원에서 뚜렷이 볼 수 있는 개석식 돌멘과 석실무덤은 중부 술라웨시에서는 그다지 보이지 않는다. 단지 공통된 것은 멘히르, 성혈, 사발형의 구멍이 뚫린 석제용기인데 이것들은 원래 단순한 형태를 하고 있으므로 양자를 비교하는 것은 그다지 의미가 없다. 유일하게 양자를 비교할 수 있는 것은 석상이다. 파세마 고원이나 중부 술라웨시의 석상은 불상이나 힌두교 조각 안에서는 찾아볼 수 없는 것이지만, 양자는 양식적으로 상당히 거리가 있다. 같은 인도네시아의 석상인데도 한국과 일본의 석상들보다 유사점이 없다.

파세마 고원 석상의 특징은 육중한 무게감이 있는 매시브 조각으로 장식성이 많고 물소나 코끼리를 타고 있는 전사상이 많다. 이에 비해 중부 술라웨시의 석상은 하반신이 생략된 멘히르형 석상이다. 따라서 양자는 같은 금속기시대에 속하면서도 유사성이 보이지 않는다. 왜 이러한 차이가 생겼을까? 서로 같은 뿌리의 문화를 가졌다고 해도 각각 깊은 정글로 뒤덮인 고원지대에서 고립해서 전개되어 지금의 석조 유물이 생겨났을 가능성이 높다.

인도네시아는 예부터 인도나 중국의 영향을 많이 받아 왔다. 수마트라 섬은 지리적으로 인도네시아의 제일 서쪽 끝에 위치하여 인도나 말레이 반도와 가장 가까운 곳에 있으므로 일찍부터 양쪽 문명권의 영향을 받았다. 대륙부에서 들어온 벼농사를 수반하는 금속기문화가 인도문화보다 선행하고 있다. 파세마 고원의 석상 유물은 인도문화가 들어오기 이전에 성립했다.

일반적으로 수마트라 섬은 일찍부터 인도의 힌두교나 불교의 영향을 받았지만, 파세마 고원에서는 14세기 이후의 이슬람교 이외에는 인도문화의 요소가 전혀 발견되지 않는다. 스리위자야 왕국의 수도가 있었던 팔렘방으로부터 비교적 가까운 곳에 위치하면서도 불교문화의 영향을 받지 않은 것이 오히려 이상하다. 이 문제는 금후 더욱 검토할 필요가 있지만 아마도 무역으로 번성한 스리위자야 왕국이 깊은 정글로 덮인 고원지대를 통치하는 데 관심이 없었을 가능성이 높다.

이상과 같이 파세마 고원의 석조 유물의 기원은 인도가 아니라 중국 서남부를 포함한 인도차이나 반도 북부에서 벼농사와 함께 동손문화를 가지고 직접 바다를 건너서 수마트라 섬에 들어와 팔렘방 주변에서 강을 거슬러 올라가서 파세마 고원에 정착한 사람들이 남긴 역사유산이다. 그 상한은 기원전 5세기까지 거슬러 올라가며 수마트라 섬의 지리적인 조건을 고려하면 인도네시아의 금속기시대 초기의 유적일 가능성이 높다.

인도네시아의 선사시대 유적은 아직 본격적인 조사가 적어 정확한 연대를 추정하는 것은 매우 곤란하지만, 적어도 기원전 5세기부터 기원 전후에 걸쳐서 인도네시아 제도에서는 돌멘·석관·옹관으로 매장을 하였고, 멧돼지 이빨로 만든 목걸이나 청동제의 장식품을 몸에 치장하였으며, 돼지·개·닭을 기르며 벼농사를 하고 살았다고 생각된다. 이러한 청동기시대 사람들의 생활은 유적과 유물을 통해서 알 수 있지만 헤겔 Ⅰ식 동손 동고에도 문양이 새겨져 당시의 생활을 유추할 수 있다. 그리고 인도네시아 석조 유물의 시원도 대체로 그 시대까지 거슬러 올라간다고 보는 것이 타당할 것이다.

그러나 다음에 문제가 되는 것은 그 기원을 어디에서 둘 것인가이다. 우선 ① 수마트라 섬 파세마의 거석문화가 동진해서 술라웨시 섬 남부에서 북상하여 중부에 미치는 경로와 ② 중국 서남부를 포함한 인도차이나 반도 북부에서 직접 바다를 건너서, 혹은 칼리만탄 북부지방많은 석조 유물이 발견되었다을 경유하여 술라

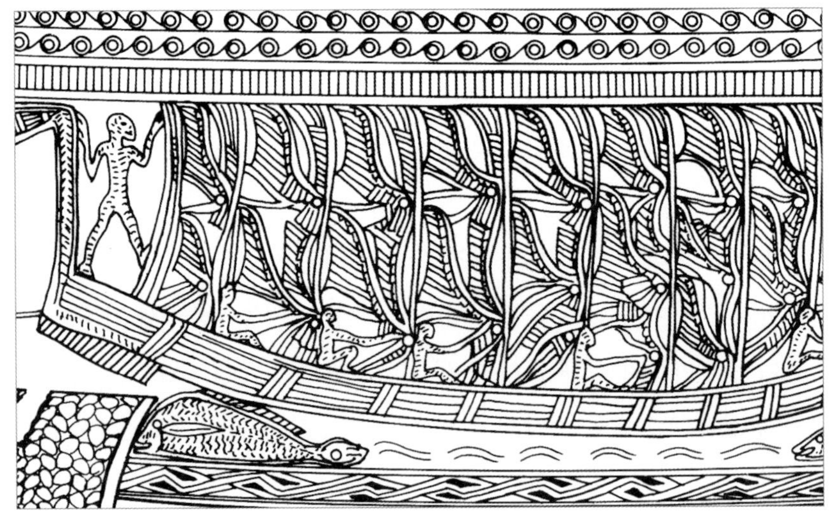

| 동손 동고에 그려진 대형 범선 |

웨시 서북지방의 파루 주변에서 들어오는 두 가지 경로를 상정할 수 있다. 단지 ①의 경우는 수마트라 섬 파세마의 석상이나 석실묘는 중부 술라웨시의 석조유물과는 상당히 이질적이다. 게다가 남부 술라웨시에서는 토라자인이 사는 중부 지역과 가까운 산악지대 이외에는 석조 유물이 전혀 보이지 않는 문제가 있다. 따라서 필자는 지금 단계에서는 ②의 가능성이 높다고 생각하고 있다. 단지 ②의 경우도 석관, 입석, 성혈 등은 논외로 하더라도 같은 유형의 석상이 기원지로 여겨지는 곳에 그다지 보이지 않는 문제가 있다. 이러한 의문은 현재도 발리 섬에서 고물상이 몰래 매매하고 있는 소형 목제나 석제의 신상에 유력한 단서가 있다고 생각된다. 다시 말해 벼농사나 금속기문화를 가진 집단이 소형 신상을 지닌 채 바다를 건너 고원지대를 목표로 정착하여 석상을 만든 것이라고 해석된다. 거석 유물이 발견되는 곳은 모두 물이 풍부한 고원지대라는 공통점이 있다.

| 선조상(숨바 섬) |

중부 술라웨시의 석상은 소형 신상이 프롤로그가 되는 예로 이들이 그 후 영향을 끼치면서 중부 술라웨시에서 독자적으로 변화·발전한 결과라고 볼 수 있다. 중부 술라웨시의 석상은 환태평양의 넓은 지역에 분포되는 석상의 수수께끼를 규명할 수 있는 귀중한 역사유산이다.

●● 환태평양의 석상

제주도의 돌하르방, 중부 술라웨시의 석상, 이스터 섬의 모아이상에는 기묘한 공통점이 존재한다. 이렇듯 단지 다른 지역에 형태가 닮은 것이 있다고 해서 역사적인 영향 관계를 논하는 것은 아니다. 예를 들면 석상만을 가지고 양자의 영향 관계를 논하는 것은 의미가 없다. 인물상선조상, 신상 같은 석상을 표현하는 경우는 서로의 영향 관계가 없어도 인체를 표현하는 것에 의해서 필연적으로 공통점이 생긴다. 따라서 석상의 기원을 규명하기 위해서는 비슷한 점도 중요하지만 양자의 지역적 친연성과 시대적 관련성을 뒷받침하는 근거가 필요하다.

이와 같은 관점에서 보면 아스카 석상의 기원은 백제기원설이 가장 설득력이 있다. 그러나 미륵사지 석탑의 발굴조사에 따르면 석상과 석탑은 무관하다는 것이 밝혀졌다. 필자도 아스카의 사루이시는 백제가 기원이라고 확신하고 있었지만 백제기원설은 성립되지 않는다. 또한 오가와 고요의 아스카 석상의 제주도 기원설을 입증하기에는 남겨진 과제가 산적해 있다.

동남아시아의 대부분의 민족은 오스트로네시아어족이다. 오스트로네시아어족은 동쪽은 이스터 섬, 서쪽은 인도양 서부의 마다가스카르 섬, 남쪽은 뉴질랜드, 북쪽은 대만과 하와이 제도를 범위로 500개 이상의 언어와 민족을 포함한

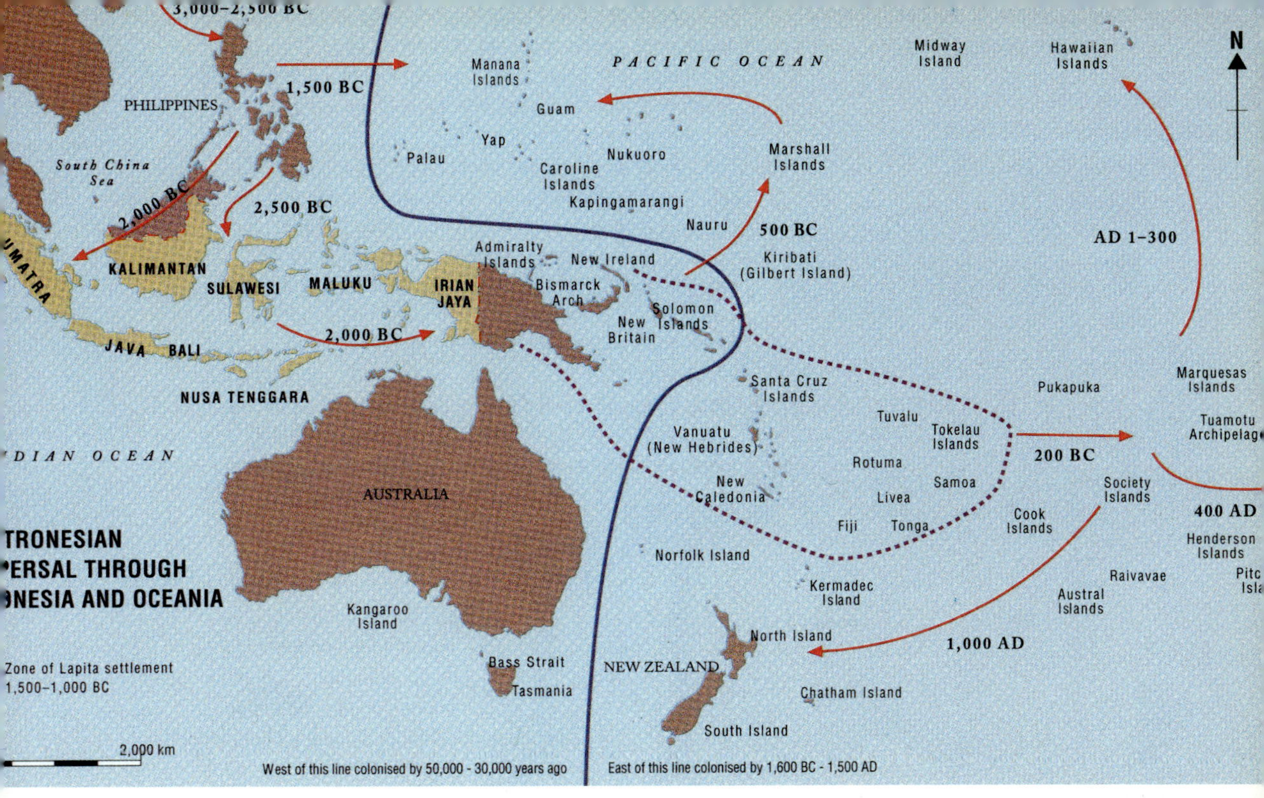

| 오스트로네시아어족의 확산 |

다. 문화인류학적인 조사에 의하면 오스트로네시아어족의 고향은 중국이나 북베트남에서 약 6,000년 전 동남아시아의 도서부나 태평양의 많은 섬으로 확산되었다고 한다. 최근 오스트로네시아어족의 선조는 중국 남부 근처에서 기원전 4000~3500년에 대만으로 이동하고 그 후 필리핀을 경유해서 인도네시아, 오세아니아로 확산되었다는 설이 구미의 연구자들에 의해 많이 지지되고 있다.

멜라네시아의 비스마르크 제도에서 뉴칼레도니아, 사모아 제도에 이르는 지역에 분포되는 기원전 1500~500년에 제작된 라피타 토기에 관한 지식이 증대되어 동남아시아 도서부와의 관련성이 주목받고 있다. 라피타 토기의 형상이나 장식 기법, 기하학적 문양 등이 필리핀이나 술라웨시 섬에서 출토된 기원전 2500년경의 토기군과 통하는 것으로 당시 이들 지역의 교류를 증명하고 있다.

태평양의 면적은 약 1억 6,000만km²로 지구의 육지 면적보다 크고 전 해양 면적의 2분의 1에 상당한다. 지구의 둘레는 약 4만km로 발리 섬과 남미 페루 해안을 동서 일직선으로 연결하면 약 1만 9,000km인데, 발리 섬에서 제주도까지의 거리는 약 6,000km밖에 되지 않는다. 따라서 우리는 대만, 필리핀, 술라웨시에서 단발적 혹은 우발적인 오스트로네시아어족의 동진 가능성도 고려하지 않으면 안 된다.

태평양의 서쪽은 작지만 수많은 섬들이 있는 미크로네시아이며, 그 남쪽이 뉴기니 섬을 비롯한 멜라네시아이다. 적도를 끼고 북단을 하와이, 동남단을 이스터 섬, 서남단을 뉴질랜드로 하는 한 변이 약 8,000km의 거대한 삼각형 해역이 폴리네시아이다. 몇천 년에 걸친 오세아니아인의 이동은 동남아시아, 멜라네시아, 미크로네시아, 폴리네시아 순으로 이동했다.

태평양 제도에서 지금도 사용하는 아우트리거 카누라는 배가 있다. 카누 옆에 배가 뒤집어지지 않도록 가로대를 달고 있는 것이 특징이며 카누의 가로대를 양쪽에 단 더블 아우트리거 카누도 있는데 이것은 원양 항해에 사용하고 있다. 보통 카누는 돛만 추진력으로 사용하지만 원양을 건너기 위해서는 키와 돛이 함께 사용된다. 8세기 후반에서 9세기 초반의 보로부두르에 그려져 있는 대형 범선이 있다. 이러한 대형 범선에 수십 명을 태우고 쿠로시오 바다를 항해했다면 제주도는 그리 멀지 않았을 것이다.

| 아우트리거 카누(발리) |

| 대형 아우트리거 카누(보로부두르) |

　태평양에는 약 1만여 개의 섬들이 있고, 이들 많은 섬에는 기원전부터 인간이 살고 있었다. 섬과 섬 사이를 이동하는 원양 항해에 필요한 천문지식, 해류, 배, 항해술은 지금 우리가 상상하는 것보다 훨씬 뛰어난 것이었다. 폴리네시안들은 1,000km의 해로를 10일 만에 갈 수 있는 천문항법의 경험적 지식을 가지고 있었다. 즉, 미리 정해진 몇 개의 별자리, 북극성이나 남십자성과 다른 별과의 위치 관계, 이러한 관측을 참고로 하여 자신이 있는 배의 위치와 진행 방향을 확인한다. 그 이외에도 철새, 구름 모양으로 육지를 찾아냈다. 야자나무가 있으면 식수 걱정은 안 해도 되고 식량은 물고기를 낚으면 당분간은 연명할 수 있다.

폴리네시아인의 선조는 동남아시아에서 건너간 몽골로이드이다.

따라서 폴리네시아의 모아이상은 동남아시아에서 전해진 것이다. 제주도의 돌하르방과 아스카의 남녀 석인상을 연결하는 공통된 특징은 벙거지형의 모자와 큰 코이다. 돌하르방은 다소의 지역적인 차이는 있지만 이러한 특징을 공유하고 있다. 또한 큰 얼굴과 웅크린 모습은 매시브 석상과 유사점이 많다. 제주도에서 애초부터 매시브 석상 같은 특징이 있었던 것이 아니라 오히려 이러한 요소들은 제주도에 유입된 다양한 외래문화의 하나가 아니었을까?

이스터 섬은 폴리네시아 제도의 동쪽 끝에 위치하는 절해의 고도로 섬의 면적은 제주도의 10분의 1에 지나지 않지만, 화산섬이라는 공통점이 있다. 모아이상은 응회암을 소재로 하여 현무암으로 된 석기로 가공되었다. 모아이상의 기원설로는 유명한 헤위에르달의 남미기원설이 있지만, 현재 모든 분야에서 이 가설은 완전히 부정되어 기무라 시게노부의 동남아시아 기원설이 유력시되고 있다. 중부 술라웨시의 석상군은 지금까지 전혀 알려져 있지 않았었는데 필자의 현지조사로 그 전모가 밝혀졌다. 모아이상은 반신상으로 머리와 몸통밖에 없다. 좁고 평평한 얼굴, 돌출된 눈썹, 양식화된 긴 얼굴과 귀, 짧은 목, 굴곡이 없는 동체, 몸통에 따라 내려가 구부러진 팔, 배에 밀착시킨 양손 등이 특징이다. 이 또한 중부 술라웨시의 석상과 제주도 돌하르방의 특징과 일치하고 있는 점이 주목된다. 중부 술라웨시의 석상이 한국 석상의 원형이라고 단정할 수는 없지만 적어도 이스터 섬이나 폴리네시아의 석상과 동남아시아를 잇는 중간에 위치하는 석상이다.

모아이상은 기무라 시게노부의 조사 연구에 의해 동남아시아 기원설이 거의 확실해졌다. 그러면 돌하르방의 기원을 동남아시아에서 원류를 찾는 가설은 전혀 황당무계한 몽상에 지나지 않는 것일까? 쿠로시오 해류는 필리핀 부근에서 대만의 동쪽으로 흘러 서북을 향하여 북상한 다음 규슈의 남단에서 둘로 갈라지고 본류는 그대로 일본 열도의 남쪽을 동진하고 다른 지류는 제주도에서 둘로 갈라진다. 오스트로네시아어족이 동남아시아에서 이스터 섬으로 이동한 것이라면 동남아시아로부터 제주도로 사람이나 문화의 이동이 전혀 없었다고 하는 쪽이 오히려 황당무계한 몽상이 아닐까? 우리는 중국이나 서울을 기준으로 제주도를 바라보지 말고 제주도를 기준으로 해서 세계를 볼 필요가 있다. 거기에는 바다가 있고 그 바다에는 바닷길이 있다.

이스터 섬 모아이의 계보

II.

남태평양·남미의 석상기행

미크로네시아

거대한 낭 마토르 유적 '카사레리아'

미크로네시아 연방의 포나페 섬의 콜로니아 공항에 도착했을 때 정보성의 립후웨 씨가 마중 나와주었다. '카사레리아'란 하와이의 '알로하'에 해당하는 말로 '어서 오십시오'라는 뜻이다. 국제공항인데도 활주로 이외에 함석지붕을 인 통나무집이 있을 정도로 매우 살풍경한 시골이다. 그러나 빨강·파랑의 화려한 원색 원피스를 입고 생화로 짠 화관을 한 여성들로 인해 화려한 분위기이다. 괌, 트럭을 연달아 타고 와서 더위는 그렇게 느껴지지 않지만 습도가 높다.

포나페는 연평균 강우량이 약 5,000mm나 되는 세계에서도 다섯 손가락에 꼽히는 다우지대로 매일같이 스콜이 내린다. 따라서 섬 전체가 열대우림에 덮여 있으며 그 내해는 맹그로브 숲이 있다.

낭 마토르에도 맹그로브가 밀식하고 있었다. 현지에서는 'd'를 탁한 발음이 아닌 't'라고 발음하므로 낭 마토르가 옳다. 그러나 포나페 이외에서는 일반적으로 '낭 마드르'로 불리고 있다. 이 유적은 콜로니아 마을과는 거의 반대쪽인 섬 남동쪽에 있다. 더 정확하게 말하면 포나페 섬이 아니라 거기에 접한 템웬 섬 동단의 산호초 위에 쌓아 올려진 많은 인공섬으로 되어 있다.

콜로니아에서 모터보트로 약 1시간, 산호초로 둘러싸인 바다로 나갔다. 유리판을 깔아놓은 것 같은 매끄러운 해면은 태양광선과 적란운을 반사시켜 일곱 가지 색깔로 변화한다. 산호초에는 흰 물방울이 떠 있었다. 표주박을 닮은 몇 개의 작은 섬이 있고 그중에는 높이 1m 정도, 수십 m²의 작은 섬에 사람이 살고 있다. 낭 마토르에 가까워지면 바닷물이 얕아진다. 보트의 엔진을 끄고 노를 저어 섬에 상륙했지만 간조 때에는 200~300m나 바닷길을 걸어야 한다.

낭 마토르 유적은 정연하게 배치된 370~8,400m² 넓이의 92개의 인공섬으로, 많은 수로에 의해 연결되어 있다. 총면적은 약 40만m²이다. 각 섬에는 흑갈색 현무암으로 방형 또는 장방형의 성벽이 쌓아 올려져 있으며 내부에는 산호석이나 모래가 채워져 있다. 이러한 성벽은 크기가 다양한데 평균적인 방형의 성벽은 한 변이 20m 전후, 장방형 성벽은 한 변이 10~100m, 높이는 10m 정도이다. 인공섬은 모두 해면에서 1~2m의 높이이므로 만조 때에는 마치 성벽이 해면에 떠올라 있는 것처럼 보인다.

이러한 인공섬은 수로를 따라 둘러싸고 있다. 큰 길이라고 할 수 있는 두 개의 수로 외에 그것과 연결되는 종횡의 작은 수로를 찾아다녔다. 보트를 타고 가기보다는 걸어서 가는 것이 좋다. 수로라고 해도 만조 때 이외에는 보트의 바닥이 닿는 얕은 여울이 많기 때문이다. 허리까지 물에 잠긴 수로를 따라가다 보면 성벽의 하부는 바다 속에 잠기게 되고 수면에 떠올라 있는 성벽 코너는 일본 성벽과 같이 휘어지며, 마치 하늘에 커브를 그리는 듯한 멋있는 경관이 펼쳐진다.

● 낭 타와스

　이러한 유적 중에서 가장 정교한 것은 낭 타와스이다. 다각형의 석주를 우물 정 자 모양으로 겹쳐 쌓은 이중벽이다. 외측의 성벽은 세로 64m, 옆면 54m, 높이 9m, 벽의 두께는 3m이며 입구에는 폭 4m의 개구부가 있다. 안쪽의 성벽은 30×24×4.5×1.8m이다. 그리고 그 중심에 거석묘가 있다.

　포나페 섬은 일찍이 죠카지, 넷, 워, 마트레니움, 키티의 다섯 개 지구로 나누어져 있었는데 낭 타와스의 거석묘는 마트레니움을 지배한 샤우테레울가의 마지막 왕의 무덤이라고 전해진다. 거석묘는 8×8.4×0.7m의 기단 위에 6.2×6.9×0.9m의 직방체를 쌓아 올린 것으로 내부는 반지하식으로 조금 파서 현무암을 깔아 산호석으로 채우고 있다2.8×3.4×2m.

| 낭 타와스 유적 |

| 낭 타와스 유적 |

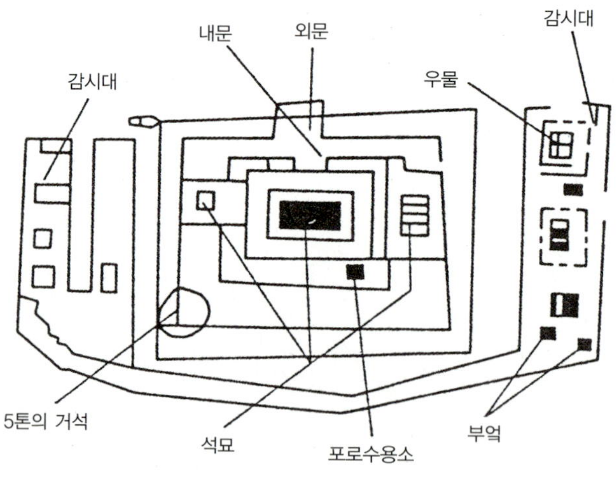

| 낭 타와스 유적 |

| 낭 타와스의 거석묘 |

| 낭 타와스의 거석묘 상부 |

거석묘 위에는 5각형 또는 6각형의 긴 석주石柱 수십 개가 나열되어 있다. 이러한 석주는 성벽과 같이 현무암을 사용한 것으로, 낭 마토르 근처에는 없는 것이어서 콜로니아의 서쪽에 있는 죠카지 섬으로부터 옮겨졌다고 하지만, 마트레니움 항만의 체카이우 산 부근에서도 많이 발견된다. 이 지역의 현무암은 부서지면서 5각형 내지 6각형의 기둥 모양으로 정교하게 갈라진다. 따라서 낭 마토르에 사용된 모퉁이 석주는 인위적으로 가공된 것은 아니다. 낭 마토르에 사용된 석재의 양은 방대한데, 어느 학자는 50만 개의 석주가 사용되었다고 한다.

또한 낭 마토르 이외에도 이러한 석주를 일찍이 집의 토대, 매장시설, 석실, 석루 등에 사용한 것을 마트레니움 지방에 실제로 잔존하는 유적으로 알 수 있다. 낭 마토르에 관해서는 많은 전설이 남아 있다. 그것들에 입각해서 주요한 섬

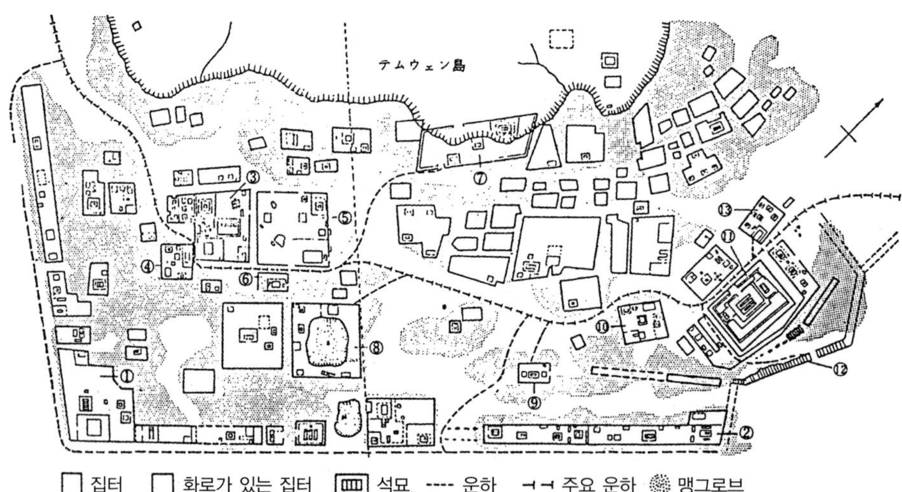

| 낭 마토르 유적 |

| 카리안 석루 |

들의 특색을 알아보자.

낭 타와스의 남동쪽 외양에 접하는 해안을 낭 몰셰이라고 부른다. 해안의 중간 정도에 있는 거대한 둥근 바위가 성스러운 바위이다. 낭 몰셰이의 남쪽에 있으며, 낭 마토르의 동쪽 절반을 태평양의 거친 바다로부터 지키고 있는 것이 카리안의 석루이다. 여기에는 3기의 거석묘가 있는데 그것들은 신관의 묘라고 전해진다.

남서쪽에는 판위의 성벽이 있다. 이 명칭은 그곳에 있는 큰 위 나무에서 유래한다. 판위에서 볼 만한 곳은 외양에 접한 남서쪽 해안의 석벽으로, 낭 타와스와 같은 다각형 석주를 쌓아서 만든 것이다. 이 돌들은 템웬 섬의 샤위쇼로부터 옮겨졌다고 하는데, 이 섬에 이런 종류의 현무암이 산출되는지는 알 수 없다. 내부에는 두 개의 거석묘가 있으며 그곳에서 인골과 유물이 발견되었다. 이들 유물은 크리스천F. W. Christian, 1896과 함브르후P. Hambruct, 1908~1910에 의해 발굴되었다.

낭 마토르 서구지역의 중심을 이루는 것이 판 카티라이다. 판 카티라란 터부금기의 의미를 포함한 남자들의 집 또는 장소라는 의미로, 샤우테레울 왕조의 왕들이 통치한 낭 마토르의 중심이었다고 한다. 따라서 이곳은 '선언의 마을', '금제의 마을', '터부의 땅'이라고도 불렸다. 정문 밖에는 석대가 있었으며 방문자는 그 위에 창을 두었다. 왕비 이외의 보통 여성은 특별한 때만 출입할 수 있었고, 게다가 월경 때는 출입할 수 없었다. 남서부에 조금 튀어나온 구획이 있는데 여기는 포나페 섬 전체에서 헌납된 식량을 저장해 요리하기 위한 장소였다. 섬의 네 귀퉁이의 석벽은 마트레니움, 죠카지, 키티, 쿠사이에의 각 지방의 주술사에 의해 쌓아 올려졌기 때문에 만약 그 부분이 무너지면 해당 지방이 멸망한다고 여겨졌다. 북동부의 죠카지의 석벽이 무너진 뒤 1910년에 죠카지에서 반란이 일어났다. 남서 코너에 있는 쿠사이에의 석벽은 독일 함대와의 전투에서 붕괴되었다. 쿠사이에는 전쟁을 경험하지는 않았지만 독일의 포경선이나 선교사가 왔으며, 그로 인해 인구 감소와 전통문화가 파괴되었다.

판 카티라와 수로 사이에 끼어 남쪽으로 인접한 케레프르는 왕궁에서 시중들던 하인들이 살던 곳으로 이쇼케레켈이 낭 마토르를 공격했을 때 숙영했다고 전해진다.

판 카티라의 북쪽에 인접하는 페이이카프 섬에는 네 개의 연못이 있는데 가장 큰 연못에서는 의식용 거북을 길렀다. 성벽 밖의 수로에는 두 개의 큰 바위가 있는데 이것은 여자를 나타낸다고 여겨지며, 낭 마토르를 구축하기 이전, 이곳에 살고 있던 거대한 레펜고 신에게 4명의 여자들이 제물 바치는 것을 잊자 화가 난 신이 2개의 거석과 이코이크와 위 나무로 만들어버렸다고 한다. 역대의 왕들은 이 섬에서 종교 의례를 행했지만 이러한 거석이나 나무는 터부로 여겨졌다.

수로를 끼고 페이이카프의 맞은편에 있는 이테이트는 '뱀장어 울타리'라는 뜻으로 의례 때 사용되는 뱀장어를 길렀다. 이 섬은 종교의 중심지로, 뱀장어와 거북을 사용한 의례가 1년에 한 번 행해졌다. 이러한 의식에 사용된 돌솥이 1963년 스미소니언조사대에 의해 발굴되었는데 방사성 탄소를 이용해 1285오차 50년이라는 연대를 얻을 수 있었다. 또 이쇼케레켈이 333명의 부하와 함께 쿠사이에 섬에서 가져왔다고 하는 333개의 주술呪術석이 놓여 있었다. 이것들은 무게 2.25~4.5kg의 둥근 돌로 전쟁의 수호신이었다.

템웬 섬과 연결되어 절반은 그 섬 위에, 나머지 반은 인공섬이 쌓아 올려진 것이 페이이엔 키체르Pehien Kitel이다. 여기에는 묘지밖에 없고 샤우테레울가의

| 페이네린 유적 |

왕들과 몇 사람의 낭마루키의 유해가 매장되어 있는 것으로 전해진다.

낭 마토르에서 가장 특이한 섬은 타롱이다. 여기에는 큰 연못이 있는데 그 연못의 바닥에서 바다까지 터널이 연결되어 있어 밀물 때 물고기나 대합이 들어 왔다고 한다. 원래는 터널에 돌이나 진흙이 꽉 차 있어 물고기는 들어오지 못하지만, 조수가 가득 차면 해수가 스며든다. 그 밖에 페이네린은 야자유를 생산하는 곳이었고, 페이이카프 샤프와와시는 북 또는 전령에 의해서 각종 소식을 알리는 곳이었다.

●● 건설자는 누구인가

다음과 같은 전설이 있다. 옛날 오로시파와 오로쇼파라는 형제가 죠카지 지방에서 와서 이곳에 둑을 쌓아 올렸다. 그러자 큰 돌이 날아와서 차례차례로 성벽을 만들었다. 이윽고 섬 사람들이 모두 도와서 현존하는 큰 구축물이 되었다. 형 오로시파가 병사하자, 남동생인 오로쇼파가 초대왕샤우테레율이 되었다. 이 왕조는 16대까지 이어지지만, 마지막 왕 샤우테모이는 왕비와 가신인 뇌신雷神과의 사이가 좋은 것에 질투를 느껴 뇌신을 죽이려고 했다. 그러자 뇌신은 쿠사이에 섬으로 도망쳤다. 이 섬에서 아내를 맞은 뇌신은 아내의 눈에 라임 즙을 따라 아이를 얻었다. 이 아이가 이쇼케레켈로, 그는 군대를 이끌고 낭 마토르를 정복해 마트레니움의 대수장낭 마루키이 되었다. 패배한 샤테모이는 폭포에 뛰어들어 물고기로 변했다. 이쇼케레켈이 낭 마토르를 떠나자 이곳은 폐허가 되었다.

낭 마토르에는 미나모토노 요리토모 전설이 있다. 호겐의 난1156에 패배한 요리토모는 이즈오시마로 도망쳐 죽었다고 하지만 사실은 포나페 섬에 표류해 낭 마토르를 쌓아 올렸다는 것이다. 교겐「수인」속에서 귀신인 공주와 목을 서로 잡아당겨 하치죠지마에서 귀신을 생매장한 설화를 남기는 괴력의 요리토모는 그야말로 거석 유적의 낭 마토르에 어울리는 인물이다. 요리토모는 지쇼 원년1177 무렵에 죽었다고들 하지만 쇼안 원년1171에 남쪽의 '귀신 여덟 명'이 이즈에 표착했다고『고금저문집古今著問集』에 적혀 있다. 그 귀신은 "몸이 9척에 이르며 머리카락, 몸 색깔은 검붉고, 눈은 광채 나는 원숭이의 눈, 나체이며 털이 없다"고 전해지며, 아마도 남양인南洋人인 것 같다.

또한, 포나페에서는 지금도 에니라고 불리는 정령을 믿고 있다. 에니는 일본어의 오니귀신와 닮았고, 귀신의 집이 바다와 멀리 떨어져 있는 섬으로 여겨지는 것은 흥미롭다. 또한 뉴질랜드의 역사학자 크리스천F. W. Christian은 앞에서 언급한 쿠사이에 섬은 구주라고도 불리는데 이것은 일본 규슈를 사투리로 발음한 것이라고 한다.

또 낭 마토르는 무 대륙 내지 파시피스 대륙과의 관련설도 있다. 영국의 처치워드J. Churchward는 '사라진 대륙 무'가 중국과 일본, 태평양 제도의 오래된 기록이나 신화에 나오는 것을 근거로 12,000년 전에 무 대륙이 수몰됐을 때 극히 소수의 무족이 지금의 멕시코로 이주했다고 언급하며, 낭 마토르를 무의 성도聖都로 추정하고 있다. 또 파시피스 대륙설을 주창하는 뉴질랜드의 브라운 J. M. Brown은『태평양의 수수께끼』에서 낭 마토르야말로 파시피스 제국의 수도였다고 한다. 무 대륙설이나 파시피스 대륙에 대해서는 다음에 자세하게 검토하겠지만 낭 마토르에는 이러한 공상을 하게 하는 무엇인가가 있다. 우라시마 타로의 용궁성설龍宮城說이 나오는 곳이기도 하다.

하늘에는 구름 한 조각 없고, 강렬한 태양광선을 받아 유적은 검은 윤기를 내면서 눈부시게 빛난다. 그러한 거석 유적군을 맹그로브 나무뿌리가 문어다리처럼 복잡하게 서로 얽혀 요기를 감돌게 한다. 마음을 가다듬고 일찍이 이곳에 산 사람들에 대해 생각해본다. 낭 마토르를 지배한 것은 전설의 샤우테레울 왕조가 아닌가? 건설자는 현재의 포나페 도민의 조상인가? 그렇지 않으면 다른 민족일까? 어쨌든 이만큼 거대한 구조물을 만들려면 꽤 강대한 정치권력과 경제력을 필요로 했으리라는 것은 확실하지만 그 권력자는 도대체 누구인가?

쿠바리가 정리한 두 개의 가설이 있다. 하나는 포나페 도민인 샤우테레울 왕이 세웠다고 하는 설이다. 다른 하나는 타 민족설이다. 쿠바리는 유적에서 발굴한 두개골이 현재의 포나페인과는 조금 다르다고 한다. 즉, 그것의 계측치는 길이 181mm, 폭 127mm, 머리 길이 폭지수는 70.2mm였다. 그런데 현재 포나페인의 머리 길이는 170mm, 폭 135.5mm, 머리 길이 폭지수가 79.7mm이다. 이것으로 그는 낭 마토르의 건설자는 현재의 도민과 다른 긴 얼굴을 가진 흑인종이라고 생각했다. 그러나 다른 연구자에 의한 현 도민의 두개골 계측치에서는 머리 길이 폭지수 76.1mm라는 자료도 있다.

건설 연대에 대해서는 방사성 탄소 측정에 의한 자료가 있다. 아신즈 S. Athens는 1180년, 1260년, 1430년이라는 연대를, 스미소니언박물관 조사대는 1285년이라는 연대를 제시하고 있다. 이것을 근거로 해서 비숍 박물관의 시노토 요시히코는 13~15세기에 건설되었다고 생각해 서양 문명과의 접촉 이전에 폐허화되었다고 추정한다.

또한 포나페 섬은 현지에서는 폰페이로 불리고 있다. 폰pohn은 '위에', 페이 pei는 '돌의 제단'이라는 의미이다. 그렇다면 포나페는 낭 마토르 그 자체였다고도 생각할 수 있다. 그리고 낭 마토르란 현지어로 '넓은 곳'을 의미해 하늘과 땅의 공간, 신과 인간의 모든 공간을 내포하고 있다.

●● 건설 목적

낭 마토르는 어떠한 목적으로 만들어졌으며 어떠한 기능을 가졌을까? 앞에서 소개한 전설에 의하면 왕들이 살던 통치의 섬, 의례의 섬, 매장의 섬 등 정치나 종교를 행한 구획이 있고, 각 건조물에는 각각 기능 분담이 있었던 것 같다. 그중에는 엄청난 양의 요리 잔재로 보아 판 카티라 같은 요리를 만드는 주방 전용의 구획마저 있었던 것을 추측할 수 있다.

낭 마토르는 해저 도시라는 설이 있다. 수십 년 전에 두 남자가 거북을 쫓아가다가 해저로 통하는 계단과 성문을 찾아냈다고 한다. 해저로 통하는 그 길은 깊이 약 25m에 실제로 존재한다고 전해진다. 바다 안에 잠수해 보면 확실히 현무암 석주가 무수히 있다. 또 전술한 바와 같이 수로는 얕고, 보트에 사람이 타면 배가 바닥에 닿아 이것으로는 수로의 존재 의미가 없다. 그렇다면 이러한 수로는 일찍이 보통 도로였으며 물은 없었다고도 생각할 수 있다. 그럼 왜 물에 잠겼을까? 섬이 침몰했는지, 그렇지 않으면 바닷물의 수위가 높아진 것일까?

또 하나는 성곽설이 있다. 즉, 낭 마토르가 해변에 입지하고 있어 외적에 대한 방어 면에서 뛰어난 특징을 갖기 때문이다. 높은 석벽은 오르기 어렵고, 거대한 석주를 우물 정 자 형태로 쌓아 올려서 무너뜨리기도 쉽지 않다. 따라서 밖에서 쳐들어가려면 수로를 이용할 수밖에 없는데 그 수로의 일부를 차단하면 견고한 요새가 된다. 또 해변에 위치하기 때문에 카누나 뗏목으로 옮겨온 석재를 비교적 용이하게 쌓아 올릴 수 있었다.

낭 마토르가 이른바 석간견石干見과 비슷한 기능을 가지고 있었던 것은 아닐까 생각된다. 석간견이라는 것은 조수 간만의 차가 크고 경사가 완만한 해안에 바다를 향해 반원형의 돌을 쌓은 돌담으로 만조 때에는 바다 속에 잠기지만 간조 때에 돌의 틈새로부터 물이 흘러 나와 물고기만 남는 일종의 어구漁具이다. 이러한 매복 어법은 예부터 세계 각지에서 행해졌으며 일본에서도 오키나와, 난세이 제도, 규슈 등지에서 최근까지 볼 수 있었다. 원래 낭 마토르는 엄밀한 의미에서의 석간견은 아니지만 일종의 돌로 쌓은 덫으로서의 역할을 했다고 생각된다. 전술한 바와 같이 타롱 섬에는 물고기를 양식하는 연못이 있어 석벽 하부에 물고기를 유도해 내기 위해서 만든 터널이 있다.

이와 같이 살펴보면 낭 마토르는 수성水城을 겸한 정치와 종교의 거점이었을 가능성이 높다. 앞서 말한 전설도 이것을 시사하고 있는 것으로 생각된다.

그럼 무덤은 어떻게 생각하면 좋을까? 낭 타와스 이외에도 많은 무덤이 있으므로 낭 마토르는 공동묘지였다고도 생각할 수 있다. 그러나 무덤을 수반하지 않는 섬도 많이 있으므로 이런 생각에는 무리가 있다. 어쩌면 처음에는 방어용으로 만들어진 석성石城이 나중에는 무덤으로 이용된 것은 아닐까? 처음에는 제단으로 만들어진 이스터 섬의 아후가 나중에 무덤으로 사용된 것처럼 단지 낭 타와스는 그 특수한 구조 때문에 당초부터 무덤으로서 사용되었다고 생각된다. 즉, 이곳만은 특별한 구역이며 전설의 샤우테레울 왕과 관련된 묘지였을 가능성이 농후하다.

●● 키티 유적

콜로니아의 외무국장 모비크 씨로부터 키티 지구에도 석조 구축물의 유적이 있다고 들어 지프차를 타고 조사지로 향했다. 죠카지 지역을 남하하자 전방의 도로 근처에 프우시 마렉 산이 보였다. 기둥 모양의 현무암이 삼각형으로 우뚝 솟은 듯한 높이 147m의 수려한 바위산이다. 프우시 마렉은 '닭똥'이라는 의미이지만, 전설에 의하면 하늘의 사자인 수탉이 하늘로부터 배설해서 생겼다고 한다.

좀 더 남하하면 프우트이 부근 오른편으로 파란 잡초로 덮인 삼각형의 작은 산이 보인다. 표고 94m의 트렌워이다. 도로 옆 절벽 위에 있는 집 아이들의 안내로 산길을 올랐다. 이 산 남쪽 절벽의 한 바위에 암각화가 있었다. 암각화는 세로 130cm, 가로 68cm의 집과 같은 형

| 트렌워의 암각화 |

상과 산 모양을 하고 있지만, 각선이 얕고 넓기 때문에 언뜻 보면 자연스럽게 형성된 선처럼 보인다. 인공으로 만들어진 것이라고 단정하기는 어렵지만 만약 암각화라고 한다면 중요한 발견이라고 할 수 있다. 왜냐하면 이런 종류의 암각화는 지금까지 미크로네시아에서는 발견되지 않았고, 멜라네시아나 폴리네시아에 널리 분포하는 암각화와 어떠한 관련이 있을지도 모르기 때문이다. 트렌워산의 정상에서 내려다본 경치는 아름다웠다. 키티 바다의 아름다운 산호초까지 자세하게 볼 수 있었다.

키티 남서부의 샤프타카이의 계곡에 들어가, 그곳을 기지로 해서 부근의 석조 건축물을 걸어서 답사했다. 낭 파렘에트의 광대한 언덕에 산재하는 멘히르와 스톤 서클환상열석을 조사했다. 빛나는 돌이라고 불리는 멘히르는 지상 부분이

| 낭 파렘에트의 멘히르 |

2.4m로, 언덕의 경사면에 있다. 빛나는 돌이라는 것은 뇌석雷石을 의미한다. 왜냐하면 돌과 번개를 묶는 전설이 세계 각지에 남아 있기 때문이다.

이 멘히르는 키가 크기 때문에 잘 보이지만 완만하게 경사진 언덕 각처에 산재하는 거석유구의 상당수는 무성한 잡초 속에 숨어 있어 좀처럼 찾기 어렵다. 우리는 거석유구 주변의 잡초를 옆으로 밟아 쓰러뜨리며 돌았다. 그러자 몇 개의 스

| 낭 파렘에트의 환상열석 |

톤 서클이 나타났다. 그 하나는 직경이 15.5×12.9m였고, 그것보다 크거나 작은 것이 있었으며, 그중에는 이중의 원형을 이루는 것도 있었다.

그곳에서부터 걸어서 1시간 반 걸려 라샤라프 고원에 갔다. 키보다 높은 잡초가 무성한 고원으로, 서쪽과 남쪽으로 바다가 보인다. 이곳에는 큰 장방형의 지석묘가 여러 기 잔존하며, 그 안에 두 개의 무덤이 연결된 것이 있다. 하나는 9.3×6.2×1.2m, 또 하나는 9.3×6.8×1.5m이다. 사용된 돌은 현무암이지만 낭 마토르와 같은 석주가 아니라 부정형으로 만든 석괴를 겹쳐 쌓은 것이다. 이러한 석괴로 토대를 만들고, 그 위에 석판을 깔아 네 모퉁이에 기둥을 세워 잎으로 지붕을 인 가옥이 이 지방 여기저기서 발견된다.

라샤라프 동쪽에 있는 사라프우크에는 현무암 덩어리를 쌓아 만든 거대한 무덤으로 여겨지는 구축물이 각처에 남아 있었다.

●●● 쿠사이에 섬의 레레 유적

포나페 섬에서 동쪽으로 600km 떨어진 카로리네 제도 동단에 쿠사이에 섬이 있다. 이 섬 동쪽의 작은 섬 레레에 낭 마토르와 아주 비슷한 석조 구축물 유적이 있다. 크고 작은 현무암 기둥이나 자연 석괴를 정교하게 쌓아 올린 방형 내지 장방형의 성벽군이다. 그 중심은 킨제르 페라트로 장변 약 58m, 단변 33m, 높이 2.4~4.5m, 네 모서리가 6~9m로 높고, 4개의 출입구가 있다. 이 유적지는 19세기 초까지 사람들이 살고 있었지만 현재는 야자, 빵나무 등이 돌담 사이에 뿌리를 내려서 완전히 파괴되어 있다.

레레 유적의 5각형 혹은 6각형의 현무암 기둥은 쿠사이에 섬에서 채석되어 레레 섬으로 옮겨진 것인데, 이것들은 우물 정 자형으로 가로와 세로를 일면씩 교대로 쌓아 올린 것으로 그 안에 산호석이 채워져 있다. 현무암 기둥의 평균 길이는 2.5m이다. 위벽이 있는 각 구획에는 종횡으로 만들어진 수로가 바다로 연결되어 있다.

레레 유적은 낭 마토르 유적과 많은 공통점을 가지고 있다. 우선 성벽의 플랜이 모두 방형 내지 장방형으로, 원형이나 타원형의 성벽이 없다. 천연의 현무암 기둥을 이용해 교대로 쌓은 구조이다. 단지 레레에서는 큰 자연 석괴도 많이 사용되고 있는데, 특히 벽 하부의 기초 구조에 많다. 바다에 접하고 있고, 수로에 의해 각 구획이 연결되어 있다. 그러나 낭 마토르가 수로에 구축된 인공섬인데 비해 레레는 낮은 육지에 세워져 있다. 또한 전승에 의하면 레레 유적에는 대수장이 살고 있었다고 하는데, 낭 마토르와 마찬가지로 샤우테레울 왕조와 관련된 것으로 보인다.

이러한 사실로 보아 두 유적이 동질적이고, 그 기능도 같은 것으로 생각된다. 그러나 그것이 건설자나 건설 연대가 같다는 것은 아니다. 단지 두 유적이 문화적으로 공통점을 갖고 있으며, 매우 비슷한 사회적·정치적 조직을 기반으로 하는 것으로 추측된다. 낭 마토르가 쿠사이에 섬에서 온 이쇼케레켈의 공격을 받았다고 하는 앞서 언급한 전승도 이것을 암시하고 있다.

●●● 마리아나의 랏테

미크로네시아의 섬들 중에서 일본과 가장 가까운 마리아나 제도에 랏테라 불리는 거석 유물이 많이 있다. 이것은 방추형 석주와 반구형의 상석으로 이루어져 있다. 일반적으로 2열로 대칭을 이루어 현재는 상석이 놓여 있는 경우가 많다, 2~3m 간격으로 4~8조가 나열되어 있다. 높이는 2m 전후인 것이 많지만 티니안 섬의 테가 유적은 높이가 5.7m에 이르는 것도 있다. 재료는 산호 석회암이 대부분이지만 사이판 섬에는 안산암제인 것도 있다.

이런 종류의 랏테는 남쪽은 괌에서부터 로타, 티니안, 사이판, 북쪽은 파간, 아슨시온, 마우구, 차모로 섬들에 잔존하며 해안선이나 하천에 평행하고, 드물게 해안선에 직각을 이루어 정연하게 줄지어 서 있다. 유명한 유적은 티니안의 타가, 사이판의 아긴간, 괌의 투만 등이다.

그럼 랏테란 무엇인가? 가옥의 초석, 제사장, 매장의 기념비 등 여러 가설이 있다. 고상가옥의 초석설이 매우 유력한데 그 이유는 반구형의 상석 표면이 평평하고, 그 위에 마루를 깔았다고 생각되는 점, 그 주변에서 일용품이 많이 출토되는 점, 상석이 쥐가 올라올 수 없게 하는 역할을 한다는 점 등을 들 수 있다. 대형 랏테는 신분이 높은 대수장 집의 초석이었을지도 모른다. 그러나 높이 5m 이상의 랏테를 마루 밑의 초석기둥이라고 생각하기는 어렵다. 따라서 랏테가 가옥의 기둥이라고 해도 상석 위에 마루를 깐 것은 아니고, 상석에서 지붕을 내려서 돌기둥 사이의 마루 위에서 살았다고 생각할 수도 있다. 그러나 그 경우 상석은 소용없게 된다.

종교적 의미를 갖는 제사장설은 돌기둥이 지표 밑 20~30cm의 깊이밖에 매장되어 있지 않고, 그 위에 상

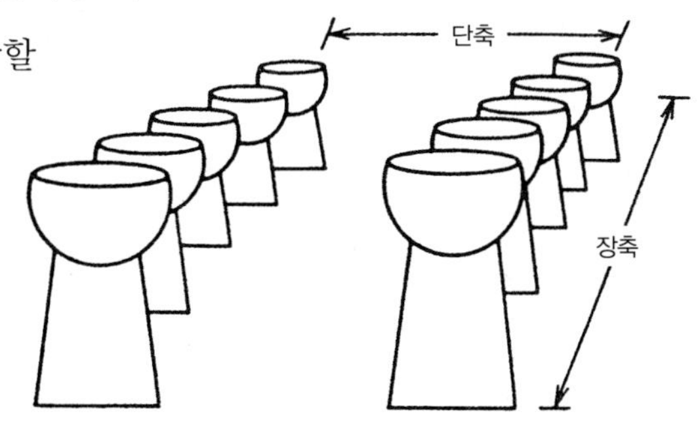

| 랏테의 배열 |

석을 올려 집을 구축하기 어렵다는 점, 가옥의 초석으로서는 비정상적으로 너무 크다는 점, 랏테 안에서 탄화물이나 인골이 출토되는 점 등을 거론한다. 이러한 많은 매장 사례를 중요시할 경우 사자의 기념비설이 성립된다.

이러한 랏테 제작 공정은 로타 섬의 공항 근처에 남아 있는 채석장에서 볼 수 있다. 완성해서 옮겨 나오기 직전의 원형 돌기둥이나 암반에 원형 기둥으로 절삭된 채 작업이 중지된 상태의 것이 수십 개 있는데, 큰 것은 길이가 약 5m나 된다.

랏테의 제작 연대에 대해서는 부근에서 출토된 유물에 대한 방사성 탄소 측정 데이터가 있다. 가장 오래된 연대는 티니안 섬의 블루Blue 제1 유적의 845년 이며, 괌 섬의 다섯 곳의 유적 중 가장 오래된 데이터는 880년이다. 또 로타 섬의 유적에서는 1335년과 1780년이라는 연대가 얻어졌다. 이러한 사실로부터 랏테 가 만들어진 것은 적어도 9세기 중엽에 시작되어, 유럽인과 접촉한 초기까지 계 속되었다고 생각할 수 있다. 랏테 주변에서 출토되는 유물에는 무문 토기, 낚싯 바늘, 송곳 모양의 타제석기, 투탄석, 창 끝, 돌도끼 등이 있다.

●·· 카바

태평양 전역에서 널리 마시고 있는 카바라는 환각성 음료가 있다. 지역에 따라 아바, 아와, 가와라고 불리며, 포나페에서는 샤카오라고 한다. 이것은 후추 과의 작은 나무의 뿌리로 만든다.

포나페 섬의 코로니아에서 하룻밤 카바를 마실 수 있는 술집에 갔다. 함석 지붕의 벽이 없는 토방에 목제 테이블과 긴 의자를 늘어놓았을 뿐 살풍경하기 그지없는 가게에 남녀 손님이 30명 정도 있었다. 전구에 붉은 플라스틱 물통이 씌워져 있어 이국적 분위기를 자아내고 있었다.

샤카오는 칡 뿌리를 짠 것 같은 갈색의 물 같은 것으로 큰 우유 통에 담겨 있었다. 이것을 코코야자 껍질로 만든 잔에 마셨다. 처음에는 그 지저분함 때문에 마음이 내키지 않았지만 한입 마셔보니 향기와 함께 가벼운 자극이 느껴졌고, 마실수록 혀끝이 약간 저렸다. 후추과에 속하는 아미드 화합물의 피페린의 작용에 의한 것이다. 한 잔 더 마시면 술을 마셨을 때와 같은 몽롱한 기분이 된다. 그러나 알코올 성분은 전혀 포함되어 있지 않았다. 나는 5잔 정도 마셨다. 내 옆에는 소곤소곤 혼잣말을 하고 있는 사람, 우울한 표정으로 벽에 기대어 있는 사람도 있었다. 그리고 가게 밖으로 나오니 샤카오에 취해서 갈지자걸음으로 걷고 있는 사람을 만났다.

그 다음날 지사에게 인사하러 관사에 갔더니, 어젯밤 샤카오 술집에서 동석한 사람이 있었다. 지사의 비서였다. 이와 같이 샤카오 바에 드나드는 사람은 꽤 신분이 높고 경제적으로 풍족한 중년층이 대부분이다.

포나페와 피지에서 샤카오카바 만드는 곳을 견학했다. 피지에서는 밭에서 파낸 카바의 뿌리를 건조시키고 나서 평평한 돌 위에 올려놓고 돌로 찧어 부순다. 그러나 포나페에서는 뿌리를 건조시키지 않고, 땅 속에 보관해 두었다가 필요할 때 꺼내서 트로로아오이의 생뿌리와 함께 평평한 돌 위에서 부순다. 트로로아오이의 뿌리 역할은 건조를 막아 국물에 끈기를 주어 입맛을 매끄럽게 하는 데 있다. 평평한 돌 위에 놓고 주먹만한 큰 돌로 샤카오의 뿌리를 찧을 때 나는 소리는 리드미컬하고 멀리서도 들린다.

이와 같이 분쇄해 뿌리가 너덜너덜 해지면 나무 그릇에 옮겨 물을 넣고 비빈 다음, 하이비스커스 섬유로 싸서 액을 짜기 시작한다. 이 작업을 몇 차례 반

복한다.

카바는 원래 전통적인 의례에 사용
되었다. 사모아에서 카바 의례에 초대
된 적이 있었다. 사모아에서는 아바라
고 부른다. 기둥만 있고 벽이 없는 원형
의 집 마루에 판다나스의 잎으로 만든
매트가 깔려 있었고 촌장과 빈객이 각
각 마주 보는 기둥을 등 뒤로 해서 앉는
다. 그 양쪽으로 마을 사람들이 앉는데,
좌석에는 엄격한 위치 내지 서열이 있
다. 집안 한가운데에 아바를 넣은 나무
주발, 물을 넣은 물통, 코코야자 껍질로
만든 잔이 놓여지고 아바를 만드는 사

| 카바를 만드는 남자 |

람들이 앉는다.

직경 60cm 정도의 나무 주발 안에 분쇄한 아바와 물을 넣은 뒤 코코야자 열
매의 섬유로 만든 다발로 불순물이나 앙금을 없앤다. 이 나무 주발로 주인역의
사람이 아바를 잔에 건져 올린 다음, 오른손보다 왼손을 조금 뒤로 해서 허리를
약간 구부리고 우아하게 잔을 건넨다. 잔을 건네는 방법은 상대의 지위에 따라
다소 다르다. 먼저 촌장에게 그 다음에는 주객의 순서로 나눠준다. 잔을 받으면
몇 방울 떨어뜨리고 나서 단번에 마시며 "귀 마누이아매우 좋습니다"라고 한다. 가
끔은 잔을 칭찬하기도 한다. 오랫동안 사용되어 검은 윤기가 도는 잔이나 장식
으로 술잔 표면에 선각을 한 것이 있기 때문이다. 잔이 출석자를 한 번 돌고 나
면 의식은 끝난다.

이와 같이 아바는 마시는 방법이나 차례 등에서 일본의 다도와 비슷한 점이 있다. 이 의례에 초대해준 사람은 일본에 가본 적이 있으므로 일본의 다도를 잘 알고 있었고, 아바 의례와 다도는 같은 유형에 속하는 것임을 강조했다.

피지의 바누아 레브 섬에 다크니바의 암각화를 조사하러 갔을 때 안내인이 카바의 뿌리를 촌장에게 주라고 했다. 촌장의 집 앞에서는 우리 일행을 입촌시키기 위한 의식이 행해졌는데 안내인은 지면을 보면서 긴 인사말을 외치고, 가끔 박수를 치며, 마지막에 카바의 뿌리를 내주었다. 이와 같이 카바는 각종 의례에서 중요한 역할을 담당하며, 마을의 근처에는 반드시 카바 나무가 재배되고 있다.

카바는 원래 전통적인 의례나 행사 시에 이용되는 음료이며, 장소에 따라서는 처녀가 카바의 뿌리를 씹어서 토해낸 것을 사용하기도 한다. 사모아에서는 성스러운 처녀가 카바 뿌리를 씹다가 나무 주발에 토해내 물을 더 넣어 섞는다. 캡틴 쿡C. Cook의 항해기에 통가 제도의 카바 의식에 관한 기록이 나오는데, 거기에서도 처녀가 뿌리를 씹어 카바를 만들었다고 씌어 있다. 그러나 최근에는 카바가 일상적인 음료로 여겨지는 경향이 있다. 포나페 섬의 샤카오 바가 그 일례로, 피지에서는 비닐 봉투에 담긴 카바의 분말이 시장에서 팔리고 있었다. 후자는 말하자면 인스턴트 음료로서의 카바이다.

멜라네시아

●● 포트 비라 점묘

태평양에는 약 1만 개 이상의 섬이 있지만 그러한 섬들은 어미에 '네시아'
가 붙는 미크로네시아, 멜라네시아, 폴리네시아의 세 지역으로 구분된다. 네시
아는 그리스어의 네소스nesos에서 유래하며 '많은 섬'이라는 의미이다. 멜라네
시아는 주민의 피부가 검은색인 데서 그리스어의 'melas' 검다와 'nesia'를 합성
한 것으로, 태평양 도서군 속에서 지리적 분포뿐만 아니라 피부 색에 의해서 구
분되는 유일한 지역이다. 멜라네시아인은 오스트라로이드흑인종와 혼혈한 황색
인종계에 속하는데 두 가지 신체적 특징이 있다. 즉, 뉴기니 내륙부에 사는 파푸
아계 주민은 암갈색의 피부, 곱슬머리, 매부리코이지만 뉴기니의 해안부에서 솔
로몬 제도, 뉴헤브리데스 제도, 피지 제도, 뉴칼레도니아 제도 등의 크고 작은
도서부에 사는 사람들은 검은색의 피부, 곱슬머리, 넓은 코가 특징이다.

나우루에서 출발하여 피지의 나디를 경유하여 바누아투의 포트 비라에 도
착했다. 에어 퍼시픽 항공기의 출발이 4시간 늦었는데 원인은 비행기 앞유리에

새가 부딪쳐 망가졌다는 것이다. 포트 비라에서는 가끔 격렬한 스콜폭우이 쏟아 진다.

바누아투는 화산재와 산호초로 생긴 크고 작은 80여 개의 섬들로 이루어져 있는데, 그중 하나인 에파테 섬에 수도인 포트 비라가 있다. 1606년에 포르투갈의 탐험가 데 케이로스F. de Quiroz에 의해 발견되었으며, 1774년에 영국의 쿡 J. Cook이 탐사해 스코틀랜드의 헤브리데스 제도를 기념하여 뉴헤브리데스 제도라고 명명했다. 1906년 이래 영국과 프랑스에 의한 공동 통치가 이루어졌는데 1980년에 바누아투 공화국으로 독립했다.

대통령인 소코마누 씨를 예방했다. 대통령 관저라고 해도 아담한 이층 건물로, 비서 등 몇 사람이 있을 뿐이다. 또 수상인 리니 신부도 만났다. 바누아투는 비동맹 노선을 취함과 동시에 핵실험, 원자력 함선의 기항, 핵폐기물의 해상 투기에 반대하는 반핵 정책을 취하고 있다.

포트 비라는 메라 블랙샌드 만에 접해 있고 마을의 중심에 상가가 있다. 공공 건축에는 남국 정서가 풍부한 주제의 벽화가 그려져 있다.

미술관에는 목제 가면이나 목제 인상이 많이 있다. 특히 주목받는 것은 암브림 섬의 세계 최대의 북이다. 이것들 중에는 높이가 몇 미터에 달하는 것도 있는데, 사람의 형태로 내부에 구멍

| 마레크라 섬의 목상 |

을 판 것이다. 커다란 둥근 눈과 콧방울이 부푼 코가 특징으로, 입은 표현하지 않은 것이 많다. 숭배의 대상이 아니라 위계 결사의 상징으로서 현지에서는 몇 개의 그룹으로 나누어져 지면에 세워져 있다. 외견상 한국의 목장승과도 유사하다. 또 나무 뿌리에 가까운 부분을 이용해서 만든 가면이나 인상은 마레크라 섬이나 뱅크스 제도에도 있다. 목제 인상 중에는 거대한 위계 상징상이 있는데, 이것들은 어떤 사람이 특정 지위에 취임한 것을 기념해 세운 것이라 여겨진다.

| 나무 북(일부) |

●●● 톤고아 섬의 거석 기념물

전세기를 타고 톤고아 섬으로 갔다. 만가리스 마을의 거석 기념물을 조사하기 위해서였다. 안내인은 바누아투 미술관의 학예관으로 이 섬 출신의 로이 씨이다. 비행장에서부터 험한 길을 더듬어 만가리스 마을에 도착했지만 유적을 발견할 수 없었다. 이 유적은 일찍이 프랑스 학자들에 의해 조사되어 상세하게 보고되어 있어 유적의 사진을 마을 사람에게 보여줘 안내 받았지만 어떤 것은 새로운 무덤이거나 어떤 것은 돌담이었거나 좀처럼 발견할 수 없었다. 부득이 마을로 돌아가서 촌장에게 물었더니, 다른 숲을 가리키며 한 곳을 지목했다. 수십명의 남자들이 촌장의 명령으로 잡목을 잘라내자, 멘히르, 타원석, 환상열석 등

| 거석 유적의 잡목을 베는 사람들 |

이 나타났다. 어느 환상열석에는 수장의 즉위를 기념하기 위한 돌이 있고, 표면에 원형 구멍이 뚫린 것도 있었다. 파레아라고 불리는 남자들만의 옛 집회장 유적도 있었다. 이곳은 집회장에 나란히 세워져 있는 낮고 긴 돌 주위를 위가 평평한 10개 정도의 돌이 활 모양으로 둘러싸여 있는데, 이러한 돌 의자는 나트코로라고 불린다. 또 토지 소유에 관련된 제단 및 돌멘이 축조되었다.

만가리스 마을의 유적에서 수십 미터 떨어진 곳에 한 무리의 거석 구축물이 있었다. 약 12m²의 면적에 수직으로 세워진 38개의 돌과 옆으로 세워진 수십 개의 돌멘이 각각 그룹을 이루어 산재해 있다. 입석의 높이는 최대 135cm, 최소 18cm이며, 그 폭은 중앙부에서 최대 75cm, 최소 12cm이다. 돌의 형상은 홀쭉한 것, 원추형의 것 등 다양하다. 입석의 상당수는 무덤돌멘과 관련되어 있으며, 수

평으로 매장한 유해의 머리 근처에 3개 내지 5개가 세워져 있다. 또 이 유적지에는 토지 소유와 관련된 제단과 돌멘이나 수장의 취임을 기념하는 환상열석도 있다.

만가리스 마을에서 해안으로 나오니, 절벽 위의 야자 숲에 한 변이 약 4m인 정방형의 돌로 쌓아 만든 울타리 속에 산호 돌을 깔고, 거기에 약 1m가량 되는 평평한 돌 2개와 타원석 13개를 늘어놓은 거석 유적이 있었다. 그리 오래된 시대의 구축물은 아니지만 어떠한 용도의 것인지는 알 수 없었다. 나는 만가리스 마을의 사람들의 안내로 갔지만 이 유적은 이웃 마을의 것이기 때문에 마을 사람으로부터 무단으로 조사하는 것에 항의를 받아서 결국은 조사를 포기할 수밖에 없었다.

톤고아 섬의 고고학적 조사는 에우타, 무웨리우, 이타코마, 파니타의 각 마을에서도 행해졌지만 거석의 구축물은 없고, 토기나 조개로 만든 장신구나 석기 등의 출토품이 대부분이었다. 토기의 방사성 탄소 검사에 의해 에우타 유적에서는 기원전 510년부터 기원후 1025년까지의 데이터가 얻어졌다.

바누아투에서는 톤고아 섬 이외에도 많은 거석 기념물이 잔존해 있다. 사진은 마레크라 섬 중부의 동해안에 있는 리마 마을의 입석으로 높이는 약 4m이다. 마레크라 섬의 북단

| 운우아의 멘히르 |

에 가까운 밴 섬에는 제사 광장에 거석 구축물돌멘이 있는데, 이것들은 제연의 관람석, 가축 공희장과 기념비, 무덤 등이다.

또 바누아투는 아니지만 솔로몬 제도에도 많은 거석 기념물이 있다. 과달카날 섬의 호니아라 가까이의 바바리시에는 높이 5m, 폭 2m의 구조물이 있고, 뉴조지아 섬의 쿠사게에도 멘히르군이나 암각화가 있다. 또 산타크루즈 섬의 거석 광장에 직경 약 2m의 원형으로 산호석을 에워싼 구축물이 있다.

●● 레레파 섬의 동굴 벽화

에파테 섬의 북서 해안 근처에 레레파라는 작은 섬이 있다. 퍼시픽 드림호라는 크루저를 빌려서 이 섬에 갔다. 포트 비라 항은 북쪽의 데빌 포인트악마의 지점와 남쪽의 판고 만으로 둘러싸인 조용한 항구로 많은 요트가 정박해 있으며, 대형 여객선도 왕래한다.

데빌 포인트를 지나 바다에 나오니 물결이 높아졌다. 시속 8노트의 속도로 약 2시간 반을 항해한 뒤 레레파 섬에 도착했다. 해안으로부터 높이 30m의 절벽 위에 있는 페레스 동굴이 보인다.

페레스는 '큰 동굴'이라는 뜻이다. 길이 42m, 폭 46m의 원형 동굴로 아치형의 천장은 높이가 약 40m이다. 동굴 입구는 최대 폭 24m, 높이 21m로 남쪽을 향해 있으며, 동굴 내부에까지 태양광선이 들어간다.

이 동굴은 예부터 알려져 있어 암벽의 각처에 연대나 이름 등의 낙서가 있다. 가장 오래된 것은 1874년이었다. 입구에 들어가면 왼편에 큰 암석이 있다. 이것은 암벽으로부터 박리해 낙하한 것으로, 거기에는 큰 원형의 움푹한 구멍이 파

| 페레스 동굴의 암채화(인물과 새) |

여 있다. 그리고 이 암석이 박리된 암벽에는 검은색 인물과 동물 등의 여러 형상
이 그려져 있다. 따라서 이러한 암채화는 낙반 후에 그려진 것임을 알 수 있다.

페레스 동굴에는 수백 점에 이르는 암채화와 암각화가 있지만 양자가 겹쳐
진 경우 항상 암채화는 암각화의 상층에 그려져 있다. 그리고 그 암채화에는 적
색과 검은색에 의한 두 종류의 형상이 있는데, 그중 적색이 오래된 것이다. 따라
서 이 동굴 벽화는 암각화, 적색 암채화, 검은색 암채화의 순서로 그려진 것임을
알 수 있다.

벽화의 주제는 다양하다. 인물, 물고기, 새, 도형, 작은 봉이나 점열, 성혈
등이 있다. 그리고 양식은 상당히 구상具象적인 것에서부터 현저하게 추상화된
것까지 여러 가지가 있고, 선묘와 평면 색칠 등의 기법이 병존하고 있다. 인물상

| 페레스 동굴의 각점의 열 |

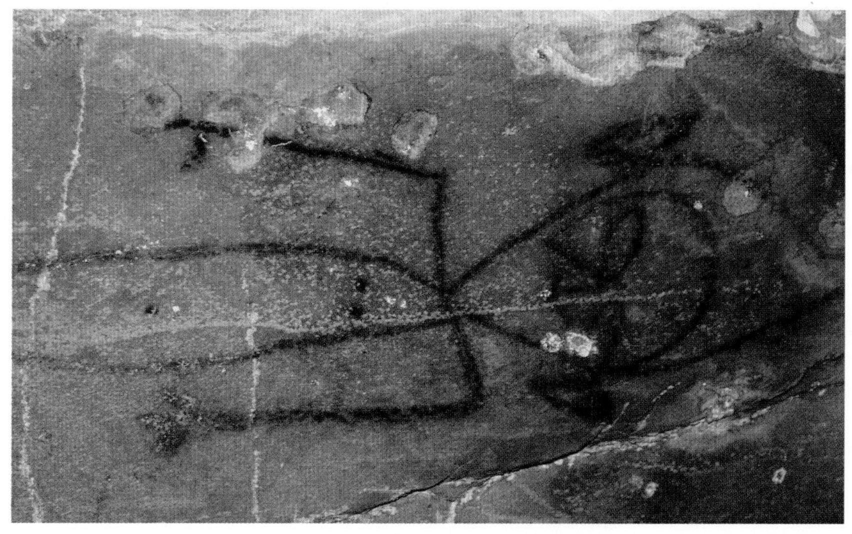

| 페레스 동굴의 선묘 인물 |

의 상당수는 손에 봉을 들고 있거나 머리에 날개깃 같은 것을 장식하고 있는데, 모두 정면을 보고 있다. 크기도 가지각색으로 최대의 선묘 인물은 높이 약 1m, 작은 인물과 물고기는 20cm 이하이다. 또 반점은 직경이 1~3cm, 짧은 봉은 5~20cm이다. 물고기 묘사가 많은 것은 이 동굴의 주변 환경을 말해준다. 두 마리의 새는 같은 형식으로, 아마 야생 닭일 것이다. 또 남근을 나타낸 인물이 약간 있는데 여기에는 종교적 의미가 있을지도 모른다.

그러나 페레스 동굴 벽화의 가장 큰 특색은 둥근 점이나 성혈의 열이 매우 많다는 것, 게다가 그 열이 몇 미터나 계속 되거나 두 줄 내지 몇 개의 줄이 평행하게 나타난다는 점이다. 대부분의 것은 새겨져 있지만 검은색으로 그려진 것도 있다. 프랑스나 스페인의 후기 구석기시대의 동굴 벽화에도 이런 종류의 반점이 나타나는데 그 의미는 아직 분명하지 않다. 단지 이것들이 원형의 성혈과 같은 범주에 속하고, 어떠한 종교적인 의미를 갖는 것 같다고 많은 학자들에 의해 인정되고 있다. 그럼 성혈은 어떠한 의미를 갖는 것인가?

낙반한 암괴 표면에도 크고 작은 수십 개의 성혈이 2열부분적으로 3열로 정연하게 파여 있다. 이런 종류의 원형의 움푹한 구멍성혈을 포함한다은 중기 구석기시대의 무스티에기부터 역사시대까지 세계 각지에서 나타나지만 상징적인 의미를 갖고 확산된 것은 신석기시대 및 청동기시대이다. 서유럽, 서아시아, 인도, 인도네시아, 이스터 섬을 포함한 오세아니아 등에 널리 분포해 거석문화와 밀접하게 관계한다. 이러한 컵 마크가 밀집해 있는 경우는 제사 의식이 중심이었던 곳이 많다. 별이 그려져 있는 천체의 이미지인 천문도, 특별한 의미를 가지는 성수를 넣기 위한 용기 등 여러 가지 사례가 있다. 그러나 움푹한 원형의 구멍이 무스티에시대부터 거석문화기까지 항상 일정한 의미를 가진다고는 할 수 없기 때문에 페레스 동굴의 경우도 특별히 검토할 필요가 있다.

페레스 동굴은 가란제J. Garanger에 의해서 발굴조사가 행해졌다. 동굴 내의 두 곳에서 깊이 1.6m까지 발굴했는데 석기나 뼈 등은 발견되지 않았고, 목탄을 포함하는 층이 매우 얇아서 1cm 미만밖에 안 되었으며, 풍화한 응회암이나 천장에서 떨어진 암반의 단편 등이 퇴적되어 있었다. 이는 이 동굴이 주거 용도로 이용된 적이 없는 것을 나타내고 있다. 무엇보다 낙반의 위험성이 컸기 때문이다. 따라서 페레스 동굴은 종교 의례 때에만 사용된 것이 분명하다. 원형의 움푹한 부분도 그러한 의례와 관련해 만들어졌다고 생각된다. 그리고 인물, 동물, 기하학적 도형, 반점도 같은 이유로 그려졌을 것이다. 또한 가란제가 발굴에 의해 얻은 목탄에 방사능 측정을 했는데 910오차 85년이라는 데이터를 얻을 수 있었다.

레레파 섬에는 페레스 동굴과는 반대쪽인 북동 해안에 마르크아 동굴이 있다. 이 동굴에도 암벽화가 그려져 있다. 입구로 12m 정도 들어가 우측에 다섯 개의 추상적인 형상이 검은색으로 그려져 있는데, 그중의 하나는 동물처럼 보인다. 입구에서 52m 안쪽의 좌측 벽에 여섯 개의 손자국 그림이 보인다. 모두 손바닥을 암벽에 꽉 눌러 위로부터 그림물감을 내뿜은 음형으로 앞의 세 개는 검은색, 안쪽의 세 개는 적색이다. 그중의 하나는 네 손가락이 절단되어 있다.

이런 종류의 손자국 그림은 후기 구석기시대부터 현대까지 세계 각지에서 발견되었는데 오세아니아의 오스트레일리아나 파푸아뉴기니 등에 많이 잔존해 있다. 이러한 손자국 그림 중에는 마르크아 동굴 벽화 같이 손가락이 하나 혹은 둘 이상 절단된 것이 있는데, 이는 주술적인 의미를 가진다고 생각할 수 있다. 오스트레일리아 원주민의 손가락을 절단하는 행위는 재앙이나 죽은 자의 원한 제거, 입사식의 맹세 등 일종의 악을 쫓아버리기 위한 희생을 의미한다. 또 오른손과 왼손의 차이에 특수한 의미를 인정하는 학자가 있다. 바우만H. Bauman에 의하면 오른손은 남성적인 것을 나타내며, 왼손은 여성적인 것을 나타낸다고 한다. 그러나 바우만설은 신석기시대의 농경사회 및 이집트 등 고대사회의 사례에 근거하고 있으므로 이 가설을 마르크아 동굴에 적용할 수 있을지는 알 수 없다.

●● 라피타식 토기와 카누

피지의 수도 스바에서 전부터 알고 지내던 남태평양대학 태평양연구소장 라브브 씨를 방문했다. 남태평양대학은 다국적 대학으로 피지, 통가, 서사모아, 솔로몬 제도, 키리바시, 투바르, 쿡 제도, 바누아투, 니웨, 트케라우, 나우루 등의 여러 나라또는 지역가 대학을 운영한다. 그 본부가 스바에 있다. 참고로 이 대학은 설립한 여러 나라의 분담금만으로는 운영이 어려워 오스트레일리아, 뉴질랜드, 미국 등 관계된 나라 외에 캐나다와 독일로부터도 고액의 원조를 받고 있다. 일본으로부터도 5개년 계획으로 원조가 행해질 계획이었지만 예고 없이 일 년 만에 중단되었다고 한다.

스바의 피지 박물관에서 라피타식으로 이름 붙여진 토기를 조사했다. 나트누크바 유적에서 발굴된 것으로 기원전 1290년의 것이다. 라피타식이라는 것은 뉴칼레도니아의 라피타 유적을 기념하여 붙여진 명칭이지만, 이런 종류의 토기는 멜라네시아를 중심으로 서폴리네시아까지 널리 분포하고 있다. 즉, 서쪽으로는 뉴칼레도니아의 뉴브리타인 섬 북동 기슭의 와톰 섬으로부터 바누아투, 피지, 뉴칼레도니아까지, 동쪽으로는 통가와 사모아에서도 발굴되고 있다. 문양은 지역에 따라서 다르지만 조개껍질이나 봉 등을 이용해 새겨진 자돌문 외에 직선과 곡선의 융기선이나 심선, 구연부의 가장자리를 일주하는 융기선 등을 특색으로 한다. 그러나 유문 토기는 30% 이하이고, 무문 토기가 대부분을 차지한다. 비

| 나트누크바에서 출토된 라피타식 토기 |

교적 두껍고 모래나 조개껍질가루가 섞여 있으며, 소성 온도도 낮기 때문에 깨지기 쉽다. 연대의 폭은 기원전 3천 년부터 기원 전후이다.

라피타식 토기가 출토된 것은 해안 가까이의 유적이다. 또 이 토기와 함께 북부 뉴브리타인 원산의 흑요석이 뉴칼레도니아에 이르는 넓은 지역에서 발견된다. 이러한 사실은 오스트로네시아어를 말하는 해양 민족이 광대한 해역을 항해해 교역한 것을 나타내고, 유사한 토기가 필리핀이나 대만에서 발견되기 때문에 라피타식 토기의 기원은 이 근처에 있을지도 모른다.

피지 박물관에는 시대는 오래되지 않았지만 이러한 해양 민족의 활동을 나타내는 더블 카누가 전시되어 있다. 배의 선체는 13.43m, 아우트리가 12.18m, 마스트 7.92m, 갑판은 5.5×3.31m이다. 그러나 이 카누는 조타용인 노의 형태로 보아 원양 항해용으로서는 작은 편이다. 19세기에 나무판자로 짠 더블 카누의 선체의 길이를 정확하게 알 수 있는 것으로는 다음의 것이 있다. 르사이바누아

| 피지 박물관의 더블 카누 |

호 35.95m, 시라톨호 32.92m, 드로니베레호 32m, 로바키트가호 30.25m, 라마라마호 30.19m 등이다. 이런 종류의 더블 카누는 1700년대의 유럽인이 그린 판화에도 빈번하게 나타나 100명 이상의 사람이 타고 시속 5~7노트로 항해했다고 한다.

●● 다크니바의 암각화

스바에서 20인승 에어 퍼시픽 항공기로 바누아레브 섬의 람바사로 갔다. 소요 시간은 50분. 바누아레브 섬은 스바가 있는 비티레브 섬 다음가는 큰 섬으로, 람바사에서 반대편 해안의 사부사부까지 가려면 해발 1,000m의 산맥을 넘지 않으면 안 되어 휴식 없이 3시간을 걷는 강행군을 했다. 람바사 근교에는 넓은 사탕수수 밭이 있고, 주민은 인도계로 이슬람교 사원이 많다. 사부사부는 섬의 행정과 경제의 중심지로, 온천도 있어 관광지로 활기가 넘친다. 저녁 식사 후에 해안을 산책했는데 하늘에 무수한 별이 일제히 빛나기 시작했다. 공기가 맑아 그야말로 손을 뻗치면 별이 닿을 것 같다. 멀리 남십자성이 선명하게 보인다.

오스트레일리아에는 남반구를 위로 한 지도가 있다. 그 지도를 보고 있으면 북쪽과 남쪽이 뒤바뀌어 있을 뿐인데 오스트레일리아나 남아메리카, 남부 아프리카가 중심인 것처럼 보이기 때문에 이상하다. 중세 이슬람의 세계 지도에서도 남쪽이 위에 있다. 이슬람 지도가 왜 남쪽을 위로 놓았을까에 대해서는 여러 가지 논의가 있다. 단, 이슬람교도가 활약한 무대는 인도양인데 남십자성을 지침으로 항해했다는 지적은 잘못된 것으로, 이슬람의 나침판은 북극성이 중심이다.

사부사부에서 동쪽으로 향하는 해안도로는 이른바 하이비스커스 하이웨이이다. 이 길은 코브라의 서식지가 많아서 새롭게 건설된 도로이다. 어두울 때 사부사부를 출발했는데 도중에 아침 해가 떠올라 바다에 비친 경관은 아름다웠다.

다크니바 마을은 하이비스커스 하이웨이에서 3km 정도 들어간 해안에 있다. 마을에 도착하기까지의 여정은 대단한 험로이지만 마을 자체는 잔디 위에 집들이 점재해 있어 그림처럼 아름답다.

마을에 들어가기 위한 카바 의례를 치른 뒤, 마을 바로 북쪽에 있는 암각화를 조사했다. 암각화 유적은 두 개의 그룹으로 나누어져 위치한다. 제1 그룹은 해발 170m의 경사면에 있고, 산재하는 평평한 수십 개의 돌 위에 새겨져 있다. 선각석의 크기는 다양하지만 큰 것은 길이 4.4m, 폭 2.4m나 되는 것도 있다. 모두 직선을 주로 하는 기하학적 도형으로 각선의 깊이는 5mm에서 5cm까지 다양하고, 각선의 폭은 최대 7.5cm이다. 또, 형상의 크기는 길이 2m, 폭 1.1m가 최대

| 다크니바의 암각화 |

이다. 이것들은 금속제의 도구로 만들어진 것이 아니라 석기로 조각된 것이 분명하다.

이러한 암각화는 지금 놓인 상태에서 새겨진 것이 대부분이다. 왜냐하면 몇 개의 돌을 뒤집어서 조사했지만 뒷면에는 전혀 암각화가 새겨져 있지 않았기 때문이다. 그러나 비교적 작은 돌 안에는 측면에 형상이 새겨져 있는 경우가 있어, 다소 이동된 것도 있는 것 같다.

이 유적으로부터 약 100m 올라간 강바닥에 같은 기하학적인 도형이 새겨진 둥근 돌이 있다. 이 돌은 길이 3.3m, 폭 2m, 높이 1.6m로 상부 대부분은 직선과 곡선으로 비교적 작은 기하학적 도형이 새겨져 있다. 이러한 도형은 완만하게 경사진 둥근 돌의 표면에 밀집해 새겨져 있는데, 제1 그룹 암각화와 비교하면 공간에 충실감이 있다.

| 다크니바의 암각화 |

그림 문자를 닮은 이러한 도형은 무엇을 나타내는 것일까? 피지 박물관에서 고고학자와 논의했을 때 제1군의 암각화에 대해 어떤 사람은 붕괴된 토리리톤의 일부가 아닐까라고 말했다. 토리리톤이라는 것은 2개의 돌을 세우고 그 위에 옆으로 한 개의 돌을 얹은 문짝 형의 구축물을 가리킨다. 따라서 그의 가설에 의하면 신성한 산으로 향하는 길에 신전 앞의 기둥 문과 같이 서 있었다고 한다. 그러나 앞서 말한 것처럼 이러한 선각이 그려진 암각화는 이동되거나 무너진 흔적이 없기 때문에 이러한 가설은 맞지 않는다. 또 어떤 사람은 '마시'가 아닐까라고 한다. 마시라는 것은 타파나무껍질 옷감를 염색할 때 사용하는 큰 도장 같은 것이다. 그러나 타파용의 마시는 목판을 사용하는 것이 훨씬 편리하고, 게다가 이러한 선각석을 마시로 이용하려면 일부러 타파를 먼 산으로 가져가지 않으면 안 된다.

다크니바의 선각화는 종교적 의미를 가진다고 생각한다. 피지 서쪽 끝, 야사와 제도의 야사와 섬에 매우 잘 알려져 있는 암각화가 있다. 그것은 사와이라우 동굴 안의 독립한 둥근 돌의 상부에 새겨져 있으며 돌의 윗부분은 물에 잠겨 있다. 이러한 상황은 다크니바 강 안의 둥근 돌의 선각화와 같고, 선각 도안 모양 자체도 아주 비슷하다. 사와이라우의 경우 선각화가 그려진 돌의 정수리 부분에 몇 개의 평평한 원형 구멍이 있고, 거기에 오르기 위한 사다리 역할을 하는 것으로 보이는 다섯 개의 구멍이 돌의 측면에 뚫려 있다. 이 정수리 부분의 움푹한 구멍은 레레파 섬의 동굴 벽화에서 고찰한 것처럼 종교적 의미를 가진다. 이러한 성혈과 선각화가 연관되어 나타나고 있는 것은 분명히 이러한 돌이 어떠한 종교적 의미를 가진다는 것을 입증한다.

둥근 돌의 표면에 암각화가 그려진 예는 다크니바의 전방에 있는 타베우니 섬 쿠카브로 근처의 나키라이 유적에서도 발견된다. 또 비티 레브 섬 중앙부의 시가트카 계곡 상류에 있는 타트바 동굴에는 비누아트의 레레파 섬의 페레스 동굴처럼 연속하는 점이 1열, 3열, 4열에 새겨져 있고, 게다가 거기에는 손자국 그림도 있다. 비티 레브 섬 동해안의 브이나디 산의 경사면에 있는 둥근 돌에도 똑같이 연속하는 점열이 새겨져 있다. 또한 브이나디 유적에는 동심원의 암각화가 그려져 있다. 동심원 내지 소용돌이 형태는 여성의 유방을 나타내며, 다산의 상징으로 여겨지는 것은 고대 오리엔트에 현저하게 나타나는데, 브이나디의 동심원에 대해서도 같은 의미로 해석할 수 있을지 모른다. 그렇게 생각하는 근거는 동심원 가까이에 여자 생식기가 새겨져 있기 때문이다. 또한 이런 종류의 동심원은 멜라네시아 전역에 분포하고, 예를 들어 뉴칼레도니아의 누메아 근교의 에리즈 유적에 집중적으로 새겨져 있다.

바투 레레 섬의 암채화

비티 레브 섬의 나디와 스바의 중간쯤에 코로레브가 있다. 맨 플라이데이 리조트 호텔에서 약 30km 떨어진 앞바다의 바투 레레 섬에 갈 준비를 했다. 이 섬 북서단의 베타우에 암채화 유적이 있기 때문이다. 이 섬의 암채화는 피지 미술관의 문헌을 통해서 알게 되었다. 또, 비티 레브 섬에 가까운 야누카 섬에는 동심원 등의 암각화가 있다. 그곳의 암각화를 조사하기 위해 코로레브에 온 것이다.

그런데 때마침 불어닥친 폭풍우로 모터보트를 탈 수 없었다. 약한 폭풍우라면 무리를 해서라도 가겠지만 도저히 갈 수 없는 상황이었다. 게다가 서사모아에 갈 계획이었으므로 일정을 연기하는 것도 불가능했다. 그래서 부득이 단념했다.

내가 바투 레레 행에 집착한 것은 다름이 아니라 이 섬의 암각화가 피지의 유일한 암채화인 것 외에도 주제가 매우 흥미롭고, 폴리네시아와 연관성이 있기 때문이다.

바투 레레 암벽의 암채화는 벽돌색으로 그려져 있는데, 석회분을 포함한 피막이 암채화의 상층을 덮고 있다고 한다. 이것은 암각화의 오랜 역사를 나타낸다. 주제는 인물의 얼굴, 식물의 잎, 새, 배, 수형손자국, 도형 등이다. 두 개의 얼굴은 추상적으로 이른바 하트형에 가까우며, 이스터 섬의 얇은 부조인 마케마케 신神의 얼굴을 닮았다. 이 스타일은 파푸아뉴기니의 목제 가면에서도 많이 볼 수 있기 때문에 그것과 관련이 있을지도 모른다. 단지 바투 레레 암채화의 경우 머리 위에 모발이 있는 점이 다르다.

3마리의 새 중 2마리는 비둘기이며, 한 마리는 야생 닭이다. 야생 닭은 바투

| 이스터 섬의 마케마케신 |

레레의 방언으로 마누헤그와
스로 불리는데, 이것은 '토착
새'라는 의미이다. 마누는 이
스터 섬의 탕아타 마누조인(鳥人)
가 그렇듯이 폴리네시아어와
비슷하며 매우 오래된 말이다.
마누라는 말은 멜라네시아의
일부에도 남아 있지만 피지어
로 새를 마이나라고 한다. 야
생 닭은 2000년보다 훨씬 전에
초기 이주자가 피지에 가져와
집에서 기르던 닭이 야생화한
것이다. 또한 새인지 도마뱀인
지 알 수 없는 형상이 있다. 그
것은 두 개의 꼬리 같은 것을
가지고 있는 동물로, 흰눈썹뜸

부기 혹은 이구아나를 나타낸다고 생각된다. 흰눈썹뜸부기는 바투 레레 섬의 토
종 새이다.

나뭇잎의 형상은 빵나무의 잎을 나타낸다. 빵나무는 바투 레레에서는 크루
로 불리지만 이 명칭도 폴리네시아어와 같다. 빵나무는 원산지인 뉴기니에서도
크루라고 불리지만 피지어로는 우트이다.

카누를 그린 암채화도 있다. 그것은 네모난 돛과 삼각돛과 큰 키를 가진 카
누로 교묘하게 묘사되어 있다. 또 극히 명료하게 나타난 음형의 손자국 그림이

있는데 여기서는 오른손이다. 그리고 굵은 윤곽선 속에 십자형을 그린 방패와 같은 도형이 있지만 무엇을 나타내는지 모른다.

이와 같이 바투 레레 섬의 암채화나 방언은 폴리네시아나 뉴기니 등과 관련이 있지만 나는 여기서 낙도 문화의 특징을 생각해본다. 큰 섬의 경우 오랜 세월 동안 여러 사람이 도래했으므로 오랜 전통문화가 지속되기 힘들지만 작은 낙도의 경우는 사람의 출입이 적기 때문에 옛 문화가 잔존하는 경우가 많을 것이다. 이것은 남태평양 섬들에 한정되지 않고, 아프리카나 인도의 두메산골에서도 볼 수 있는 현상으로 다른 지역의 사람이 쉽게 들어오지 못하는 부근 지역에서는 아직도 먼 옛날의 생활을 그대로 지속하고 있는 소수 부족이 있다. 나의 경험으로는 마을로부터 걸어서 편도 5시간 정도인 마을에는 다른 부족과의 교류는 꽤 있지만 그 두 배인 10시간 이상 걸리는 마을에는 거의 교류가 없다. 남태평양에서도 외부인의 방문이 빈번하지 않은 작은 낙도에는 옛 생활이나 문화가 남아 있을 확률이 높기 때문에 그곳을 조사함으로써 과거의 문화적 상황을 알 수 있을 것이다. 그리고 바투 레레 섬의 경우 암각화에 이스터 섬의 마케마케신과 유사한 얼굴이 그려져 있고, 피지어와는 다른 폴리네시아어계의 말이 남아 있는 것은 시사하는 바가 크다. 이것은 이스터 섬을 포함한 폴리네시아의 거석문화 계보에 관한 중요한 단서를 제공하는 것이다.

트로브리안드의 동굴 벽화와 거석 기념물

파푸아뉴기니에도 많은 암각화가 있다. 1968년에 호르즈워스D. K. Holdsworth 등에 의해 트로브리안드 제도의 키타바 섬에서 동굴 암채화가 발견되었다. 파푸아뉴기니 박물관의 보고서에서 이런 내용을 안 것이 나를 현지에 가도록 한 계기였다.

우선 나는 포토 모레스비에서 출발하여 트로브리안드 제도의 키리위나 섬으로 갔다. 이 섬은 20세기 초에 말리노프스키B. K. Malinowsky가 장기 체류하면서 조사를 해, 문화인류학의 확립에 큰 역할을 한 곳이다. 이때 그가 행한 참여관찰 ― 현지어를 사용하고 해당 사회생활에 직접 참가하면서 관찰 기록하는 것 ― 이라는 조사법은 현재에 이르기까지 문화인류학 현지조사의 대표적인 사례가 되고 있다. 이 키리위나 섬에서 80톤급 라버호를 전세내어 로스이아 항 동쪽의 낙도인 키타바로 향했다. 배는 우선 서쪽으로 나아가, 한층 더 북상해 키리위나 섬의 북부를 돈 후 다시 동쪽으로 방향을 바꾸었다. 솔로몬 바다는 풍랑이 심하여 험난한 항해였다. 약 6시간의 항해 뒤, 해안에 야자나무가 우거진 키타바 섬의 남서단에 도착했다. 내가 목표로 한 동굴은 섬의 북동단에 있었지만 남북 약 8km, 동서 약 5km인 달걀형의 이 섬 주위의 대부분은 높은 산호초가 있었기 때문에 큰 배는 쉽게 접안할 수 없었다.

이 동굴의 이름은 이나케브라고 한다. 이나케브라는 것은 '집'이라는 뜻으로 이 동굴에서 이 섬의 선조가 태어났다고 여겨지고 있다. 따라서 이 동굴은 성역으로 만약 이곳에 들어가면 죽든가 병이 든다고 믿고 있다. 거기서 나는 무엇보다도 동굴의 안내인을 찾아야 했다. 섬 북서부의 오카브르라 마을에서 진료소의 레파니 씨를 만나 안내를 부탁했다.

그런데 동굴의 입구가 좀처럼 발견되지 않았다. 깊은 정글의 여기저기를 찾아헤맨 끝에 겨우 높이 80cm 정도의 입구가 발견되었다. 입구를 막고 있던 나무와 풀을 베고 안에 들어가 보니 바닥은 급한 내리막길이었다.

동굴 내부는 꽤 넓고, 깊이는 40m 정도 되었다. 주위의 암벽을 면밀히 조사

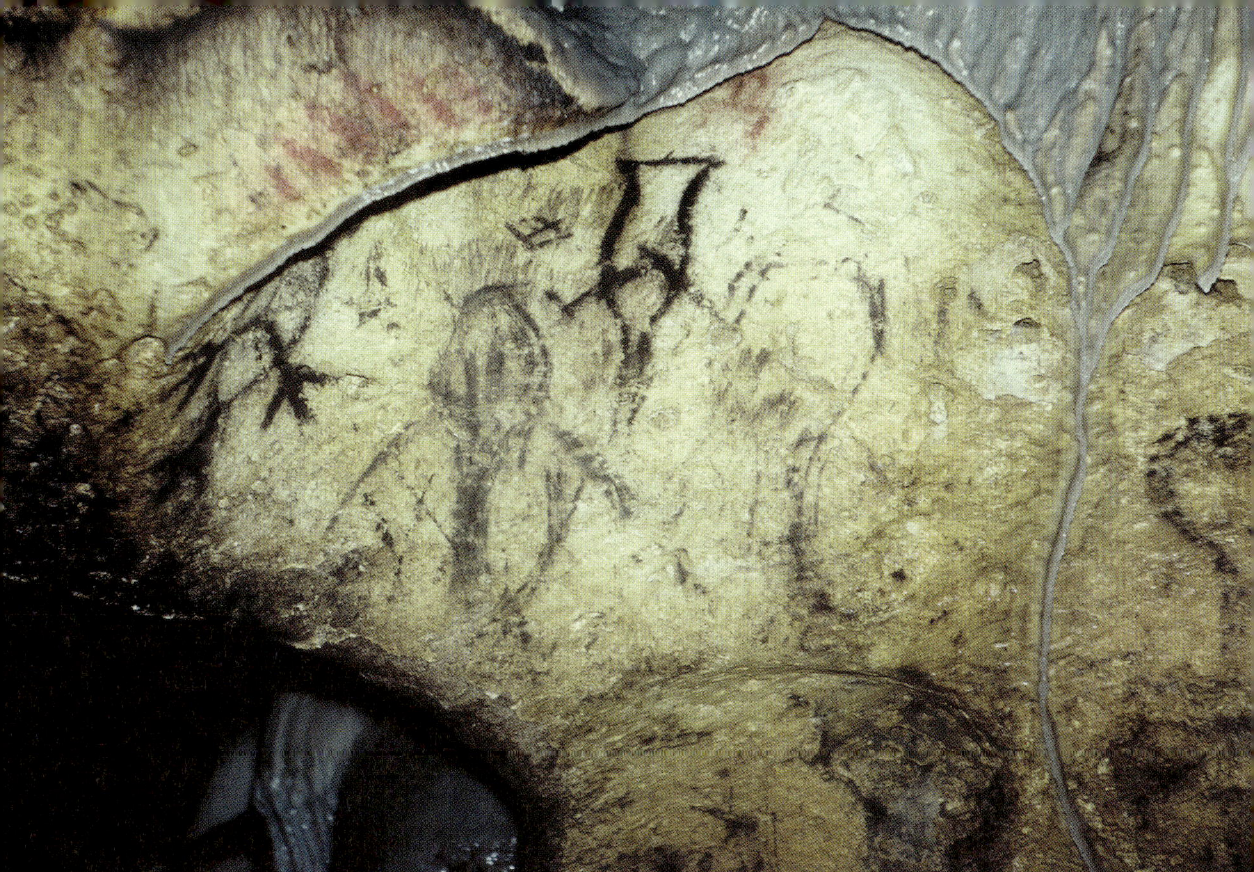

했지만 벽화는 발견할 수 없었다. 거기서 가장 깊은 작은 개구부를 몸을 비틀어 빠져나와 다음 동굴 방으로 들어갔는데 그 방도 꽤 넓었으나 벽화는 발견되지 않았다. 동굴을 잘못 찾은 것은 아닐까 하여 낙심해 털썩 주저앉아 램프로 주위 암벽을 비추자 최하부의 구석에 있는 작은 구멍을 우연히 찾아냈다. 이 구멍 안쪽에 동굴이 계속해서 있을지도 모른다고 생각해 레파니 씨를 재촉했지만 그는 더 이상 갈 수 없다고 했다. 창백한 얼굴로 보아 분명히 두려워하고 있었다.

나는 기어서 그 구멍을 빠져나갔다. 그러자 천장과 벽, 마루가 모두 흰색인 아름다운 석회동굴이 나타났다. 안길이 약 90m, 폭 약 30m의 넓은 동굴 방으로 천장에는 고드름과 같은 크고 작은 종유석이 난립해 있었다. 그리고 여기저기에 검은색과 빨강으로 그려진 많은 암벽화가 있었다.

대부분의 암각화는 물고기로 참치, 상어, 톱날상어, 거북 등 다양했다. 물고기의 대부분이 작살에 찔려 있는데 그것은 분명히 주술적인 의미를 가지고 있는 것으로 여겨진다. 즉, 그러한 상처를 입힘으로써 그 물고기를 상징적으로 죽이려고 했던 것이다. 또 음형의 손자국 벽화가 있는데 엄지가 절단된 손자국에는 주술적인 의미가 담겨 있을 것이다. 그 밖에 약간의 적색 도형과 선각에 의한 소용돌이 문양이 있었다.

이러한 벽화의 대부분은 위쪽이 펼쳐진 암벽에 그려져 있어 천장으로부터 방울져 떨어지는 석회수의 영향을 받지 않았다. 따라서 그림이 그려진 벽면은 엷은 황색의 자연 암반 그대로였다. 그러나 일부의 벽화는 응고한 석회수의 하층에 있어, 벽화의 오랜 역사를 말해주고 있었다.

키타바 섬에는 가는 곳곳마다 거석 기념물이 있다. 그것들은 일종의 멘히르와 돌멘이지만 장방형의 두꺼운 판 모양으로 가공되어 있는 것이 특징으로 단독 또는 2개가 옆으로 나란히 직립해 있다. 흥미로운 것은 여기에서도 원형의 움푹한 구멍이 돌의 표면에 새겨져 있어, 어떤 것은 피지의 사와이라우 유적과 같이 크고 평평하게, 어떤 것은 천장에 깊게 조각되어 있었다. 성혈은 쿠 무와게라 마을에 특히 많이 있는데, 쿠두에리 마을에 있는 돌멘은 마을 사람에 의하면 묘석이라고 한다.

키리위나 섬 북단의 카이보라에도 거대한 몇 개의 석판으로 축조된 돌멘 몇 기가 있다. 각각의 석판의 한 변은 2~4m, 두께 20~30cm의 거대한 것으로, 판석들을 옆으로 놓거나 서로 기대어 세워놓거나 한 것이다. 주목해야 할 것은 이러한 돌에도 크고 작은 성혈이 새겨져 있다. 동쪽의 바누아투나 피지의 성혈과 관계가 있는 것을 알 수 있다.

| 카이보라의 거석 기념물 |

●● 뉴기니의 미술

　뉴기니의 세픽 지방은 민족 예술의 보고로서 알려져 있다. 다양한 정령의 집, 나무껍질 회화, 목제 가면, 선조 신상, 가옥 장식, 방패, 악기, 토기 등이 만들어졌다. 가면이나 선조 신상의 자유자재한 조형, 나무껍질 그림에서 볼 수 있는 자유분방한 환상, 그리고 풍부한 색채와 함께 그것들은 극히 역동적인 남국의 시를 연주한다.

　세픽 지방의 인상이나 가면은 마을마다 형식과 장식법이 다르다. 또 같은 마을에서도 사용 목적에 따라 세부적인 표현에 차이가 있다. 예를 들어 가면의

| 세픽의 가면 |

경우는 얼굴에 쓰는 것, 기둥에 설치하는 것, 파풍바람막이 장식 등 크기나 형식이 다르다. 참고로 가면은 안면에 쓰는 본래의 마스크mask 외에 얼굴에 쓰지 않고 머리 위 또는 아래에 붙이는 마스케데, 착용을 목적으로 하지 않는 마스코이드를 포함한다. 이와 같이 세픽의 가면이나 인상은 다종다양하지만 그중에서 탐바눔을 예로 들면 융기된 이마, 아래의 둥근 눈, 치켜 올라간 눈초리, 부푼 코, 뺨에 그려진 둥근 반점, 입을 중심으로 증식된 동심원 등이 가면과 인물상에 공통된 특징이다. 파풍 장식은 나뭇잎 형의 윤곽을 갖고 있으며, 새를 의미하는 부리가 코에서 턱까지 뻗어 있다. 그리고 주목해야 할 것은 전술한 피지의 바투 레레 섬의 암각화와 이스터 섬의 마케마케도 같은 하트형의 얼굴이 극히 일반적인 것이며, 세픽 강의 지류인 카라와리 유역의 가면처럼 마르키즈 제도의 티키와 똑같이 입을 벌려 혀를 내미는 표현도 있다.

세픽 강의 중앙부에 체무브리 호수가 있고, 그 안에 체무브리 섬이 있다. 이 원추형 섬의 호숫가를 따라 몇 개의 마을이 있으며, 인구는 약 1,300명이다. 이 섬에는 큰 돌이 많아 밭으로 이용할 수 있는 제대로 된 토지를 확보하는 것이 어렵기 때문에 농경은 별로 행해지지 않았다. 그 대신 예부터 석기를 만들어 부근의 마을들에 공급해, 그 대가로 농작물과 물물교환을 했다. 그들은 지금까지 석기 제작과 사용 방법을 몰랐다.

전승에 의하면 체무브리에는 완단과 판반이라는 형제 조상이 있었다. 두 형

제는 인근의 아이봄 마을에서 만든 높이 약 80cm의 오뚝이 모양의 토제 항아리 속에 살았다고 한다. 나중에 후손들이 그 항아리를 열어보자, 그 안에 잘 닦인 3cm 정도의 검은 돌 2개가 있었다고 한다. 이 완단과 판반을 시조로 체무브리의 씨족 구성은 쌍pair으로 성립되었는데, 각 마을에는 2개의 멘히르가 쌍으로 서 있다. 키림빗트 마을에서는 이러한 돌에 채색을 했으며 상부에 장식이 붙어 있다.

이 한 쌍의 멘히르 이외에 몇 개의 멘히르가 모여서 서 있는 등 각종 석조 구축물이 있다. 체무브리 호수로 흘러들어가는 카미리오 강가에 있는 아이로봄 마을은 토기를 제작한 것으로 알려져 있는데, 이 마을의 중앙에도 거석 기념물이 있다. 중앙에 2개의 멘히르를 세우고 그 주위에 크고 작은 수십 개의 돌멘을 축조해 놓았다.

세픽 강 하류의 안고람에서 트럭을 타고 웨와크로 나와 소형 비행기를 타고 중부 고원의 하겐 산으로 갔다. 뉴기니에는 4,000m 이상의 산이 13개나 있는데 이것들은 섬의 중앙부를 동서로 달리는 척량 산맥이다. 이 고원을 넘어 하겐 산에서 고로카까지 자동차로 답사하고 암각화를 조사했다.

고로카에서 서쪽으로 약 50km 떨어진 슈아베에서 약 25km 남쪽으로 남바이유파가 있다. 이 마을에는 작은 간이비행장이 있지만 나는 육로를 택했다. 도중에 라우눙에서 차를 버리고 암석 투성이의 산길을 오르락내리락 하며 목적지로 향했다. 전방에 미쉘 산3,750m의 위용이 보였다 안 보였다 했다. 이 부근에는 많은 암각화 유적이 있는데 나는 코로 마을의 암각화를 중점적으로 조사했다.

암각화는 원형극장식의 바위 그늘의 암벽에 그려져 있었다. 작은 입구로 들어가면 수목이 무성한 길이 33m, 폭 27m의 평지가 있는데, 그것을 높이 10m 이상의 석회암 암벽이 둘러싼다. 바위 그늘은 크게 나누어 일곱 개 있지만 그 크기는 각기 다르다.

바위 그늘 곳곳에 불이 피워진 흔적이 있고, 암각화는 부분적으로 그을음 때문에 거무스름해져 있었다. 암각화의 주제는 인물, 도마뱀이나 뱀 등의 동물, 손자국, 각종 기하학적 도형 등이 백색, 검은색, 황색, 갈색으로 그려져 있다. 특히 흰색과 검은색에 의한 점이나 선의 연속 도형, 고사리 도형, 지그재그, 십자형의 추상 도형이 많다. 제4 바위 그늘의 높이 5m 정도 되는 천장에 오른손의 음형 손 모양이 내뿜기 방법으로 그려져 있었다. 점의 연속, 고사리 도형, 십자, 손 형태 등은 먼저 말한 바누아투나 피지의 암각화와 같다. 암반의 천연 요철은 도마뱀 등을 그릴 때 의식적으로 교묘하게 이용되었다. 그리고 모닥불에 의한 그

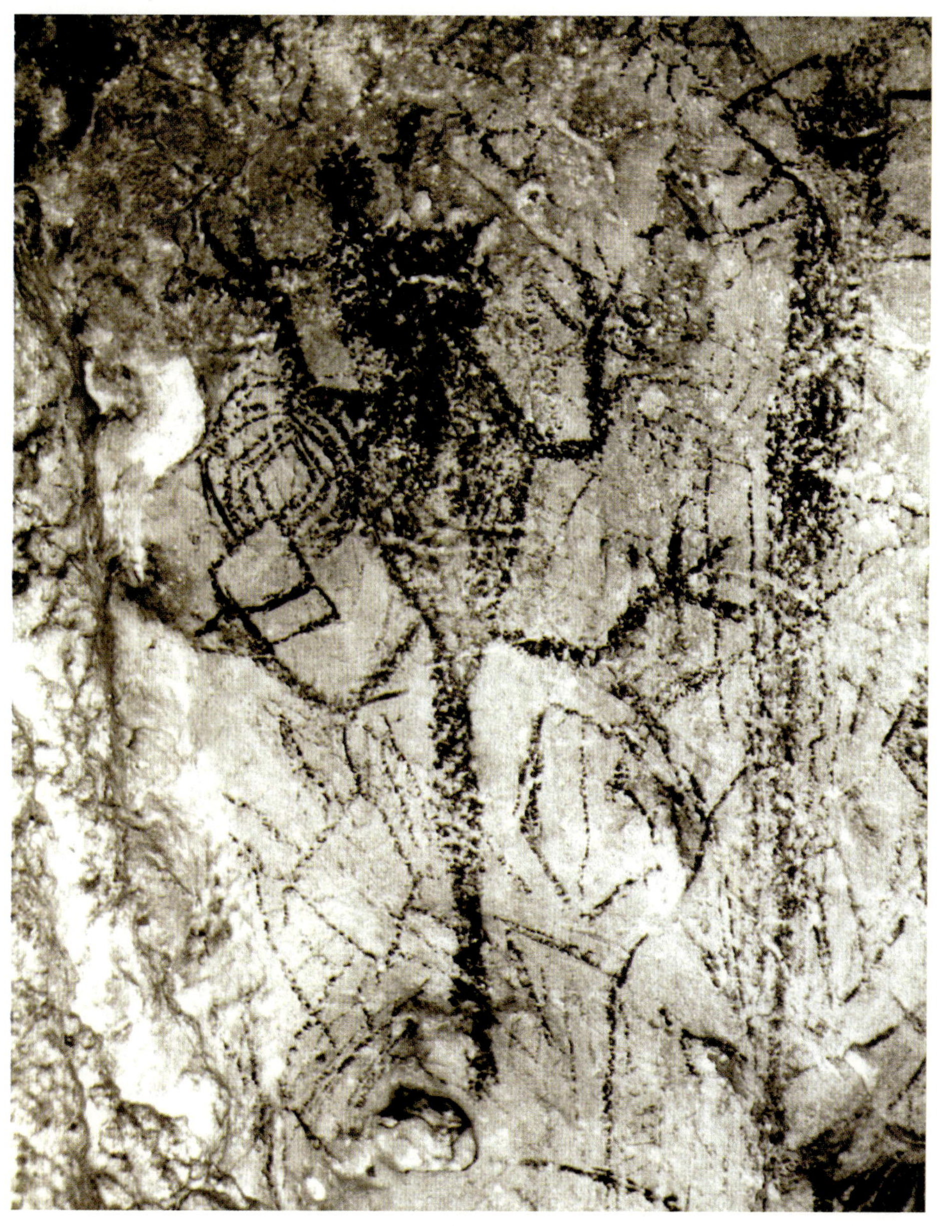

| 코로 바위 그늘의 도마뱀 |

을음으로 검어진 암반의 상층과 하층에도 그림이 그려져 있다. 드물게 응고된 석회수의 하층에 그려져 있는 것도 있어, 이것으로 보아 벽화의 제작 연대가 꽤 오래된 것임을 추측하게 한다.

이러한 벽화에 대해서는 현지에 어떤 전승도 남아 있지 않았다. 단지 이 땅에는 일찍이 얀디무니인이 살고 있었지만 그들은 이 산맥 반대편의 더 높은 산중으로 이주했다는 것이다. 따라서 이러한 암각화의 수수께끼를 풀려면 얀디무니인에 대한 민족학적 조사와 유적의 발굴조사가 바람직할 것으로 보인다.

폴리네시아

서사모아와 통가의 석조 구축물

미국의 밋체너J. Michener가 제2차 세계대전 때 종군해 남태평양을 전전한 체험을 기초로 쓴 『남태평양 이야기』가 영화나 뮤지컬로 각색되어 대성공을 거두었다. 밋체너가 "남태평양에서 가장 아름다운 해안선"이라고 한 곳이 서사모아의 파레오로 공항과 수도인 아피아를 잇는 약 35km 길이의 도로이다. 길가에 있는 민가는 높이 70cm에서 1m로 쌓은 석단 위에 원형 또는 타원형의 기둥을 세워 사탕수수 잎이나 코코야자의 잎으로 지붕을 덮었으며 벽은 없다. 마루에는 판다나스의 잎으로 만든 매트를 깐다. 이것은 '파레'로 불리는 것으로 사모아의 독특한 형식이다.

옛 수도가 있던 아피아 교외의 무리눗우에 있는 신구의 국회의사당도 이 파레와 같은 구조로 파레 포노라고 칭해진다. 1970년에 만들어진 새 국회의사당의 전면은 마라에라고 불리는 넓은 테라스로 되어 있다. 또 무리눗우에는 역대 왕들의 무덤이 있는데, 마리에트아 타누마피리 왕과 마리에트아 라우페라 왕의 무

| 무리눗우의 구 국회의사당 |

덤은 원형의 강돌을 쌓아 축조되었다.

아피아에는 서양식 호텔이 있지만 지방에 가면 파레 양식의 호텔밖에 없다. 그래서 이 여관에 투숙하면 마음 편히 쉴 수가 없다. 벽이 없기 때문에 밖에서 실내가 훤히 들여다보이고, 코코야자로 만든 차양으로 차단해도 바람이 불면 말려 올라간다. 사바잇이 섬의 사레로로가에서 처음으로 이런 여관에 묵었을 때 체크 인을 하고 나서 방 열쇠를 요구하자 상대는 의아한 얼굴을 했다. 사방에 벽이 없어 누구든 들어올 수 있기에 열쇠는 없다는 것이다.

서사모아는 『지킬 박사와 하이드』로 알려진 영국의 소설가 스티븐슨 R. L. Stevenson이 살았던 곳이다. 사피아에서 남쪽으로 5km 정도 떨어진 바이리마에 그의 집이 있다. 흰 돌문으로 들어가면 양쪽으로 치크의 고목이 우거져 있으며, 현재는 대통령 관저로 사용되고 있다. 남태평양 사람들의 생활이나 풍습 등을 그린 『남해 천일야화』는 이 집에서 집필되었다. 여기에서 가까운 바에아 산 중턱에 그의 무덤이 있다. 내가 서사모아를 방문한 이유는 사바잇이 섬의 마라에, 즉 석조 마운드적석총를 조사하기 위해서이다. 우포루 섬 서쪽 끝에 있는 무리파누아 항에서 페리를 타고 사바잇이 섬의 사레로로가 항에 도착했다. 빌린 차로 프레메레이의 마라에로 향했다. 섬사람들이 피라미드라고 부르는 남태평양 최대의 석조 구축물이다. 마라에는 광대한 야자나무 밭을 경영하는 레트르 농원 안에 있다. 농장 주인은 전술한 무리눗우에 왕묘가 있는 타마세세가의 후손인 페로위아라는 여성으로, 그 손자인 메아오레 씨가 관리하고 있다. 그는 젊은 인텔리로 매우 친절했으며 거리낌 없이 조사를 허락해주었다. 잘 손질된 야자 숲으로 올라가니 상부가 수평으로 된 큰 계단형의 마운드가 있었다. 현지 사람들이 이것을 피라미드라고 부르는 것은 형태 때문이 아니라 그 거대함 때문이다. 마라에는 방형으로 상부는 길이 60m, 폭 50m, 높이는 15m이다. 그러나 양치류가 전면을 덮고 있어 육안으로 보기에 흙을 쌓아 만든 것인지 석조인지 구분이 되지 않는다. 그래서 나는 상부와 경사면에 뒤덮인 양치류를 뽑아냈다. 그러자 석괴가 나타났다. 마라에의 바로 근처까지 수목이 우거져 있지만 마라에의 상부에는 나무가 전혀 자라지 않았다. 마라에는 석재를 쌓아 올려서 만든 구축물이다.

이 마라에가 있는 파라우리 지방에는 그 밖에도 몇 개의 마운드가 있는 것으로 알려져 있다. 그것은 아피아에 있는 박물관의 브라운 관장이 가르쳐주었다. 지도를 보며 찾았지만 좀처럼 발견되지 않았다. 가까스로 모스라 북쪽의 고대의 요새라고 일컬어지는 마운드와 바노트 무리 북쪽의 누감 산중에 있는 별모양의 마운드를 찾아낼 수 있었다. 어쨌든 어른 키 정도 되는 울창한 풀숲에 뒤

덮여 있는 꽤 큰 마운드로 능선이 수평인 것 이외에는 자연의 언덕과 구별이 되지 않는다.

파라리 지방의 마을들에는 방형에 돌을 깔아 채운 키가 작은 마라에가 있다. 서사모아에서 마라에라고 하면 일반적으로는 광장을 가리키는데 그 광장에는 돌을 깐 것과 평평하게 땅고르기만 한 것이 있다. 그리고 많은 돌을 이용해 높은 테라스를 만든 피라미드형이 있다.

사바잇이 섬에서 나올 때는 아피아행의 정기편 비행기 자리를 구할 수 있었다. 기장에게 프레메레이의 피라미드 위를 선회해주길 부탁하자 흔쾌히 허락해주었다. 하늘에서 내려다본 마운드는 야자 숲 안에서 선명하게 사각형을 나타내고 있었다. 내가 풀을 제거해 돌을 노출시킨 것도 뚜렷이 보였다. 만족스러운 기분으로 사바잇이 섬을 뒤로 했다.

통가에도 석조 구축물이 있다. 대표적인 것은 란기로, 이것은 통가 왕이나 왕족의 무덤이다. 통가타프 섬이나 핫아파이 제도에 많으며, 형식을 분류하기는 어렵지만 일반적으로는 평면이 장방형인 것이 많고, 산호암을 잘라낸 석판을 계단식 피라미드 형태로 쌓아 올린 것도 있다. 가장 큰 란기는 통가타프 섬의 고도古都인 무아에 있는 것으로, 29대 투이 통가의 무덤이라고 전해진다. 밑변의 길이가 약 70m인 방형의 2층 단으로 거대한 석판이 빈틈없이 접합되어 정교하게 구축되어 있다. 각각의 석재는 길이 5.5m, 폭 1m, 높이 1.8m이며 중량은 약 10톤이다. 제작 시기는 13세기로 추정된다. 이스터 섬 비나푸의 아후의 석재와 많이 닮은 정교한 구축물이다.

| 무아의 왕묘 |

| 통가타프 섬의 토리리톤 |

통가타프 섬의 동단에 핫아몬가 아 마우리라고 일컬어지는 일종의 토리리톤이 있다. 이름은 '마우이의 슬픔'이라는 의미이다. 높이가 4.9m인 2개의 산호 석주를 세워 각각의 돌기둥 위에 길이 5.8m의 돌기둥이 옆으로 놓여 있고, 돌의 무게는 모두 10톤 정도이다. 제작 시기는 11대 투이 통가인 타투이 때로, 1200년 경의 것으로 추정되고 있다. 이 토리리톤의 제작 목적에 대해서는 왕궁의 문, 기념비, 농작물의 풍작이나 항해의 안전을 바라는 상징, 태양숭배에 관련된 구축물 등 여러 가설이 있다. 1969년, 현재의 왕인 투포우 4세가 즉위했을 때 이 구축물이 고대의 달력이라는 설을 발표했다. 그리고 7월 21일에 일출을 기다리자 동지의 태양이 상단에 있는 갈라진 자국의 연장선 상으로부터 올라왔다. 그 이후로 투포우 4세의 고대 달력설이 유력해졌다. 이런 종류의 토리리톤은 영국의 스

톤헨지에 있는데, 이것도 태양숭배와 관계가 있는 것으로 생각된다.

●● 타히티 섬의 석상과 마라에

폴리네시아는 '많은 섬들'이라는 의미로 하와이, 이스터, 뉴질랜드를 세 정점으로 하는 광대한 해역에 산재해 있는 섬들로 이 삼각형의 중심에 위치하는 것이 타히티 섬이다. 프랑스령 폴리네시아는 소시에테, 마르키즈, 오스트랄트브아이, 투아모투, 간비에, 그 외의 제도로 이루어지며 해역의 넓이는 유럽 전체 면적에 필적한다. 섬은 전부 300여 개로 타히티 섬은 소시에테 제도에 속하며, 표주박 형태를 하고 있는 면적 1,042km²의 화산섬이다. 큰 섬은 타히티누이대타히티, 작은 섬은 타히티 이티소타히티로, 수도 파페에테는 타히티누이의 북서부에 위치한다.

파페에테의 반대편 동남 해안에 19세기의 프랑스인 화가 고갱P. Gauguin을 기념하는 미술관이 있다. 삼각 지붕의 건물로 원작은 없지만 사진, 화집, 유품 등을 전시하여 화가 고갱의 업적을 소개한다. 「오기쿠상お菊さん」으로 알려진 로티 P. Loti의 『라라유로티의 결혼』이 고갱의 타히티 행에 결정적인 역할을 했다고 한다. 아름다운 풍경과 관능미 넘치는 소설의 무대를 동경해 타히티에 온 것이다. 또한 고갱을 모델로 한 서머싯 몸S. Maugham이 쓴 『달과 6펜스』에서는 "미소 짓는 것 같은 친숙함이 느껴지는 타히티는 예를 들면 미와 매력을 아낌없이 뿜어내는 아름다운 여자였다"고 묘사하였다.

고갱 미술관의 뜰에는 오스트랄 제도의 라이바바에 섬에서 가져온 3기의 석상이 있다. 높이 272cm, 폭 180cm, 두께 74cm의 입상으로 모두 팔꿈치를 직

| 라이바바에 섬의 석상(고갱 미술관) |

| 라이바바에 섬의 석상(고갱 미술관) |

각으로 굽혀 손을 배에 대고 있다. 원시적인 표현이면서 양감이 매우 풍부한 자연주의적인 양식이다.

이들 석상과 비슷한 양식의 석상이 타히티 미술관에도 몇 기 있다. 이것들은 타히티 섬 및 라이바바에 섬에서 가져온 것으로, 높이 36~111cm의 육중한 석상이다. 라이바바에의 석상 중에는 긴 귀를 가진 것이 있고, 타히티 석상에는 턱을 괴고 있는 상이 있다. 또 마르키즈 제도의 석제 및 목제 인

| 라이바바에 섬의 석상(고갱 미술관) |

| 타히티 섬의 석상(타히티 미술관) |

| 라이바바에 섬의 석상(타히티 미술관) |

물상이나 인두가 몇 기 있는데 목상은 높이 2.24m의 거상이다. 타히티의 석상은 테잇이, 마르키즈의 석상은 티키라고 불린다.

이러한 테잇이 내지 티키는 신적인 조상을 상징한 것으로 타히티에서 발견되었을 때는 주술사가 사용하고 있었다. 또 이들 석상은 마라에 위에 놓이거나 토지의 경계를 나타내기 위해서 세워진 것이거나 일시적으로 가축의 출입 내지 식물 재배를 금지하는 성역을 나타내는 표지로 사용되었다.

파페에테 근교의 티파에르이에 특이한 인물을 나타낸 암각화가 있다는 것을 파리의 인류박물관에서 발행한 라보데스A. Lavondes의 서적을 통해 알게 되었다. 그래서 현지로 갔지만 그 근처는 도시화되어 있었고 호텔이나 공장이 많이 들어서 아무도 그 소재지를 몰랐다. 그러던 중 'petroglyphe^{암각화 대로}'라는 샛길이 있다는 말을 들었다. petroglyphe는 그리스어로 페트로스^돌와 그리후^{새기는 것}

| 티파에르이의 복합상 |

를 결합한 말이다. 샛길에서 카누를 만들고 있던 사람의 안내를 받아 유적지로 갔다. 150m 정도 강을 거슬러 올라간 곳에 단조로운 타원형의 돌에 양손을 펼친 두 사람의 복합 인물상이 있었다. 높이 158cm, 폭 90cm이다. 복합상이라고 생각한 이유는 남자와 여자가 합체한 듯한 포즈를 취하고 있으며, 머리는 두 개 있지만 다리는 세 개로 그중 한 명의 가랑이 사이에서 끝이 네 개로 갈라진 창 모양이 새겨져 있다. 그리고 머리 위에는 두 개의 동심원이 새겨져 있다. 이런 종류의 동심원은 번식을 상징하기 때문에 나는 이 형상을 성교도性交圖라고 생각한다. 헤위에르달T. Heyerdahl은 이런 종류의 복합상은 이스터 섬이나 남아메리카에는 있지만 폴리네시아 멜라네시아에는 없다고 한다. 그러나 그가 말한 남아메리카의 예는 토제이며, 이스터 섬에는 토제품은 없다. 또 작은 상으로 한정하지 않는다면 복합상은 티파에르이의 암각화 외에 뉴질랜드의 마오리인이 사는 집 대들보 등의 부조에서도 발견된다.

타히티에는 서사모아 등과 같이 마라에로 불리는 석조 제사장이 많이 있다. 초기의 마라에는 낮은 장방형의 석단 앞에 직립한 많은 돌을 세우거나, 작은 돌로 만든 울타리 안에 직립한 돌을 세워두었다. 시대가 경과함에 따라 석단이 커지면서 구축 기술이 발달하는데 이 석단은 아후라고 불린다. 이 석단 앞에 장방형의 안마당을 만든다. 보통 3개의 입석이 석단 앞에 서 있고, 안마당에는 몇 개에서 수십 개의 입석이 있다. 이런 종류의 마라에는 내륙형 마라에라고 불리며 타우티라 등의 산중에 잔존해 있다. 그 이후 마라에는 한층 장대해진다. 이전과 마찬가지로 아후와 안마당을 갖지만 아후는 1층이 아니라 2층으로 축조된다. 그리고 14세기 이후에는 이른바 연안형 마라에가 발달해 아후는 최상부가 평평한 계단식 피라미드형이 된다. 통상 3 내지 4단인 것이 많지만 때로는 10단 이상으로 된 것도 있다.

| 파페아의 마라에 |

이러한 마라에의 상당수는 현재 붕괴되어 남아 있지 않다. 예를 들어 런던 선교협회에 소속된 다브호의 선장 윌슨J. Wilson의 스케치를 기초로 해서 만들어진 동판화1779는 11단으로 이루어진 마하이아테아의 마라에의 위용을 전하지만 지금은 완전한 폐허가 되었다. 이 마라에는 일반적으로 프레아 여왕으로 불리는 파파라의 여자 수장이 아들인 테리이레레를 위해 1766년부터 68년에 걸쳐 만든 것으로, 쿡J. Cook도 타히티 체제 중에 이곳을 방문했다. 에모리K. P. Emory에 의하면 마하이아테아에 있는 마라에의 안마당은 115m 및 81m, 서쪽 끝에 있는 어떤 아후는 기단의 길이 81m, 폭 22m, 높이 13m에 이른다고 한다. 재료는 산호석과 현무암이다.

이러한 연안형 마라에는 1792년에 트빈J. Tobin이 수채화로 그린 파레의 마라에, 브리그W. Bligh가 그린 타프타프아테아의 마라에 등 많은 기록이 남아 있다. 이러한 기록에 의거해 에모리는 1954년에 아라후라후의 마라에를 파페아에 재건했다. 그것은 장대한 규모로 일찍이 이런 종류의 마라에에서 행해진 성대한 의례를 떠올리게 한다.

●● 소시에테 제도의 석조 유적

요트를 타고 타히티 섬에서 출발하여 모레아 섬으로 건너갔다. 모레아 섬에는 오프노브의 마라에군이 표고 1,207m의 트히베아 산중턱의 마페라고 불리는 밤나무 숲 안에 있다. 크고 작은 여덟 개의 마라에와 활을 쏘아 맞히기 위한 테라스가 있다.

마라에의 형식은 타히티의 것과 같고, 돌을 쌓은 제단 앞에 안마당이 있다. 이 제단은 1층인 것도 있고 3층짜리 피라미드형도 있다. 안마당은 현무암을 쌓은 돌담에 둘러싸여 있거나, 돌을 쌓아 피라미드형 테라스를 만들거나 둘 중의 하나이다. 후자의 마라에에는 돌담이 없다. 쌓은 돌의 한 면은 둥글게 가공되는 경우가 많아 리드미컬한 시각 효과를 연출한다.

모레아 섬에서 가장 오래된 마라에는 동해안에 있는 아파레아이트의 우마레어의 마라에로, 방사성 탄소 측정 연대는 900년경의 것이다. 보존 상태는 좋지 않지만 이른바 마라에아릿, 즉 왕가의 마라에이다. 같은 왕가의 마라에가 서해안의 눗우르아와 남해안의 누페레에 있다. 또 북쪽 해안 기슭의 라페트아이에 있는 타푸타푸 아테아의 마라에는 타아아로아의 딸인 오로신을 위한 것으로, 이러한 숭배사상은 18세기에 라이아테아 섬의 오포아라는 신관에 의해서 소시에

테 제도에 퍼졌다.

이러한 마라에는 수장의 탄생, 성인식, 병이나 죽음, 전쟁이나 재해 등의 중대한 사건에 즈음한 의식에 사용되었다. 이러한 의식은 달력과도 관련되어 있다. 1~2월에 풍요의 계절이 시작되어 과실이나 물고기의 첫 수확이 있으면 마라에에서 축복되어 감사의 제사가 행해졌다. 6~7월이 되어 수목의 잎이 물들고 신들이 없어지면 그 신들의 재래를 비는 의식이 개최되었다. 이 의식에 있어 중요한 것은 바에레마라에, 즉 마라에의 정비와 신을 재생시키는 것이다. 그로 인해 마라에나 신상에 신비로운 힘이 깃들어 의식에 의한 효능이 확보된다고 믿는다.

이러한 모레아 섬의 마라에와 같은 기능을 가진 마라에가 보라보라 섬에도 있다. 이 섬은 타히티에서 북서쪽으로 약 250km 떨어진 곳에 있으며 숨이 멎을

| 오마히네의 마라에 |

만큼 아름다운 산호초에 둘러싸여 있다. 영화 「치코와 상어」와 「남태평양」의 무대가 된 섬이며, 후자의 원작자인 밋체너J. Michener는 "이처럼 아름다운 섬은 전 세계를 통틀어 둘도 없다"고까지 극찬했다.

에모리K. P. Emory를 대장으로 하는 비숍 박물관 조사대는 1963년에 42개의 마라에를 보라보라 섬의 해안 및 내륙에서 발굴했는데, 이전에는 더 많은 마라에가 있었을 것이라고 한다. 즉, 각 씨족별로 세대마다 마라에를 갖고 있었을 것이다. 현재 남아 있는 마라에의 보존 상태는 대체로 좋지 않고, 그중의 몇 곳은 에모리에 의해 복원되었다. 주된 마라에의 안마당은 돌로 포장되어 있거나 미포장 상태의 사각형으로, 그 가장자리에 가공된 큰 산호 석판을 세워 늘어놓은 아후가 있다. 아후는 직각의 긴 사각형으로 바닥 안에 산호석이 채워져 있다. 이러한 형식은 모레아 섬이나 타히티 섬, 윈드워드 제도의 마라에와는 다르며, 후아히네 섬이나 라이테아 섬 등을 포함한 리드워드 제도의 특유한 형식이다. 나는 이들 마라에를 자동차를 타고 다니며 조사했다. 면적 38km², 최대 폭 9km의 작은 섬으로 섬을 일주하는 좋은 길이 있어 현지조사는 어렵지 않았다.

가장 중요한 마라에는 파레피티 만에 있는 마로테티니 또는 파레르아로 불리는 것이다. 여기서는 왕이 마로테아, 즉 존엄의 상징인 노란 날개 띠를 착용한다. 아후는 길이 약 50m, 폭 약 3.5m, 높이 3.2m이다. 안마당의 경계에 큰 집의 자취가 있는데, 전승에 의하면 이것은 아리오이를 위한 것이라고 한다. 아리오이라는 것은 일종의 종교 결사로, 소시에테 제도에서 여러 가지 의례를 행했다. 마라에 근처에 있는 두 개의 큰 무덤은 19세기 왕가의 무덤이지만 도굴되는 것을 미리 막기 위해 유해는 다른 장소로 옮겨졌다. 마로테티니의 마라에를 만들기 위

| 마로테티니의 마라에 |

해 이 섬 최고의 바이오타하의 마라에의 돌이 이용되었기 때문에 바이오타하에
는 현재 아무것도 남아 있지 않다.

'빛나는 바다' 를 의미하는 타이아하파 마라에는 파아누이 해안에서 조금
떨어진 숲에 인접해 있다. 이것은 100년경에 우누테아라는 여자 수장에 의해서
만들어졌다. 아후는 길이 35m, 폭 3m, 높이 1.3m이며, 안마당은 전면이 포장되
어 작은 돌담으로 둘러싸여 있었다.

파레오프의 마라에는 해안을 지나는 도로에 의해 안마당이 분단되어 있고,
마라에의 후부나 측면의 돌은 없어지거나 망가졌다. 또 일부 돌은 1820년경에
선교사가 바이타페의 부두를 만들 때 사용했다. 아후의 두 개의 석판에는 4마리
의 거북이 선각되어 있는데, 거북은 신에게 바치는 성스러운 동물로, 그것을 먹
을 수 있는 것은 수장과 신관뿐이다.

이상은 서해안의 마라에이지만
동해안에도 많은 마라에가 있다. 특히
집중되어 있는 것은 아나우만에 따른
마라에군으로 아에하우타이, 마누누,
파레랏이, 노노하우라 등이 있다.

아에하우타이의 마라에는 보라보
라 섬에 있는 것 중에서 보존 상태가
가장 좋고, 중앙부에 산호석으로 만들
어진 석실이 남아 있다. 이런 종류의
석실은 소시에테 제도의 몇몇 마라에
에 남아 있으며, 임시 무덤 또는 주술
력을 가진 물품을 두기 위해 사용되었

| 마라에 파레오프의 거북 암각화 |

| 아에하우타이의 마라에 |

다. 노노하우라의 마라에는 지금은 뽕나무과 나무에 의해 파괴되었지만 이전에는 보라보라 섬 제일의 아름다운 마라에로 알려져 있었다. 15세기 초에 만들어진 것이다.

보라보라 섬의 중앙부에는 병풍 같은 바위의 오테마누 산이 있는데, 작은 섬의 사방에서 그 위용을 볼 수 있다. 표고는 727m이다. 남쪽 산기슭의 바라티에 암각화가 있다. 그러나 장소가 어디인지는 정확히 알 수 없었다. 호텔의 여주인으로부터 지리를 잘 아는 노인을 소개받아 바이타페에 있는 그의 집을 방문했다.

그러나 그가 병중이었기 때문에 항구에 있는 토산품가게 여주인을 소개받았다. 그녀는 씨름 선수를 떠올릴 정도로 거구였다. 그녀는 스쿠터를 타고 암각화의 소재지를 알고 있을 것 같은 사람의 집을 몇 채나 방문해 가까스로 어떤 노인을 찾아주었다.

우선 마타브프 산235m 남쪽의 포우아이 마을로 갔다. 수십 호 정도 되는 마을이었다. 마을 청년 두 명의 안내로 산속에 들어가자, 돌멘2.9×2.1×1.3m의 측면에 많은 수의 암각화가 새겨져 있었다. 대부분 34～18cm의 거북 암각화로, 큰 눈을 부각시켜 그린 인물42cm도 있다. 이 인면은 마르키즈 제도의 히바 오아 섬의 암각화의 인면과 아주 비슷하다.

이곳에서부터 약 1km 동쪽에 있는 바이아티 강을 500m 정도 거슬러 올라간 왼쪽 물가 숲속에 있는 몇 개의 바위에 암각화가 있었다. 대부분 단순하게 새겨진 크고 작은 거북60～26cm으로 무엇을 나타내는지 알 수 없는 형상도 있다. 전승에 의하면 암각화가 있는 바위는 오파이호누로 불리며 이 섬과 수장의 신화적 조상을 나타내는데 이들 조상신과 파히아 산이 결합하여 바바우, 즉 보라보라가 태어났다고 믿는다.

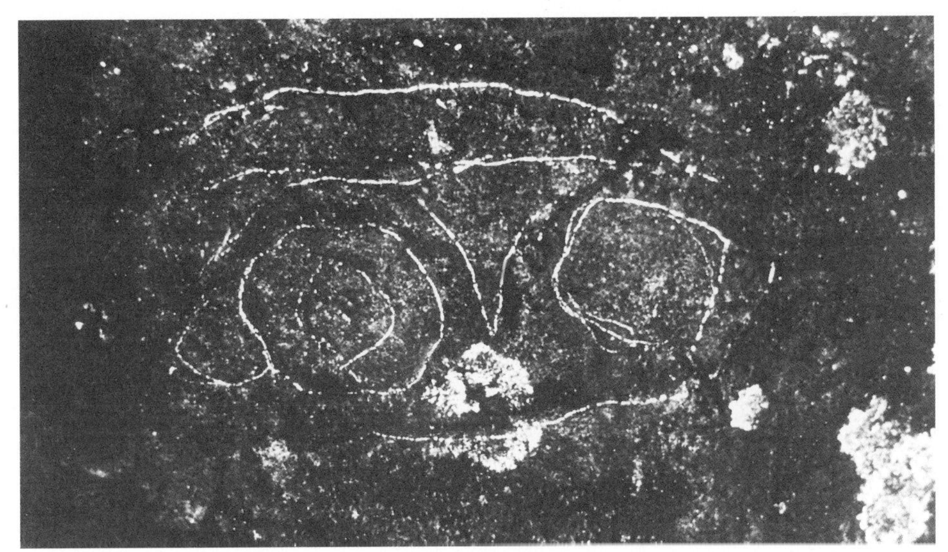

| 포우아이의 인면 암각화 |

| 포우아이의 거북 암각화 |

타히티 미술관 앞의 벤치에서 쉬고 있는데 문득 옆 사람이 읽고 있는 신문을 곁눈질로 보니 마르키즈 제도의 히바 오아 섬에서 암채화가 발견되었다고 하는 기사가 실려 있었다.

놀라서 신문La Depechede Tahiti, 1985. 7. 27을 빌려 읽었는데, 폴리네시아 인문과학연구소의 에드워즈E. Edwards 씨를 대장으로 하는 고고학 조사대가 발견한 것으로 62점의 암각화 속에는 개를 표현한 것도 있다는 것이다.

나는 즉시 누크 히바 섬을 거쳐 히바 오아 섬의 아투오나로 날아갔다. 5인승 경비행기였다. 공항에서 출발하여 아투오나 마을까지 지프를 타고 가면서 운전기사와 이야기를 하던 중, 그가 새롭게 발견된 암각화 유적의 주인 리에 씨라는 것을 알았다. 나는 그 자리에서 암각화를 조사할 수 있는 허가를 받았다. 아투오나에는 여관은 없고 마을에서 운영하는 방갈로가 있다. 숙소에서 리에 씨한테서 소개받은 조사대의 조수로 근무한 라이오티 씨를 만나 안내를 부탁했다.

유적은 아투오나와는 반대편인 북쪽 기슭의 에이아오네에 있다. 그곳에 가려면 표고 1,000m의 험한 산길을 올라가야

| 에이아오네의 암채화 유적(정상의 1/3 지점) |

했다. 나는 라이오티 씨의 지프차로 갔지만 진창길에 자주 빠져서 몇 킬로의 길을 4시간 남짓이나 걸려서 갔다. 바위 그늘 유적은 티키의 보고인 푸아마우에서 서쪽으로 5km 떨어진 산중턱의 동쪽에 있다. 에이아오네의 골짜기에서 직선거리로 300m 떨어진 험난한 절벽에 있어, 암벽타기 유격 훈련과 비슷한 난행 끝에 겨우 유적에 도착했다. 길이 25m, 폭 1.5m, 천장 높이 3m의 발코니에서 한 발자국만 잘못 떼면 추락할 위험이 있었다. 그러나 눈 아래에 펼쳐진 푸른 바다와 초록의 야자 숲은 정말 절경이었다.

바위 그늘에는 62점의 형상이 있는데 인물, 상어, 고래, 바닷가재, 물고기, 개, 카누 그리고 도형 등이 회색의 암벽에 갈색으로 그려져 있다. 헤위에르달이 마르키즈에는 없다고 한 개가 묘사되어 있는 것이 주목할만한 점이다. 그러나 모든 것이 선명히 보이는 것은 아니고, 퇴색이 현저한 형상도 있다. 사이즈는 90cm의 고래가 가장 크고 16cm의 선곡 인물상이 가장 작다. 인물상은 모두 현저하게 양식화되어 있고 양다리를 크게 벌리고 있는 것이 많다. 이 형식은 나중에 소개하는 하와이 제도의 암각화의 인물상과 아주 비슷하다.

흥미로운 것은 바닷가재는 조금 퇴색되어 있지만 그 특징이 잘 나타나 있다. 참고로 얕은 바다에 살고 이동성이 적으며 10개의 다리를 가진 바닷가재가

| 에이아오네의 암채화 유적 |

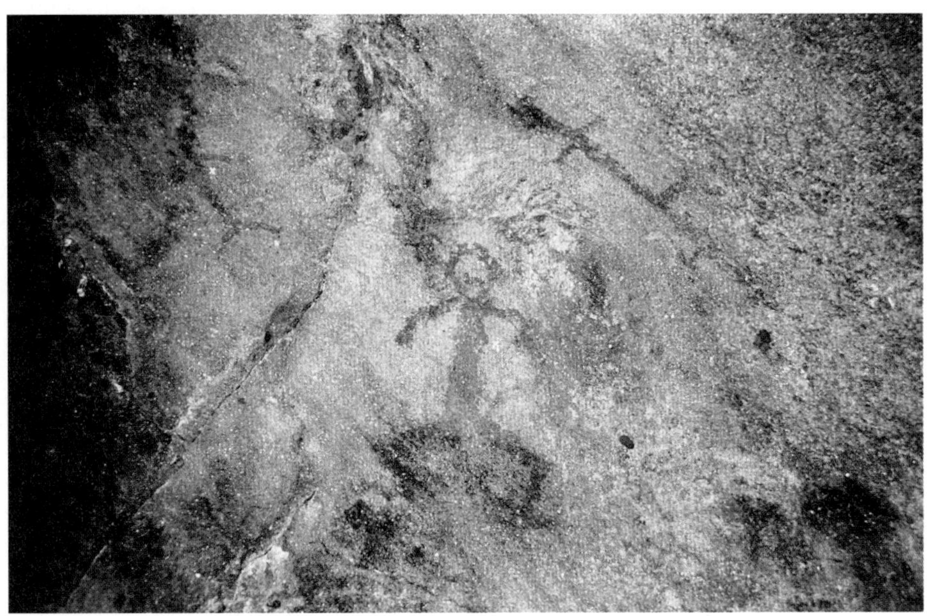

| 에이아오네 바위 그늘의 인물 암채화 |

남태평양의 섬들에서 발견되는 것은 옛날에는 이곳이 육지였음을 말해준다고 하여 브라운J. M. Brown이 주장한 「파시피스 대륙설」의 하나의 근거가 된다. 그러나 지질학적 데이터로는 대륙의 수몰은 인류가 지구상에 출현하기 이전의 먼 옛날임을 나타낸다.

에이아오네 암채화의 제작 시기는 알 수 없다. 명백히 개라고 판단할 수 있는 동물이 적어도 두 마리 있지만, 개가 마르키즈에 나타난 것은 비교적 근세이기 때문에 암각화도 그렇게 오래된 것은 아닐 것이다. 그러나 이 벽화가 풍우로부터 보호된 바위 그늘에 그려져 있다는 점, 색채가 고색을 나타낸다는 점, 다른 지역인도의 암각화 상황 등을 고려하면 역시 꽤 오래된 시대의 벽화라고 생각하지 않을 수 없다. 바위 그늘의 바닥은 천장이나 벽과 연속한 암반이기 때문에 이

유적에서 생활 유물이 발견될 가능성은 없지만, 절벽 아래에서는 유물이 발견될지도 모른다. 그러나 만약 발견되더라도 그것들은 떨어진 곳의 출토 유물에 지나지 않기 때문에 벽화의 제작 연대와 직접적으로는 결부되지 않을 것이다.

여기서 문제가 되는 것은 히비 오이 섬의 암각회외의 관련이다. 에이아오네에서 직선 거리로 약 11km 서쪽인 하나이아파에 암각화가 있다. 그중에서 에이아오네의 도식적인

| 에이아오네 바위 그늘의 개와 인물 암채화 |

선각 인물과 완전히 같은 인물이 새겨져 있다. 9km 서쪽의 하나위에도 같은 형식의 인물 암각화가 있다.

이러한 암각화 유적이 모두 히바 오아 섬의 북쪽 해안 기슭에 위치하는 것은 흥미롭다. 그러나 하나이아파와 하나위에 있는 암각화의 제작 시기는 양쪽 다 알 수 없다. 또 남해안인 아투오나 근처의 타하이크에는 양팔을 위로 올리거나 비스듬하게 아래로 내리고, 양다리를 크게 벌리고 있는 인물의 윤곽선을 새긴 암각화가 있다. 이러한 인물은 암각화와 암채화의 차이점은 있지만 에이아오네에 그려진 몇 개의 인물상과 양식이 같다. 또한 타호카에는 인면 암각화도 있지만, 이 인면은 앞서 언급한 보라보라 섬의 포우아이의 암각화에 그려진 인면

| 에이아오네의 인물 암각화 |

과 아주 비슷하다. 그리고 이것들과 아주 유사한 인면이 에이아오네의 암채화 유적으로 올라가는 입구의 메아에에 두 개가 새겨져 있다. 하나는 남성상, 하나는 여성상이다. 남성상은 둥근 머리, 짧은 목, 그루터기 같은 팔, 굵은 허리, 끝이 좁아진 다리를 갖고 있으며, 남근이 명확하게 새겨져 있다. 이 돌에는 동심원이 많이 새겨져 있는데, 이것들은 항상 둘이 대칭이 되어 나타나 있다. 에이아

| 에이아오네의 여성 암각화 |

| 에이아오네의 성혈 |

오네의 메아에에는 성혈을 가진 돌이 있다. 또한 파트 히바 섬에서는 물고기와 동심원의 암각화가 발견되었다.

●● 티키의 보고

마르키즈 제도의 석상인 티키에는 두 종류가 있다. 하나는 메아에소시에테 제도의 마라에와 같은 것으로 불리는 석조의 제사장에 서 있는 티키이며, 또 하나는 독립한 티키이다. 모두 히바 오아 섬에 많은데, 특히 프아마우 골짜기는 티키의 보고로서 많은 석상이 있다.

가장 큰 메아에는 오이포나로 불리며 트에아 산의 기슭에 위치해 여러 단의

| 오이포나의 메아에 |

| 오이포나의 티키 타카이이 |

테라스로 구성되어 있다. 제2의 테라스에 타카이이라고 불리는 티키가 있다. 마라에와 같은 붉은 응회암으로 만들어진 석상으로 높이는 2.59m이다. 다리를 구부린 채 배 위에 양손을 붙이고, 큰 눈은 감은 상태이고, 혀를 조금 내밀고 있다. 이것은 마르키즈 티키의 전형적인 양식을 나타낸다. 이 석상의 포즈 및 양식은 소시에테 제도나 오스트랄 제도의 테잇과 공통되는 것으로 얼굴의 구조는 독특하며, 조각이 얕고, 눈이 크다. 이것은 원래 나무에 조각된 것이 석조로 바뀌었다고 할 수 있다. 그렇게 생각하는 근거는 목재 조각용의 석기를 사용하여 얼굴을 섬세하게 표현해 돌칼 자국이나 능각의 날카로움이 그대로 남아 있기 때문이다.

이 타카이이 석상의 왼쪽 앞에 머리 부분이 없는 티키가 서 있다. 높이

1.52m의 여성상으로 타카이이
석상과 같은 양식이다. 또 타카
이이 석상의 뒤쪽 대각선 방향
으로 높이 1.68m의 기울어진 좌
상이 있는데, 다리 하부가 그루
터기 같이 되어 있다. 같은 테라
스의 서쪽 끝에는 높이 93cm의
큰 인두상이 있다. 얼굴의 표현
은 조각이 얕고, 타카이이 상과
같다.

아마도 제2의 테라스에서
떨어진 것으로 생각되는 목 없
는 상이 제1 테라스의 끝에 있다
높이 2.47m. 이 상은 다른 티키와
는 달리 단단한 화강암으로 만

| 오이포나의 목 없는 티키 |

들어져 있는데 마무리도 꼼꼼하다. 성별은 모르지만 이 지역 사람들은 남성상으
로 여겨 마누이오탓아라고 부르고 있다. 이 석상이 특히 주목받는 이유는 처음
부터 머리 부분과 신체가 분리해서 만들어진 것이다. 즉, 이 상에는 목은 없고,
신체의 상단부에 정교하게 갈린 직경 25cm 정도의 원형 구멍이 파여 있는데, 이
움푹한 곳에 따로 만든 머리 부분이 올려진 것이다. 그러나 그 머리 부분은 유실
되었다.

한층 더 흥미로운 것은 제1 테라스의 북쪽 끝에 있는 기묘한 티키이다. 이
것은 길이가 1.74m이며, 허리를 굽히고 유영하는 듯한 포즈를 취하고 있는 상으

로, 머리의 높이와 폭이 각각 0.9m와 1.25m이고 회색의 단단한 돌로 만들어져 있다. 그러나 얼굴은 다른 마르키즈 석상과 같은 양식이다. 그 외 오이포나의 메아에는 높이 약 50cm의 두 개의 고립된 인두상과 높이 85cm의 석상이 있다. 또 성혈이 있는 돌이 몇 개인가 있는데, 그 하나는 타카이이 석상 앞에 있으며 직경 10×6cm, 깊이 8cm, 또 하나는 제1 테라스에 있으며 직경 12.5×11cm, 깊이 4.5cm이다. 푸아마우에는 오이포나의 메아에 이외에 포우아니, 테오호베바우, 메에파우아, 파에우마누이의 메아에 외에도 특정한 명칭이 없는 메아에나 작은 돌벽 등이 있고, 테오호프아프에는 채석장이 있다. 테오호프아프의 채석장에는 적색과 회색의 응회암층이 있는데, 푸아마우의 티키나 메아에의 돌은 여기에서 채석되었다. 또 푸아마우 골짜기를 100m 정도 거슬러 올라간 곳에서 신체를 부조로, 얼굴을 선각으로 나타낸 높이 80cm의 티키를 새롭게 발견했다. 이 상의 귀는 매우 길다.

현재의 푸아마우 마을 위쪽의 길 안쪽에 토후아, 즉 집회장이 있다. 이 토후아는 돌이 없어져 형태가 많이 바뀌었다고 하는데 현재도 많은 돌을 쌓은 테라스와 파에파에른 주거용 석단가 있으며, 파에파에의 북서쪽 끝 언덕에 수장의 집이 세워져 있다. 파에파에는 수장 가족용의 매장시설이다. 가까운 곳에도 하나의 작은 파에파에가 있는데, 그것은 푸아마우의 마지막 여자 수장이 매장된 곳이다.

| 푸아마우 파에파에의 석상 |

토후아에서 제사를 지내는데 의식에 즈음해서는 수장 및 친족의 남자들이 큰 쪽 파에파에의 서쪽 끝에 앉고, 다른 사람들이 파에파에 아래에 앉는다. 이 파에파에에는 여자는 들어올 수 없고, 여자들은 토후아의 북단에 앉는다.

그 밖에 두 개의 파에파에가 푸아마우 골짜기에 있으며, 이것들은 작은 티키를 가지고 있다. 그중의 하나는 얼굴이나 손의 세부가 나타나지 않은 미완성 석상인데, 모델링은 단순하고 효과적이다. 빡빡 깎은 머리 부분이 이상하면서도 인상적이다. 또 큰 석관형의 무덤 앞에 두 개의 티키가 서 있다. 높이 80cm와 78cm의 귀가 긴 상으로, 조각적으로 훌륭하다. 이것과 같은 양식의 82cm 길이의 티키가 포에바우의 파에파에에 남아 있기 때문에 앞의 두 석상은 여기에서

| 포에바우 파에파에의 귀가 긴 티키 |

옮겨진 것임을 알 수 있다. 이 파에파에에 선각된 돌이 있는데, 자세히 관찰해보니 새높이 20cm, 원형, 소용돌이 문양이 새겨진 것을 알 수 있었다. 헤위에르달은 마르키즈에는 새의 조형은 나타나지 않는다고 했기 때문에 이 새의 암각화 발견은 매우 중요하다. 또한 그라시아P. Gracia도 누크 히바 섬의 메아에에 새의 조각이 있는 것을 보고하고 있다.

포에바우의 파에파에에는 많은 티키가 유존하고 있다. 전승에 의하면 이러한 석상은 파이오하페 골짜기에 사는 마호에프티우인에 의해서 조각되었고, 이 파에파에가 만들어지자 푸아마우의 수장에게 바쳤다는 것이다. 그리고 그 시기는 프랑스 점령 후였던 것으로 여겨지며, 이러한 티키는 마르키즈의 마지막 조각이 된다. 이 파에파에의 집 마루는 밑에다 돌을 깔고 그 위에 60cm, 마루의 측면으로 길이 1~2m, 두께 약 30cm의 많은 석판을 일렬로 늘어세워 놓았다. 그리고 다섯 개의 티키가 이러한 석판 사이에 3.5m 정도의 간격으로 세워져 있다. 이러한 석상은 완전한 입체가 아니고, 배면이 조각되어 있지 않다. 높이는 40~125cm로 머리 부분이 없는 상도 있다. 신체의 표현은 몇 개의 단순한 면을 조합한 것으로, 그러한 면들이 일치하여 확실한 선을 형성해 단호한 표현을 나타낸다. 이것 외에 완전하게 평평한 석판의 오른쪽 밑에 사람의 하복부와

대퇴부만 나타낸 부조가 있다. 이 형식은 구석기시대 후기의 유럽에서 시작된 이른바 비너스상의 계보에 속한다. 또 작은 거북이 얇은 부조로 나타나 있다.

또한 푸아마우에는 거대한 더블 카누의 전설이 있는데 이에 대해서는 후술하기로 한다. 여하튼 푸아마우의 조각은 매우 흥미롭다. 이스터 섬의 석상처럼 귀가 긴 석인상이 있는 점, 거북 암각화가 있는 점, 그리고 많은 티키가 소시에테나 오스트랄의 테잇과 상당히 닮은 양식을 나타낸다는 점 등이다.

푸아마우에서 서쪽으로 약 10km 떨어진 나호에서 평평한 돌 표면에 높이 43cm와 40cm의 2개의 티키를 나타낸 부조를 발견했다. 또 서쪽 방면의 무투우아의 메아에에서도 높이 70cm의 두꺼운 석판에 부조된 티키가 있다높이 55cm. 이 메아에에는 높이 83cm의 극히 양식화된 입체의 티키도 있다.

아투오나의 골짜기에도 많은 유적이 있다. 테트아아우타니, 프니아오하, 무우테아, 옷오바우, 포우아우, 앗하 등의 메아에와 페키아, 파후오네, 헤코쿠아 등의 토후아집회장이다. 이것들 안에 약간의 티키가 남아 있는데, 주목해야 할 것은 앗하의 석벽에 새겨진 세 개의 인면, 포우아우의 머리가 큰 석인상과 세 개의 작은 석상, 머리 부분이 부서져 분리된 테트아아우타니의 임신한 여성상 등이다. 또 아투오나의 토후아에는 길고 큰 귀를 가진 작은 석상이 있다.

아투오나 골짜기에 있는 상당수의 티키는 원래 있던 장소에서 옮겨져, 아투오나 마을의 동사무소와 나이키 시장 앞에 놓여 있다. 테트아아우타니의 메아에에 있던 인두가 나이키 앞으로 옮겨진 것처럼, 이러한 인

| 아투오나 동사무소 앞의 티키(머리 부분) |

두상은 모두 동심원의 큰 눈을 갖고 있으며, 열린 입에 혀를 약간 내밀고 있어 마르키즈 석상의 특징을 잘 나타낸다. 또 푸아마우와 포에바우의 티키처럼 몇 개의 단순한 면을 조합해 신체를 표현한 머리가 없는 티키도 있다. 이 양식은 특수하기 때문에 전술한 바와 같이 마호에프티우인에 의해 만들어진 것일 것이다. 또 정성스럽게 만들어진 삼각형의 돌높이 53cm이 있지만 무엇에 사용되었는지는 모른다. 이것과 같은 돌이 푸아마우의 메아에파우아에도 유존하고 있다.

히바 오아 섬은 고갱P. Gauguin이 살았던 곳이다. 타히티에 환멸을 느낀 그가 원시미를 찾아 이 섬에 상륙한 것은 1901년 9월이다. 그는 테메티우 산의 기슭에 있는 조용한 아투오나에 정착해 '즐거움의 집'에서 그림 그리기에 전념한다. 그러나 1903년 5월 9일, 심장 발작으로 55세에 사망했다. 그의 무덤은 아투

| 고갱의 무덤 |

오나를 내려다볼 수 있는 언덕 위의 마을 묘지에 있다. 고갱은 프랑스에서 타히티로, 그리고 다시 히바 오아로 생활 본거지를 옮기면서 유럽의 세련된 미에 역행해 평화롭고 친밀한 회화적 세계를 찾아냈다. 소박하고 건강한 이국정서의 희미한 멜랑콜리, 그것은 고전 예술에 대한 과감하고도 반역적인 남국의 꽃이었다.

●●● 마르키즈의 역사

마르키즈 제도는 크게 둘로 나뉜다. 히바 오아 섬을 중심으로 타후아타 섬과 모호타네 섬 등의 남동의 두서군과 누크 히바 섬을 중심으로 우아 포우 섬과 우아후카 섬 등으로 이루어지는 북서의 도서군이다. 이러한 섬들은 모두 현무암으로 이루어진 화산섬으로 잘라 끊은 듯한 절벽의 해안선을 갖고 있다. 적도에 가까운데도 산호초가 발달하지 않은 것은 연안에 훔볼트 한류가 흐르고 있기 때문이다. 해안선의 절벽은 군데군데 나누어지고, 깊게 파고 들어간 만으로 통하는 입구로 되어 있다. 이러한 만은 모두 높은 벼랑 사이에 긴 좁은 골짜기 끝에 있는데, 해안선이 내륙부 깊숙이 들어가 있는 곳이 많다. 따라서 강물이 산으로부터 단번에 떨어져 무수한 폭포를 만든다. 바람이 남동에서 불어와 바람이 불어오는 쪽의 섬 남동부는 비가 많이 내리고, 반대로 높은 산으로 차단된 북서부에는 비가 거의 내리지 않아 사막화되어 있다. 누크 히바 섬의 인구가 많다고 해도 섬 전체 인구가 2,500명 정도밖에 되지 않고, 아무도 살지 않는 북서부는 불모지대이다.

공항에서 7km 정도 가면 하호푸 해안이 있고, 그곳에서 배를 타고 섬을 반 바퀴 돌아 남해안의 타이오하에에 도착했다. 마르키즈 제도에서 가장 큰 마을로 인구는 약 1,000명이다. 누크 히바 섬에 간 것은 동해안의 타이피바이 골짜기의 메아에와 토후아집회장군을 조사하기 위해서이다.

이 골짜기는 멜빌H. Melville의 처녀작 『타이피』로 알려졌다. 1841년에 그가 고래잡이 배를 타고 누크 히바 섬까지 왔을 때 배 안에서의 생활이 힘들어서 탈주해, 섬을 헤매다 타이피바이로 들어와 한 달을 보냈다. 이때의 체험에 픽션을 가미해서 섬사람들의 풍속이나 관습에 대해 소개하고, 자연 그대로의 생활을 찬미한 책이다. 이책은 남태평양을 다룬 최초의 문학서일 뿐만 아니라 신선한 감각이 넘치는 청춘 스토리로 서구 문명에 비판을 던지고 있다.

타이피바이에는 7기의 티키가 있다고 한다. 그러나 그 후 헤위에르달이 4기를 더 발견해서 현재는 11기의 티키가 있다. 이러한 티키는 전형적인 히바 오아 석상에 비해 눈이 작고, 입은 둥글며 조금 벌리고 있다. 또 이 골짜기의 우아하케 쿠아에는 거대한 돌을 쌓아 만든 옹벽을 가진 파에파에가 있고, 거석 중 몇 개는 무게가 수톤이나 나간다. 이 파에파에는 길이 180m, 폭 24m, 높이 4.6m의 흙으로 쌓아 올린 구조의 거대한 인공 제단이다. 이 제단 위에 세운 집은 대대로 수장과 신관이 살았다. 서그스R. C. Suggs의 조사에 의하면 이 파에파에는 오래된 작은 제단에서 점차 발달해, 마지막으로 거대한 제단에 이르는 과정이 판명되었다. 이 제단의 정교한 석조 구조는 이스터 섬 비나푸의 제단과 유사하다.

그러면 이스터 섬의 석단이나 석상과 관계가 있는 마르키즈의 역사를 개관해본다. 1956~57년에 서그스는 누크 히바 섬 동해안의 하아투아투아 유적의 발굴에 의한 기원전 124년이라는 연대와 동폴리네시아에서 가장 오래된 토기 조각, 조개 장신구, 조개제 도구 등의 조사에 의거해 마르키즈 문화의 편년을 시도했다. 또 시노토 요시히코 씨는 1963~68년에 하아투아투아 외에 우아하카 섬의 하네 유적과 히바 오아 섬 북쪽 해안의 유적군에 대한 발굴조사를 했다. 그리고 방사성 탄소의 자료에 의거해 토기 조각, 낚싯바늘, 그물추, 돌도끼, 장신구 등의 편년 연구를 통해서 서그스의 자료 수집의 미비를 지적하고, 마르키즈 문화의 시작을 서기 300년으로 했다. 이 책에서는 시노토 씨의 편년 연구에 의거해 마르키즈의 역사를 약기한다.

- 제1기 300~600년: 하아투아투아에서 발견된 인골은 폴리네시아인으로, 당시 사람들은 남성의 두골 보존을 특색으로 하는 조상숭배를 했다. 여러 종류의 유물은 그 기원이 서폴리네시아에 있음을 나타내고 있다.
- 제2기 ~1300년: 인구의 증가와 동시에 풍부한 빵나무에 의존하면서 생활을 향상시켰다. 메아에의 규모가 커져 복잡해졌으며, 티키의 제자이 시작되었다. 또 주위의 다른 섬들로 이주하기 시작했다.
- 제3기 ~1600년: 동부 해안 골짜기의 인구가 한계에 이르자 씨족 간에 투쟁이 벌어지기 시작했으며, 패배한 집단은 서쪽의 살기 어려운 건조지로 이동했다. 또 어떤 집단은 마르키즈 제도의 작은 섬이나 투아모투 제도로 이주했다. 이러한 싸움을 통해서 씨족 단위의 공동체 사업이 활발해져 수장이나 신관의 권력이 강해졌고, 또한 티키도 많이 만들어졌다.
- 제4기 ~1800년: 거석 건조물이나 조각이 현저하게 발달했다. 우아하케쿠아의 거대한 파에파에 등이 수톤에 이르는 거석으로 만들어졌다. 그즈음 마르키즈 제도의 인구는 10만 명을 넘은 것으로 생각되는데, 인구는 빵나무나 얌참마의 일종 등을 주로 하는 폴리네시아형 농경을 최대한 발달시키는 것으로 유지되었다.

그러나 18세기 말에 마르키즈 제도에 고래잡이 기지가 만들어짐과 동시에 인구가 급격히 감소한다. 포경 어부들의 학살 외에도 노예 상인에 의한 납치와 그때까지 알려지지 않았던 병성병이나 천연두, 알코올, 마약, 총, 화기 등이 주된 원인이었다. 급기야 1921년에는 2,000명까지 감소했다. 그러다가 1960년대가 되자 5,000명으로 회복했다.

●●● 하와이의 조형예술

호놀룰루의 비숍 박물관에는 소시에테 제도의 마라에와 상당히 닮은 형식과 기능을 가진 헤이아우의 모형이 전시되어 있다. 헤이아우의 형식은 전술한

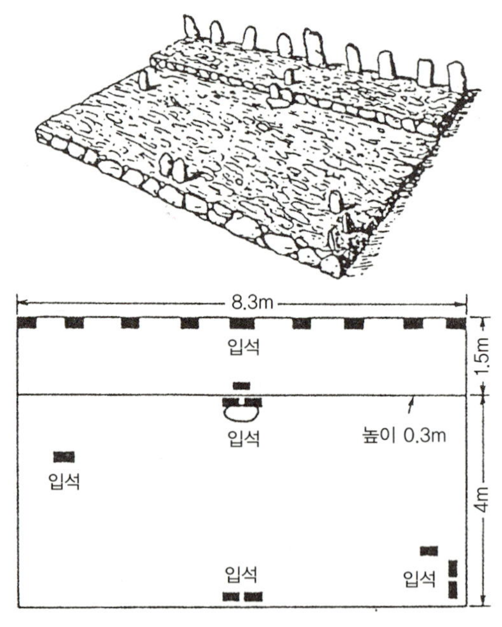

| 넥카 섬의 헤이아우 |

타히티의 내륙형 마라에에 속하며, 크게 석벽만 있는 것, 석벽으로 둘러싸인 형태의 것, 그리고 계단식 피라미드라는 세 개의 기본 형식으로 나누어진다.

그러나 신관들이 잇따라 새로운 설계를 하는 바람에 변화가 매우 심하다. 하와이와 타히티의 관계에 대해서는 하와이에서 타히티로의 항해뿐만 아니라 타히티에서 하와이로의 항해에 관한 전설도 많이 남아 있다. 헤이아우는 양자의 접촉을 나타내는 단적인 예로, 그 기원은 13세기까지 거슬러 올라간다. 하와이 섬의 마누아 케아 산정 석벽의 제단에 돌을 배치한 소형의 헤이아우나 돌제단 위에 입석 또는 석상을 늘어놓은 넥커 섬의 헤이아우는 초기의 형식임을 나타낸다. 시대의 경과에 따라 제단의 규모가 커진다. 이러한 헤이아우는 낮은 제단 앞이나 둘레에 돌담을 쌓은 뒤 그 안에 신상을 세우고, 제단 근처에 신탁을 받은 탑이나 공물대, 의식 용기와 도구를 수납한 오두막을 배치하는 것이 일반적이었다.

석조 구축물에는 관개용의 수로도 있다. 특히 카우아이 섬의 메네후네 수로는 장방형의 석판을 잘라 딱 맞춘 정연한 면을 가지고 있다. 이와 같이 정교한 기술은 하와이 제도에서는 드물지만 같은 석재 가공 기술이 이스터 섬 비나푸의 아후에서도 보이는 것은 흥미롭다.

| 하와이 섬의 석상 |

비숍 박물관에는 넥카 섬에서 가져온 몇 개의 석상이 있다. 높이는 20~ 50cm이며 현무암으로 만들어져 있다. 크게 나누어 두 개의 기본 형태가 있는데, 하나는 연마한 표면을 가진 날씬한 석상, 또 하나는 엉성한 표면을 가지는 단조로운 석상이다. 양자의 일반적인 특징은 다리를 조금 벌리고, 짧은 팔과 넓은 어깨를 갖고, 타원형의 머리 부분이 직접 어깨로 연결되어 목이 없고, 둥글고 단조로운 얼굴에는 두꺼운 입술을 가진 입이 벌어져 혀를 내밀고, 달걀형의 눈이 융기해 있다. 그중에는 양팔이 그루터기처럼 된 석상이 있는데, 그것은 쿠우라라고 칭해지는 물고기 신을 나타낸 석조와 조형 원리가 같다.

비숍 박물관 안마당에 몇 개의 조각이 놓여 있다. 그중에 이스터 섬의 마케마케신과 닮은 하트형의 얼굴을 한 높이 28cm의 인두상이 있는데, 얼굴은 전술

| 오아후 섬의 인물 부조 |

한 하와이 석상의 특징을 나타내면서도 어깨로부터 아래의 세부가 나타나지 않은 원추형의 석상이 있다. 또 해수를 증발시켜 소금을 채취하기 위한 그릇 모양의 움푹한 돌, 오히키라고 일컬어지는 상어 신을 나타낸 돌, 성혈을 규칙적으로 새긴 돌, 추상적인 인물을 선각한 돌 등이 있다.

그러나 특히 주목해야 할 것은 오아후 섬의 모아나르아에서 발견된 것으로 웅크린 자세로 양손을 얼굴 앞에서 든 두 명의 인물을 나타낸 부조가 있다. 이 인물상의 스타일은 후술하는 이스터 섬 오론고의 부조 조인鳥人과 아주 비슷하다. 또 조인 자체를 나타낸 암각화가 라나이 섬의 카우놀루에 있고, 조인 암채화가 마우이 섬의 와이오호누에 남아 있다. 이러한 조인 양식은 타히티 오론고의 주인과 다르지만 하와이에서도 주인 신앙이 있었음을 나타내는 것으로 주목받는다.

하와이 제도 전역에 방대한 양의 암각화가 분포하고 있다. 이것들은 하와이어로 카하킷이로 불리는데, 카하는 '새기는', 킷이는 '그림'이라는 뜻이다. 이러한 암각화의 기법은 크게 나누어 네 종류가 있다. 즉, 날카로운 석기로 형상의 윤곽을 조각한 것, 깨서 조각한 것, 둥근 석기로 두드려서 조각한 것, 석기로 갈아서 형상을 나타내는 것 등이다.

호놀룰루의 누아누 기념 공원묘지 가까이의 누아누 강을 따라 세 곳에 암각화가 있다. 누아누 강가의 서쪽 절벽 벼랑, 아라페나 서쪽 호숫가의 깊은 바위 그늘, 아라페나 호수 근처의 절벽 등에 인물상과 개 등 약 40점의 암각화가 새겨져 있다. 모두 선 내지 고타법敲打法의 경직된 양식을 나타내고 있다.

누아누의 인물상은 양팔을 어깨 옆으로 펴고 팔꿈치로부터 손을 수직으로 내리고 있으며, 양 허벅지를 크게 벌리고 무릎을 굽히고 있는데 이것은 하와이 제도의 암각화 인물의 가장 보편적인 스타일이다. 이러한 인물을 상하로 겹쳐서

| 누아누의 바위 그늘의 인물과 개 암각화 |

나타내면 이른바 지네형이 된다. 이런 종류의 인물상선곡한 인물을 연속해 표현하면 하와이 섬의 푸아티오 암각화와 같이 수십 명이 행진하는 정경이 된다. 흥미로운 것은 이러한 양식화된 인물 및 지네형의 인물상이 전술한 마르키즈 제도 히바 오아 섬의 에이아오네에서 발견된 암채화의 여러 인물상들과 완전히 똑같은 형식을 하고 있다는 점이다.

이 같은 현상은 개 암각화에도 그대로 나타난다. 누아누를 필두로 하와이의 암각화에 그려진 개는 항상 꼬리를 위로 세우고 있는데 이것은 히바 오아 섬의 에이아오 암각화에 나타나는 개와 같은 형식을 하고 있다. 개가 언제나 이러한 포즈를 취한다고는 할 수 없는데, 같은 패턴으로 나타나는 것은 전술한 인물상의 스타일이 공통되는 것과도 관련되고, 하와이와 마르키즈와의 밀접한 관계를 말해주고 있다.

하와이의 암각화에는 다양한 모티프가 나타난다. 가장 많은 것은 성혈과 동심원이며, 때로는 넓은 암면 전체에 무수히 새겨져 있는 경우도 있다. 그 외에 물고기, 새, 거북, 닭, 산양, 말을 타는 사람, 더블 카누나 범선, 닻, 발자국, 추상 도형 등이 있고, 새로운 시대의 암각화에는 총이나 교회 등이 나타난다. 또 암각화 외에 암채화도 있다.

이러한 암각화의 제작 목적은 알려져 있지 않다. 그러나 암각화가 새겨져 있는 바위 그늘, 암면, 암석 등의 유적의 상황으로 보아 거기서 어떠한 종교 의례가 행해진 것은 분명하다. 번식의 상징인 동심원이 많이 새겨져 있는 것도 이것을 뒷받침한다. 그리고 이러한 암각화는 남태평양 전역에 널리 분포하는 동종의 암각화와 밀접하게 관련된다.

이스터 섬

이스터 섬의 수수께끼

이스터 섬은 남태평양에 떠 있는 절해의 고도이다. 지리상으로 폴리네시아에 속하지만 다른 섬들과는 광대한 바다를 사이에 두고 멀리 떨어져 있다. 바운티호에서 반란을 일으킨 뱃사람들이 들어간 섬으로 알려져 있는 서쪽의 피트카이른 섬과는 약 1,600km, 동쪽의 칠레 해안과는 3,700km나 떨어져 있다.

이스터Easter라는 명칭은 1722년에 네덜란드의 롯헤벤M. J. Roggeveen이 부활절 날 발견했을 때, 퍼스 에이란드Paasch Eyland라고 명명했던 것에서 유래한다. 그때 그는 해안에 나란히 서 있는 거인상을 보고 돌로 채워진 점토제일 거라고 생각했다. 당시 섬사람들은 초가집에 살고 있었기 때문에 이러한 거인상이 한 개의 석제로 조각되어 있다고는 도저히 생각할 수 없었던 것이다. 1774년에 영국의 유명한 탐험가 쿡J. Cook이 방문하였고, 1786년에 프랑스의 라페루즈J. F. G. LaPerouse가 상륙했는데 그때는 거인상의 상당수가 넘어져 있었다. 그리고 1888년 이래 칠레령이 되면서 파스크아 섬으로 불렸다. 그러나 섬사람들은 폴리

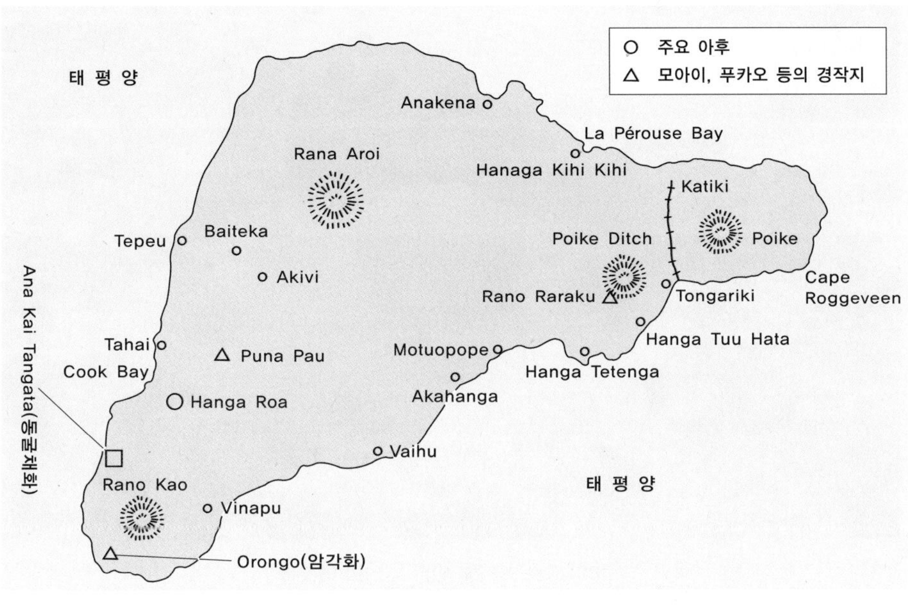

| 이스터 섬 |

네시아어로 라파누이라고 한다.

이스터 섬의 형상은 라노 카오, 라노 아로이, 카티키라는 세 개의 휴화산을 정점으로 삼각형을 나타내고, 면적은 118km²로 이즈오시마태안의 안면도보다 조금 크다. 토지는 각처에 용암류가 보이는 화산성 토양으로 수목은 거의 없고, 강도 없고, 바위투성이의 해안에 산호초도 없다. 일찍이 주민들은 이 섬을 테 피트 오 헤누아, 즉 세계의 배꼽돌이라고 부르고 있었는데 실제로 '세계의 배꼽돌'이라고 불리는 예쁘게 닦인 둥근 돌원주는 최대 2.4m이 한가 키히 키히 해안에 있다. 이러한 황량한 풍경에서 과거의 번성했던 시절을 상상하는 것은 어렵지만 1만 개 이상의 주거유적이 남아 있기 때문에 옛날에는 인구도 많았고 토지도 비옥했던 것을 알 수 있다.

| 한가 키히 키히에 있는 세계의 배꼽돌 |

　　이스터 섬의 거대 석인상은 모아이라고 불린다. 높이 3~20m의 응회암제로, 일부를 제외하고 현저하게 정형화되어 있다. 이것은 전문적인 조각가 집단이 있었던 것을 나타낸다. 섬 각처에 약 1,000개의 모아이가 잔존하고, 또 모아이가 서 있었던 석단이것을 아후라고 한다은 약 350개가 있다. 시르스보르드 A. Skjolsvold의 추정에 의하면 높이 5m의 모아이를 만들기 위해서는 30명의 조각가가 일 년이 걸린다고 한다.

　　대부분의 모아이는 라노 라라쿠 산에서 만들어졌다. 이 산은 사 화산으로, 화구에는 호수가 있고 토토라라는 풀이 있다. 산은 응회암으로 되어 있고, 이 돌로 모아이가 조각되었다. 조각의 도구가 된 석기는 화산 폭발 때 생긴 현무암으로 만들어졌다. 이 산에는 조각의 소재와 도구가 충분히 있으며, 그것이 라노 라라쿠가 모아이의 최대 제작지가 된 이유이다. 산의 경사면에는 많은 모아이가

| 라노 라라쿠 산의 화구호 |

남아 있는데, 어떤 것은 서 있고 어떤 것은 쓰러져 있다. 또 만들다가 도중에 방치된 모아이가 150개나 남아 있다.

그렇다면 모아이는 어떤 목적으로 만들어졌을까? 왜 이렇게 많고, 게다가 거대한 모아이가 왜 만들어졌을까? 왜 미완성인 채 방치되어 쓰러져 있을까? 또 무게가 수십 톤이나 되는 모아이를 차도 없이 어떻게 옮겼으며, 기중기도 없이 어떤 방법으로 높은 석단 위에 세울 수 있었을까? ─ 나라현 아스카 마을의 이시부타이 고분의 가장 큰 돌은 77톤으로 평균적인 모아이의 무게와 같다. ─ 그리고 무게가 몇 톤이나 되는 푸카오라는 모자를 어떻게 모아이의 머리 위에 올렸을까? 초기에 유럽인 방문자들은 누구나 섬사람들에게 같은 질문을 했다. 그때마다 그들의 대답은 언제나 같았다. "모아이는 걸어서 라노 라라쿠로부터 왔다. 그러나 어느 날 갑자기 모아이는 움직일 수 없게 되었다"고 전한다.

| 라노 라라쿠의 귀가 긴 모아이 |

| 라노 라라쿠의 제작 도중 방치된 모아이 |

이러한 수수께끼를 풀기 위해 많은 학자들이 다양한 조사와 연구를 했다. 미국의 톰슨W. J. Thomson, 1886, 영국의 라우트리지K. S. Routlege, 1914~1915, 프랑스의 메트로A. Metraux, 벨기에의 라바슈리H. Lavachery, 1934~1935, 독일의 엥라트P. S. Englert, 1935~1939, 노르웨이의 헤위에르달T. Heyerdahl, 1955~1956 등 많은 연구자의 노력에 의해 이스터 섬의 수수께끼의 대부분이 해명되었고, 또 많은 모아이가 아후 위의 원래 장소에 복원되었다.

많은 학자는 이스터 섬의 거석문화는 폴리네시아인이 만들었다고 생각하며, 그들은 아시아에서 출발해 멜라네시아의 섬들을 거쳐 폴리네시아로 이주해 왔다고 한다. 이에 대해 콘티키호의 표류 항해로 알려진 헤위에르달은 이스터 섬 문화는 남아메리카에서 온 사람들에 의해 만들어졌다고 주장한다. 또 영국의 브라운J. M. Brown은 모아이는 수몰한 대륙 파시피스의 유물이라고 추정하였고, 처치워드J. Churchward는 무대륙 전설을 주장했다. 더욱이 대니켄E. V. Daniken은 이스터 섬이 우주인의 발신 기지였다고 한다.

우주인설 같은 몽상은 제쳐두고, 무대륙설은 현재까지도 일부 지지자가 있으므로 그 논거를 요약해 소개한다. 브라운은 『태평양의 수수께끼1924』에서 수몰 대륙의 마지막 자취가 바로 이스터 섬의 거석문화라고 한다. 그의 가설에 의하면 그와 같은 거석 인상을 많이 만들려면 고대 이집트에서 피라미드를 건설한 것 같은 권력과 노동력이 필요하기 때문에 그 배후에 수몰된 대륙과 왕국의 존재가 예상되며, 그러한 제왕이나 귀족을 위한 제사 장소가 이스터 섬이었다고 한다. 그리고 이러한 제왕 중 한 명이 이스터 섬 전설에 나오는 호투 마투아라고 한다. 이 대륙이 수몰된 연대에 대해서는 데이비스E. Davis가 이 해역에서 높은 해안을 보았다고 하는 1687년과 롯헤벤이 이 섬을 찾아낸 1722년 사이라고 생각한다. 이 기간에 이변이 있던 것을 나타내는 것으로는 라노 라라쿠에서 모아

| 이스터 섬의 아후타하이 |

이의 제작이 돌연 중지된 것, 넓은 포장도로가 물가에서 끝나 있는 것 ─ 따라서 이러한 도로는 해저로 연결되어 있다 ─ 을 지적한다. 또 그는 늑골이 노출된 모아이 카바카바라고 불리는 목제의 소상이 인도네시아의 인형극 와양에서 사용되는 꼭두각시 인형을 닮아 있는 점, 마르키즈 제도나 피트케안 섬에서 석제 인상이 발견된 점, 워레아이 섬에 문자가 남아 있던 것 등을 열거하며 남아메리카 대륙 볼리비아의 티아후아나코의 석조 구축물은 파시피스Pacifis 이변의 피난자들에 의해서 만들어졌다고 주장한다.

그러나 파시피스설은 연대로 볼 때 문제가 있다. 지질학이나 지구물리학의 자료에서 대륙의 수몰은 현재 인류가 나타나기 이전의 먼 옛날인 것을 나타내고 있으며, 스웨덴의 해양조사대 보고에 의하면 이스터 섬은 적어도 100만 년 동안은 지질학적으로 안정되어 있다는 것이다. 또 브라운이 말하는 포장도로는 길이 아니라 배를 해안으로 끌어올린 것으로, 해저에는 연결되지 않는 것으로 판명되었다.

헤위에르달은 남아메리카 기원설을 주창한다. 1947년에 그는 고대 페루와 같은 배, 즉 바르사의 나무, 대나무와 갈대로 만든 콘티키호를 타고 페루 해안을 출발해 투아모투 제도에 표착했다. 그의 생각은 남아메리카에서 출발해 서쪽의 태평양으로 향하면 강한 훔볼트 해류와 무역풍에 의해서 용이하게 항해할 수 있지만 반대 방향, 즉 서부 오세아니아에서 출발해 동쪽의 섬들로 향하려면 원시적인 배로는 불가능하다고 생각하여 그것을 실증하려고 했다. 콘티키라는 배 이름은 잉카 신화에 나오는 백인의 신관에서 유래한다. 콘티키는 티티카카 호수의 싸움에 져서 태평양 기슭으로 도망쳐 서쪽을 향해 항해했다고 전해진다. 이 전설을 기념하여 헤위에르달은 자신의 배를 콘티키라고 명명한 것이다. 그 후 그는 이스터 섬에서의 조사와 발굴조사를 통하여, 이 섬의 문화가 남아메리카의 프레 잉카 문화와 밀접하게 관련된다고 주장했다. 헤위에르달설은 풍부한 자료를 근거로 하기 때문에 면밀하게 검토할 필요가 있다.

●● 호투 마투아의 전설

이스터 섬에 호투 마투아 전설이 있다. 그는 히바 섬의 수장이었지만 싸움에 져서 세계의 배꼽인 이스터 섬에 건너왔다고 여겨진다. 그러나 또 다른 전설에서 그는 히바 섬이 바다 속에 가라앉아 이스터 섬으로 이주했다고도 전한다. 호투 마투아가 히바 섬을 떠난 이유는 제쳐두고 전설은 다음과 같다. 호투 마투아 자신 혹은 그의 부하 한 명이 꿈속에서 아득히 동쪽의 해가 떠오르는 방향의 높은 사화산을 보고, 일곱 명의 부하들에게 탐색하게 해서 이스터 섬을 발견하였다.

호투 마투아와 그의 부하들은 몇 종류의 나무, 풀, 동물을 데리고 이스터 섬에 왔다. 그들은 북부 해안의 강 어귀에 상륙했는데, 이 강 어귀는 아나케나7월이라는 뜻로 이름 붙여졌다. 덧붙여서 서폴리네시아의 섬들에서 이스터 섬으로 부는 바람을 이용하는 방법은 7월이나 8월에 항해하기 때문에 이 전설은 중요하다.

그들에 의해 섬의 개척이 시작되었다. 그러나 강이나 샘이 없었기 때문에 빗물을 모아두기 위한 저수지를 만들지 않으면 안 되었다. 또 가져온 빵나무나 야자나무는 자라지 않았고, 마나 얌참마의 일종은 잡초와 같이 잎은 우거졌지만 뿌리가 살찌지 않았다. 그래서 쿠마라고구마를 주식으로 했다. 한편, 식용이 된 동물은 닭과 쥐 그리고 물고기였다.

곧 최초의 전투가 시작되었는데, 이것은 히바 섬에서의 내전의 연장이었다.

적인 오로이가 부하로 변장해 호투 마투아의 배에 잠수해 들어가 섬에 상륙했
다. 호투 마투아는 오로이를 죽였으며, 이스터 섬에는 호투 마투아 왕국이 탄생
했다.

이윽고 호투 마투아는 병이 들어 맹인이 되었다. 그는 아들들에게 섬을 나
누어주었다. 이것이 아마도 후세의 이스터 섬에 할거한 10~12개 지역 집단의
기원이겠지만, 장남은 아버지가 죽고 난 후 히바로 돌아갔다고 한다. 그 후 호투
마투아가 속하는 하나우 모모카야원 사람인과는 다른 하나우에에페 — 헤위에르
달은 '장이족長耳族'이라고 번역하지만 실제 의미는 '살찐 사람'이다 — 인이 새롭
게 이주해 왔다. 그들은 여성을 동반하지 않고 온 것으로 보아 아마도 우연히 표
착했을 것이다. 하나우에에페족은 처음에는 섬 동부의 포이케에 살았지만 서서
히 하나우모모카를 압박해 섬 전체를 지배하에 넣었다. 그리고 거대한 모아이를
만들기 시작했다.

이윽고 양자 사이에 분쟁이 시작되었다. 어느 날 하나우에에페가 하나우모
모카에게 섬의 평지에 산재해 있는 무수한 돌을 없애도록 명했다. 시달리고 있
던 하나우모모코는 명령을 거부하고 반란을 일으켜, 하나우에에페를 카티키 산
의 중턱까지 몰아넣었다. 하나우에에페는 긴 굴을 만들고 연료를 채워 정면에서
공격해 오는 적에게 불을 지를 준비를 갖추었다. 그러나 허를 찔려 하나우모모
카에게 배후로부터 공격받아 그들은 스스로 만든 불바다 속에 던져졌다. 내전이
끝났을 때 살아 남은 하나우에에페는 한 명뿐이었다. 실제로 그 굴은 포이케 수
로로 불리면서 잔존해, 하나우에에페의 부뚜막이라는 명칭이 남아 있다. 이 내
전 때 하나우에에페가 만든 많은 모아이가 쓰러졌다.

그런데 이러한 부족 항쟁은 단지 경작지의 잡석을 둘러싼 분쟁에서 발생했
다기보다 더 복잡한 이유 때문일지도 모른다. 즉, 인구증가에 의한 식량부족이

나 모아이나 아후 등의 대규모 건설에 따른 삼림 벌채 때문에 환경과 사회질서가 변화했을 것이다. 이 추측이 옳다고 한다면 라노 라라쿠에서 모아이 제작이 돌연 중지되고 모아이가 파괴된 이유를 알 수 있다.

현재의 이스터 섬에서 가장 어려운 일은 나무를 기르는 것이다. 토양층이 매우 얇기 때문에 뿌리를 깊이 내리지 못하고, 게다가 바람이 강하기 때문에 석벽을 쌓아 올려 나무를 보호하지 않으면 안 된다. 그러나 이전에는 토양층이 훨씬 더 두터웠고, 많은 종류의 나무가 자라고 있었던 것 같다. 초기의 방문자들은 한결같이 파란 수목이 뒤덮여 있고, 보기 좋게 구획된 경지에 대하여 기록하고 있다. 롯헤벤 탐사대의 서기관은 다음과 같이 쓰고 있다. "모든 식물이 재배되고 있었다. 토지는 정연하게 구획되었으며, 그 경계선은 곧았다." 일찍이 이스터 섬에는 지금은 소멸된 많은 종류의 나무가 있었다. 목제 조각의 재료가 된 원생의 토로미로, 그 나무껍질로 밧줄이나 어망을 만든 하우하우, 타파나무 껍질 옷감에 이용된 마후테, 열매 껍질로 목걸이를 만든 마리쿠루, 허기질 때 그 열매로 굶주림을 견딘 마누나우 등이 있었다.

그런데 모아이를 만들어 옮기기 위해서 나무가 남벌되고 숲이 없어지면서 접시를 뒤집어놓은 것 같은 지형인 이 섬의 토양은 단번에 바다로 유실되었다. 나무가 줄어들면 바다의 물고기를 잡기 위한 카누도 만들 수 없게 된다. 세월이 흐를수록 근해 어업에 의한 물고기 뼈의 출토가 적어지는 것은 이 때문이다. 이스터 섬에는 전쟁에 관한 전설이 많이 남아 있는데 17세기 이후에는 흑요석으로 만들어진 화살촉의 출토가 갑자기 많아진다.

호투 마투아가 상륙했다고 하는 아나케나 해안에 아투레 후키라고 불리는 아후가 있고, 그 위에 호투 마투아 석상이라고 전해지는 모아이가 서 있다. 넘어져 있던 것을 헤위에르달이 복원한 것이다. 그것은 정형화된 일반 모아이와는 양식이 분명하게 다르고, 오래된 양식을 나타내고 있지만 과연 이것이 호투 마투아상일까?

그런데 호투 마투아 전설에 등장하는 히바라는 곳은 마르키즈 제도의 한 섬이라고 생각된다. 그 이유는 호투 마투아가 서쪽에서 온 것과 마르키즈와 이스터 섬의 고고학적 및 인류학적인 여러 특징이 비슷하기 때문이다. 거기에 대해서 메트로는 다음과 같은 유사점을 제시하고 있다. 마르키즈 제도의 섬사람들의 문신이 이스터 섬의 문신과 유사하다. 마르키즈의 티키 얼굴도 이스터 섬의 암면 부조나 암각화의 얼굴과 같은 형식이다. 마르키즈와 이스터 섬 씨족의 역사를 알리는 전승이 같은 내용을 상징적으로 나타내고 있는 점을 들고 있다. 또한 그 후의 고고학적 발굴조사에 의해서 양자의 많은 유사점이 밝혀졌다. 예를 들

| 이스터 섬의 아후 아투레 후키 |

어 양자의 석기의 기본 형식이 일치하는 점과 대형의 회전식 낚싯바늘이나 현무
암제의 낚싯바늘과 같은 많은 어로 도구의 유사점, 배를 본뜬 것 같은 타원형의
주거 형태 등을 들 수 있다. 그러나 마르키즈와 이스터 섬을 명확하게 연결시키
는 것은 무엇보다도 종교적인 석조 유물들이다.

● ● 여러 가지 아후 상

　　이스터 섬에는 아후라고 칭해지는 제사 유적이 350개나 남아 있다. 그 대부분은 해안 근처에 만들어져 있지만 그중에는 아키비의 아후처럼 내륙부 언덕의 경사면에 만들어진 것도 있다.

　　이 아후는 대개 장방형으로 된 석단의 장변이 해안에 평행하게 세워져 있는데 그 형식은 다양하다. 돌을 쌓아올린 단순한 형태의 아후, 가공한 대형 석재로 옹벽을 만든 아후, 내륙부를 향하여 경사면을 갖는 계단형의 제단 ─ 길이가 180m에 이르는 것도 있다 ─ 과 결합된 아후, 석단의 장변 양 끝에도 계단형의 석단을 갖는 아후, 모아이를 안치한 아후와 모아이를 안치하지 않은 아후 등이 있다. 이러한 석단의 표면은 평평하게 포장되어 그 안쪽에 잡석을 채워 넣었으

| 아키비의 아후 |

| 아후타하이 |

| 아후타하이의 모아이 |

며, 때로는 아바나로 불리는 매장 시설을 만들었다. 많은 경우 석단의 뒤쪽은 큰 석판으로 옹벽을 만들고, 석단의 앞쪽은 비스듬하게 둥근 돌을 쌓아 놓았다. 이 옹벽 안에는 비나푸의 아후와 같이 거대한 석판을 빈틈없이 접합한 것이 있다.

이러한 아후의 용도는 19세기 후반에 구미의 연구자들이 조사했을 무렵에도 알 수 없는 상태였다. 단지 도민이 기억하고 있었던 것은 기독교가 유입되기 이전에는 아후에 죽은 자의 사체를 매장하는 관습이 있어, 그때에 제연이 개최된 것, 몇 개의 아후가 특정 씨족의 가계에 속하고 있는 것 정도였다. 실제로 많은 아후 아카한가에 매장된 두개골 등의 인골을 볼 수 있다. 그러나 이와 같이 유해가 썩어 뼈만 남게 되면 뼈를 모아 아후의 구멍에 매장하는 풍습세골장이 일반화된 것은 후대에 이루어진 것이라는 견해도 있다.

이스터 섬의 아후는 소시에테 섬의 마라에, 마르키즈 제도의 메아우, 하와

| 아나케나의 아후 나후나후 |

| 아후 아카한가의 매장소 |

이 제도의 헤이아우와 아주 유사하다. 또 소시에테 제도에서는 마라에 안쪽에 만들어진 석단을 아후라고 부르고, 마르키즈의 누크 히바 섬이나 우아 포우 섬에서도 이런 제단을 아후라고 한다. 이러한 사실로 보아 이스터 섬의 아후는 소시에테의 마라에, 마르키즈의 메아에와 같은 기능을 가졌을 것이라고 생각된다. 즉, 이것들은 수장을 중심으로 하는 왕족 내지 귀족의 조상을 제사지내는 장소였다. 헤위에르달은 초기의 아후는 하지나 동지의 태양의 방향과 관련해 만들어졌다고 주장하는데, 태양의 방향과 관계없는 아후도 많다. 또한 이스터 섬의 아후에는 전술한 바와 같이 전면에 경사면을 가지는 것이 많고, 이것은 제단 위의 모아이와 깊은 관계가 있다. 왜냐하면 이 경사면이 없으면 제단 위에 수톤 내지 수십 톤의 모아이를 옮길 수 없기 때문이다. 이에 비해 동폴리네시아 및 북폴리

| 비나푸의 아후 |

네시아의 마라에, 메아에, 헤이아우에 안치된 것은 나무나 현무암, 산호석 등으로 만들어진 비교적 소형의 목상이나 석상이었으므로 이스터 섬과 같은 경사면은 불필요했다.

비나푸에 두 개의 아후가 있는데 특히 제1 아후는 매우 정교한 석조의 옹벽을 갖고 있는 것으로 주목받았다. 이 아후의 내륙 측 옹벽은 크고 작은 여러 가지 돌이 사용되고 있는데 하측의 옹벽은 높이 1.4~1.5m, 폭 1.5~1.7m, 두께 40~60cm의 표면이 조금 볼록한 모양의 거석이 면도날도 통하지 않을 만큼 빈틈없이 조합되어 있다. 헤위에르달은 이 기술이 남아메리카로부터 유래한다고 주장한다.

제1 아후로부터 수 미터 떨어진 제2 아후에도 거석의 가공한 대형 석재가 사용되고 있는데, 이 아후는 내륙 측이 아주 정교하게 축조되었고 바다 측은 비교적 소홀하게 축조되어 있어 제1 아후와 대조적이다. 즉, 바다 측 옹벽은 높이 1.5~2m, 폭 0.8~1.3m로 부정형의 석재가 엉성하게 쌓여 있어, 소시에테 제도의 보라보라 섬의 아후와 유사하다. 이 제2 아후로부터 857년이라는 방사성 탄소의 연대를 얻을 수 있었는데 발굴자인 마로이W. Mullay는 제1, 제2의 아후 둘 다 같은 시대의 것이라고 추정하고 있다. 그러나 골손J. Golson은 제1 아후는 1500년경에 만들어진 것이라고 주장한다.

헤위에르달은 이스터 섬의 역사를 전기, 중기, 후기로 구분하고 있다. 전기는 남아메리카의 페루에서 온 사람들에 의해 만들어진 문화이며, 그것은 서기 400년 이전부터 시작된다고 한다. 중기는 서기 200년경에 도래한 폴리네시아인과 남아메리카인이 공존했던 시대이다. 후기는 1680년에 시작해 기독교의 포교

| 카라사사야 신전의 석벽 |

가 개시된 1868년에 끝난다.

그런데 비나푸의 아후는 헤위에르달에 의하면 전기에 속하고, 볼리비아의 티아후아나코Tiahuanaco 문화의 전통을 이어받은 사람들에 의해서 만들어졌다고 한다. 티아후아나코 문화는 초기의 중간기BC 200~AD 600에 번영하여, 중기 호라이존600~1000에 페루의 와리 문화와 결부되어, 주변 지역으로 확대된 문화이다. 그러나 티아후아나코에는 비나푸의 제1 아후와 같이 정교한 석조기술은 없다. 구태여 남아메리카와 관련시킨다면 훨씬 후세인 후기 호라이존1476~1534의 잉카 제국기가 되어 헤위에르달이 말하는 연대와 큰 차이가 있다. 게다가 비나푸의 제1 아후와 잉카의 거석 건조물의 구조나 형상은 완전히 다르며, 크게 가공한 석재가 빈틈없이 축조되어 있는 점만이 비슷하다.

그리고 이러한 정교한 석조기술은 전술한 것 같이 통가의 왕묘나 하와이의 메네후네 수로에서도 볼 수 있다. 원래 이러한 구축물과 비나푸의 제1 아후를 직접 연결시킬 필요는 없고, 각 섬의 석공 기술의 발달로 인하여 이러한 정밀한 석조 구축물을 낳았던 것이다. 따라서 비나푸 제1 아후의 건설 시기는 훨씬 후세로, 제2 아후가 연대를 거슬러 올라간다고 생각할 수 있다.

●● 모아이의 눈

아후 위에 모아이가 서 있다. 그리고 실제로 서 있는 예가 몇 개 있다. 타하이, 아키비, 아나케나 등이다. 그러나 이러한 모아이는 제2차 세계대전 이후에 복원된 것이다. 아나케나 만의 아름다운 백사장의 해안을 바라보는 언덕 위에 서 있는 호투 마투아상으로 전해지는 모아이, 그 옆의 나우 나우의 아후 위의 형

태가 갖추어진 5기와 파손된 2기의
모아이, 또 서해안 쿡 만의 거센 파
도를 배경으로 하는 타하이의 모아
이군, 그리고 내륙 아키비의 7기의
모아이가 있다. 어떤 것은 푸카오라
는 모자를 머리 위에 쓰고, 어떤 것
은 푸카오가 없지만 모두 얼굴을 조
금 위로 치켜 올리고 명상에 빠져 있는 듯하다.

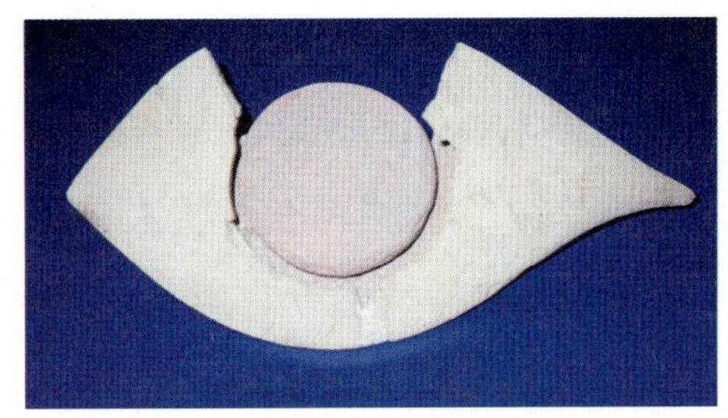

| 아나케나에서 출토된 눈 |

　　그러나 이러한 모아이 얼굴의 움푹 파인 안구에는 원래 눈이 있었다. 아나
케나에서 완전한 눈이 두 개로 갈라진 상태로 발견되었기 때문이다. 백아 부분
은 흰 산호석으로 만들어졌으며, 길이 36cm, 폭 18.5cm, 두께 7cm이다. 그리고

| 아후마이후의 쓰러진 모아이군 |

중앙부에 적색 응회암으로 만든 직경 11.2×11cm, 두께 3.5cm의 눈동자가 새겨져 있었다. 그리고 흑요석으로 만든 검은 눈동자가 하나 더 발견되었다. 그런데 왜 지금까지 모아이의 눈이 발견되지 않았던 것일까? 그 이유는 넘어진 모아이의 근처에 작은 산호석이 흩어져 있었는데, 그것들은 모아이를 닦기 위한 돌이라고 생각되었기 때문이다. 산호석은 무르기 때문에 떨어지면 부서지지만 그렇다고 하더라도 많은 눈이 떨어져 산산이 부서졌다고 하는 것은 이해가 되지 않는다.

나는 부족 사이에 전투가 벌어졌을 때 적의 모아이가 쓰러지면 눈을 집요하게 파괴했을 것이라고 추측한다. 즉, 눈을 깨뜨리는 것은 모아이의 영혼을 빼앗는 것으로 전쟁에 승리한 마무리가 아닐까 생각된다. 제작지인 라노 라라쿠에는 눈이 새겨지지 않은 모아이가 많이 있는데, 이것은 눈이 모아이가 건립된 장소에서 말하자면 화룡점정으로서 가장 마지막에 끼워 넣어진 것을 말해준다. 그러한 눈의 중요성을 생각하면 그 눈을 파괴하는 것으로 모아이 파괴는 완료되는 것이다. 모아이 중에는 단지 넘어져 있는 것뿐만 아니라 목과 동체가 갈기갈기 분리되고, 머리에 파괴 흔적이 남아 있는 것이 있는데, 이것 역시 모아이에 대한 적들의 증오가 엿보인다.

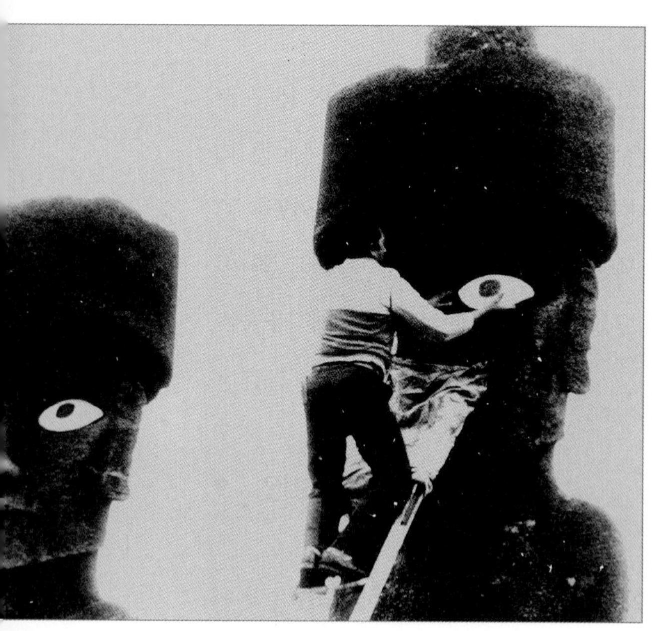

| 아나케나의 모아이에 눈을 넣는 작업 |

이스터 섬의 지사는 라프 씨이

| 아후 나우나우의 눈을 넣은 모아이 |

다. 그는 하와이대학 출신의 고고학자이기도 한데, 라프 씨에게 부탁해서 이 복제품 눈을 아나케나의 아후 나우나우의 5기의 모아이 눈 안에 끼워 넣어주었다. 처음에는 이상한 느낌이 들었지만 좀 더 보고 있자니 이것이 훨씬 자연스러웠다. 다시 말해, 이와 같이 눈을 부릅뜨고 있는 것이 마을을 수호하는 데 적격이기 때문이다.

　모아이는 마을 수장의 신격화된 조상의 신상이기 때문에 아후의 제례 때 신관들은 여러 가지 의례를 행했다. 석단 앞에 음식을 올릴 수 있어 때로는 사람의 희생을 포함한 제물을 바칠 수 있고, 석단 앞의 안마당에서는 제연이 열렸다. 이것은 앞서 소개한 소시에테 제도의 마라에 제연과 비슷한 것이다. 따라서 아후는 반드시 마을 방향으로 향하도록 세워졌으며, 아후 위의 모아이도 마을 사람

| 테페우의 주거 유적 |

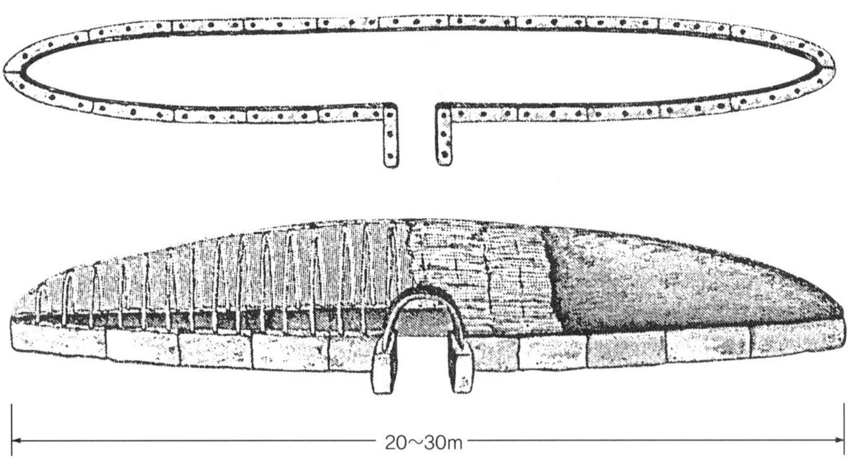

| 주거의 복원도 |

들을 수호하기 위해서 두 눈을 크게 뜨고 마을 방향을 응시했던 것이다. 이렇게 해서, '맹인의 거인상이 보지 못하고 던져지는 심원한 시선'이라고 하는 지금까지의 상식이 통용되지 않게 되었다. 아후 위의 높은 곳으로부터 마을 혹은 안마당의 제연 광경을 가만히 내려다보는 모아이의 시선은 사람들을 외경시키기에 충분했던 것임에 틀림없다.

서해안에는 아후 테페우가 있다. 바다 쪽과 육지 쪽 둘 다 대형 석판으로 만든 옹벽을 가지고 있지만 그 전방의 넓은 구역에 많은 주거 유적이 있다. 이러한 집은 카누형으로, 타원형의 초석을 깔아 그 초석의 구멍직경 8cm, 깊이 6cm 정도에 나무 기둥을 끼워 넣어 기둥을 만든 다음 그 위에 풀로 지붕을 덮었다. 창문은 없고, 자은 출입구를 가지고 있다. 테페우에 남아 있는 가장 큰 집은 길이 약 45m로, 이 집의 출입구는 2~3개 있었던 것 같다.

이 카누형 주거는 집회소로도 이용되었는데 큰 것은 전체 길이가 100m나 되는 것도 있고, 또 라노 라라쿠 산의 경사면에는 후술하는 조인인 탄가타마누가 살았다고 전해지는 주거 유적이 있다.

남해안의 한가 트우 하타에는 검은 응회암으로 만들어진 아후 위에 한층 더 붉은 응회암의 아후를 첨가한 드문 에가 있다. 그리고 육지 쪽을 향해 넘어진 모아이 하나와 바다 쪽으로 비교적 새로운 2기의 모아이가 넘어져 있다. 아후 아래에 매장 시설이 있는 것 외에 육지 쪽으로 넘어진 모아이의 뒤에도 유해가 놓여 있다. 이것은 앞서 말한 것처럼, 사망자의 뼈를 모아 아후에 매장하는 관습은 새로운 아후가 만들어지지 않게 되었기 때문에 모아이가 쓰러지고 나서도 그 아래가 매장 장소로 사용된 것을 의미한다.

● ◦ 오래된 석상이 내포하는 문제

라노 라라쿠 산에는 많은 모아이가 있다. 산의 경사면에 서 있는 제작 완료된 모아이, 절반 정도 완성된 모아이, 손댄 지 얼마 안 된 모아이 등 약 300기가 있다. 피로피로라는 이름이 붙여진 모아이는 현재 지상에 6.5m밖에 나와 있지 않지만 헤위에르달 조사대가 파보았을 때 땅속 깊이 묻혀 있었는데, 높이는 20m, 머리는 11m, 코가 4m나 되었다. 또 제작 도중에 옆으로 누운 것으로 보이는 모아이 중에는 길이가 21m나 되는 상이 있다. 이러한 모아이는 모두 같은 형태를 하고 있고 거의 변화가 없다. 모두 반신상으로 머리와 몸통밖에 나타나 있지 않고, 상 전체 길이의 약 5분의 2를 머리 부분이 차지하고 있다. 좁고 평평한

| 라노 라라쿠의 모아이군 |

이마, 튀어나온 눈썹, 양식화된 긴 머리, 추상적인 홀쭉한 귀, 꽤 구체적인 코와 명확하게 드러난 콧구멍, 굳게 다문 입, 짧은 목, 비스듬하게 경사진 어깨, 굴곡이 없는 동체, 배에 손바닥을 밀착시킨 양손이 있다. 이 중 특별히 두드러지는 긴 귀에 대해 헤위에르달은 이는 이스터 섬 및 남아메리카 인상의 특징으로 폴리네시아에는 없다고 한다. 그러나 앞서 말한 것처럼 마르키즈나 오스트랄에도 귀가 긴 석상이 있고, 나아가 멜라네시아의 목상에서는 일반적이기 때문에 헤위에르달의 가설은 맞지 않는다.

그런데 라노 라라쿠의 동쪽 경사면에 예외적인 양식의 석상이 있다. 그것은 매우 구체적으로 나타난 꿇어앉아 있는 석상이다. 높이 3.5m의 땅딸막한 석상으로 다른 모아이와는 달리 적색 응회암으로 만들어져 있다. 움푹 들어간 눈과 앞이 날카로운 턱수염을 갖고 있으며, 손을 무릎 위에 얹어 무릎을 꿇고, 얼굴을 위로 해서 하늘을 바라보고 있다. 이것은 헤위에르달이 발굴했는데, 그는 이 석상을 볼리비아의 티아후아나코의 꿇어앉은 석상과 연결시키고 있다. 즉, 티아후아나코 교회 앞의 2개 석상이나 라파스의 테하다 소르사노 광장의 여러 석상과 비교한다. 그러나 양자는 꿇어앉은 포즈가 비슷할 뿐 조형적으로는 완전히 다르다. 즉, 티아후아나코 석상은 얼굴, 늑골, 직각의 어깨, 입방체의 팔 등 매우 추상적이다. 이에 반해 타히티의 고갱 미술관에 있는 오스트랄 제도의 라이바바에 섬의 세 석상은 양식상 라노 라라쿠 석상과 아주 비슷하다. 라이바바에에서 가장 큰 여성상은 앉은 자세가 아니라 무릎을 굽히고 있는데, 다리 아래에 긴 기초가 붙어 있으며전체 높이 272cm, 인상 부분의 높이 229cm, 이것은 라노 라라쿠 석상과도 유사하다. 또한 꿇어앉은 석상은 마르키즈에도 있고, 파푸아뉴기니에서도 일반적이다. 또 얼굴을 조각하는 방법은 다르지만 신체의 표현은 라노 라라쿠 석상과 마르키즈의 여러 석상과도 흡사하다.

| 라노 라라쿠의 꿇어앉은 석상 |

라노 라라쿠의 꿇어앉은 석상은 이스터 섬에서 가장 오래된 석상인 만큼, 이 상의 양식이 남아메리카 석상보다 동폴리네시아의 석상에 가깝다는 것은 매우 중요하다. 또한 이 라노 라라쿠 석상이 오래되었다는 것은 중기의 것으로 여겨지는 아나케나의 아후 나우나우의 석단에 둥근 모양의 땅딸막한 얼굴의 석상이 있는 것으로도 증명된다. 또 라노 라라쿠에는 크고 둥근 눈을 얕게 조각한 오랜 양식을 나타내는 사람 머리 상이 있다.

| 티아후아나코의 꿇어앉은 석상 |

라노 라라쿠의 꿇어앉은 석상과 비슷한 인두가 이스터 섬 고고박물관에 몇 개 있다. 눈이 크게 파인 것과 돌출된 큰 눈을 가진 것으로 크게 나눌 수 있지만 그중에는 거대한 코를 가진 것도 있다. 또 반달형의 눈썹과 코가 연결되어 얼굴의 양쪽 상부에 인면을 나타낸 특이한 머리 부분도 있다. 출토지는 톤가리키, 테페우, 라노 라라쿠, 라노 카오, 아나케나 등이다.

또 극히 이례적인 석상이 비나푸의 제2 아후 안에서 발굴되었다. 이것도 라노 라라쿠의 좌상과 마찬가지로 적색 응회암제이다. 높이 3.5m의 홀쭉한 원주 형상을 나타내고, 머리 부분이 없으며, 손이 있는 팔이 부조되어 있고, 배꼽과 유

| 아후 비나푸의 안마당에 있는 석상 |

방이 나타나 있다. 비나푸 제2 아후는 방사성 탄소에 의해 857년이라는 연대로 추정된다. 이 같은 연대는 이 특이한 원주형 석상의 제작 연대와 반드시 직결되지는 않지만 이 상의 오래됨을 암시하고 있고, 게다가 이 상이 아후 위에 놓여지지 않고 아후에서 멀리 떨어진 안마당에 세워진 것도 주목받는다.

그런데 라노 라라쿠에는 배 부분에 3개의 마스트를 가진 범선이 선

| 가슴에 배가 선각된 라노 라라쿠의 모아이 |

| 성혈이 새겨진 라노 라라쿠의 모아이 |

각된 모아이가 있다. 이것은 18세기에 내방한 유럽인의 범선을 보고 도민이 새긴 것이다. 그리고 이 범선 아래에는 거북의 암각화가 있는데 이 거북은 범선과 조각한 방법이 분명히 다르고, 오래된 모양을 나타낸 것으로 보아 범선보다 오래된 것이 확실하며, 동일 양식의 거북의 암각화가 소시에테 제도에서 많이 발견되는 것은 전술한 대로이다. 거북의 암각화는 이스터 섬 각지의 바위에 많이 잔존하고 있다. 또 모아이의 신체에 얕은 성혈이 새겨지거나 독립한 돌이나 바위에도 성혈이 나타나 있는데, 이것들은 남태평양뿐만 아니라 동남아시아에도 널리 분포하고 있다.

●● 모아이를 만드는 방법과 옮기는 방법

라노 라라쿠의 산기슭에는 땅속에 반쯤 묻힌 모아이가 많이 서 있는데 이것들은 사방을 감시하는 역할을 한다고 주장하는 학자가 있다. 그러나 과학적 조사에 의하면 이러한 모아이는 일시적으로 구멍에 놓인 것을 알 수 있었다. 즉, 이것들은 각 마을의 아후로 옮겨지는 것을 기다리고 있었던 것이다. 여기서는 모아이를 만드는 방법이나 운반 방법에 관하여 살펴보자.

모아이를 만드는 방법은 만들다가 중단한 많은 모아이에 의해 제작 과정의 여러 단계를 유추할 수 있다. 응회암층에 징을 박아 우선 머리 주변을 조각해 움푹 들어가게 하여 얼굴을 조각하고, 그 다음에 상부에서 하부를 향해 동체를 조각해 나가기 시작한다. 그때 모아이의 뒷면은 끝까지 조각하지 않고, 전면과 측면의 조성이 끝난 후 동체의 좌우로부터 연결선을 넣어, 암반과 결합하는 부분을 남기면서 모아이를 조각한다. 그 사이에 등과 암반 사이의 틈새에는 작은 돌

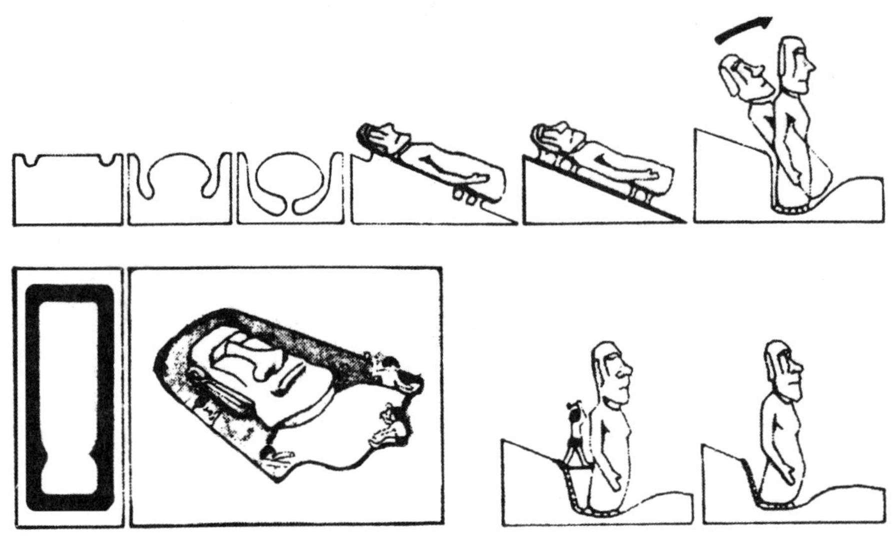

| 모아이를 만드는 방법 |

을 많이 채워서 모아이를 지탱한다. 그리고 조성이 모두 끝난 시점에서 하우하우의 나무껍질로 만든 밧줄로 모아이를 고정한 후, 언덕의 경사면에서 끌어 내린다. 경사면의 산기슭에는 미리 구멍을 파두고, 그 구멍 안에 모아이를 밀어 넣어 세운다.

모아이를 산의 경사면에서 끌어 내리는 방법에 대해서는 경사면에 고구마나 얌참마의 일종의 잎을 깔아 그 위를 미끄러지게 했다는 설이 있다. 그러나 잘 조사해 보면 준비된 구멍에 모아이를 밀어 내릴 때에는 강인한 섬유로 된 밧줄로 모아이를 묶어 천천히 미끄러지게 한 흔적이 있다. 또 채석장에는 짧고 작은 구멍이나 도랑이 많이 남아 있는데, 이것들은 완성된 모아이와 암반과 연결되었던 작은 기둥인 것으로 판명되었다.

그리고 구멍 안에 모아이를 직립시키고 나서 뒷면의 마무리를 행한다. 모아이의 뒷면의 특이한 도안 모양은 태양과 달과 번갯불을 나타낸다고 하는데 이것은 하의下衣와 문신을 부조한 것이다. 그럼 모아이는 어떤 방법으로 각 아후로 옮겼을까? 마로이는 라노 라라쿠에서 5.6km 떨어진 지점에서 발견된 모아이를 가지고 실험을 하여 다음과 같이 추측한다. 우선 모아이의 가슴에서 배에 걸쳐 V자 모양의 목제 썰

| 아후 아나케나의 모아이의 뒷면 |

매를 설치한다. 그리고 두 개의 나무 또는 두 개의 교차되는 밧줄로 모아이의 목 부분을 매단 다음 그 나무를 조금 뒤로 기울여둔다. 그리고 두 개의 나무기둥 밑 또는 두 나무의 교점에 밧줄을 묶어 그 밧줄을 앞으로 끌면 모아이의 머리 부분

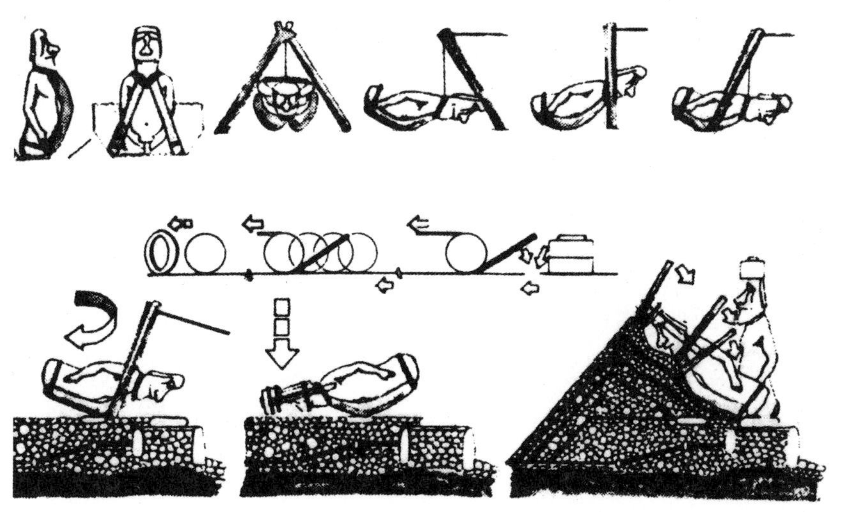

| 모아이를 옮기는 방법과 세우는 방법 |

| 라노 라라쿠 산에서 모아이의 길을 내려다본 정경 |

이 위로 올라가 좌우로 흔들리면서 조금씩 앞으로 전진한다. 이러한 과정으로 옮기는 경우 하루에 300m 정도 이동시킬 수 있다. 모아이가 걸어서 아후가 있는 장소로 갔다고 하는 전설은 아마도 이와 같이 운반하는 데서 생겨났을 것이다. 따라서 모아이의 불룩한 복부나 늘어진 턱도 변덕스러운 디자인이 아니라 썰매를 설치해 밧줄을 고정하기 위해 생겨난 것이다. 또 모아이를 옮기는 길은 잡석 등을 제거하고 토토라 등의 풀을 깔았다. 이러한 모아이의 길 몇 개가 현재까지도 남아 있다. 또 이 길 옆에 많은 모아이가 모두 지면에 쓰러진 상태로 버려져 있는데, 이것은 모아이가 전술한 것과 같은 방법으로 옮겨진 것을 말하고 있다.

한편 모아이의 머리 위에 올려놓는 푸카오는 섬의 서쪽지역인 푸나파우에서 만들어졌다. 이 산은 철분이 많은 적색 응회암으로 되어 있는데, 이것이 푸카오의 재료가 되었다. 푸나파우에는 현재도 수십 개의 푸카오가 남아 있다. 이 절구통 형의 푸카오는 머리 모양을 본떴다든가, 관 모양의 장신구라고 말해진다. 또 니시노 데루타로 씨는 성기 숭배의 상징이라고 주장한다. 즉, 붉은 푸카오는 모아이의 머리 정수리 부분의 크기에 맞춰 구멍을 팠는데 그것은 여성을 상징했다. 그리고 그것을 남근의 상징인 모아이의 두상에 끼워 맞춰 성교를 상징해, 다산과 풍요를 기원하는 대상으로 숭배되었다고 추측한다. 이 해석은 푸카오가 모아이와는 다른 재료로 만들어진 점에 주목한 것이지만 초기의 모아이는 이런 종류의 푸카오를 쓰지 않았기 때문에 니시노의 가설은 수장의 조상 신상으로서의 모아이가 후에 그 성격을 바꾼 것이 된다. 그렇지 않으면 나중에 모아이에 다산과 풍요의 성격이 더해진 것일까?

모아이가 아후에 도착하면 따로 옮겨져 온 푸카오가 모아이의 머리 위에 얹어진다. 그리고 돌 제단의 경사면과 지렛대를 이용해, 석단 위에 모아이를 세웠다. 그 방법은 마로이가 제안한 것으로 12명의 도민에 의해서 행해졌다. 우선 모아이의 배 아래에 돌을 쌓아 받침대를 만들어 길이 5m 정도의 통나무 두 개를 지렛대로 해서 모아이를 들어 올려 18일 만에 작업을 완료했다. 그러나 작업 도중에 모아이가 몹시 손상됐기 때문에 옛날에는 나무판 등을 이용해 모아이를 보호했을 것이라고 마로이는 추측한다. 또 1960년에 피게로아G. Figueroa와 도민들이 아후 아키비에 무게가 16톤이나 되는 모아이 7기를 세웠다. 첫 번째 모아이를 세우는 데 한 달 이상 걸렸지만 마지막 것은 경험이 쌓였기 때문에 일주일도 채 걸리지 않고 세울 수 있었다.

라노 라라쿠에 있는 미완성 상태의 모아이는 모두 눈이 새겨지지 않았기 때문에 아후 위에 모아이를 직립시켰을 때 눈이 새겨져 끼워 넣어졌을 것이다. 이렇게 해서 모아이에 선조의 신격이 머물러 초월적인 힘이 갖춰졌다. 이때 아마 개안開眼 의식이 행해진 것임에 틀림없지만 거기에 관한 전승은 없다.

●●● 모아이의 제작 연대

이스터 섬에 사람이 살기 시작한 것은 서기 400~500년으로 여겨지고 있지만 아후가 건설되었던 시기는 명확하지 않다. 현재까지 공표된 방사성 탄소가 나타내는 최고의 연대로 확실한 것은 아후타하이의 제단 아래에서 출토된 탄화물로 그 연대는 690년이다. 따라서 이 무렵에는 아후가 건설되기는 했지만 돌 제단 위에는 석제 모아이는 아직 세워지지 않았던 것 같다. 아마 동폴리네시아의 다른 섬들처럼 선조의 목상이 놓여져 있었을 것이다. 초기 양식의 기둥 모양 내지 구체적인 석상이 언제쯤 만들어졌는지도 확실치 않지만, 비나푸의 기둥 모양 석상이 제2 아후의 제작 연대인 857년과 거의 대응한다. 그러나 양식화된 모아이는 훨씬 후세에 속하고 푸카오를 머리 위에 올려놓은 모아이의 제작 시기는 시대가 한층 더 내려간다.

모아이를 안치한 가장 오래된 아후가 건설된 것은 1110~1205년경으로 그 이후 1650년경까지 양식화된 모아이가 만들어졌지만 최전성기는 1500년 이후이다. 방사성 탄소가 나타내는 데이터에 의하면 비나푸 제2 아후가 1226년, 아후 아키비가 1445년이다. 그리고 가장 새로운 아후의 연대는 1650년이기 때문에 모아이의 제작은 그 무렵에 끝난 것 같다. 사람들이 모아이 제작에 열중하고 있다 보니 이스터 섬에는 서서히 변화가 일어났다. 모아이의 제작 기술이나 운반 방법이 발달함에 따라 각 마을은 앞다투어 거대한 모아이를 만들려고 했지만

1,000기나 되는 거상의 제작은 작은 섬의 자원을 급속히 고갈시켰다.

이스터 섬에서 발굴 작업을 하고 있는 칠레대학의 고고학자에 따르면 적어도 약 1만개 정도의 주거 유적이 있다고 한다. 원래 이것들이 모두 같은 시대의 것은 아니기 때문에 그중의 10%가 같은 시대의 것이라고 생각하고, 한 집에 10명의 대가족이 살았다고 하면 인구는 만 명이 된다. 혹은 큰 아후가 15개 정도 있는데 이러한 아후가 있는 마을에 1,000명 정도 살았다고 하면 1만 5,000명이라는 숫자가 된다.

이러한 인구 증가와 함께 모아이의 운반이나 그것을 아후 위에 세우기 위해 많은 나무가 잘리면서 급속히 삼림 자원이 고갈하기 시작했다. 나무가 부족해지면 우기에 격렬한 비가 토양을 씻어 내려 농지의 생산력이 현저하게 야해졌기 때문에 도민들은 토양이 있는 해안지대로 이동하지 않을 수 없게 되었다.

이러한 인구 과잉, 자원 고갈, 그리고 식량부족에 의해 대혼란이 일어났다. 이 때 중요한 역할을 한 것이 전사 계층으로, 그들은 다른 마을에서 식량을 약탈해와 스스로 마을을 지켰다. 게다가 아리키라 불린 귀족계급의 힘이 쇠약해졌다. 내전은 1600년경에 시작해 1850년경까지 계속되었다. 그리고 모든 모아이가 쓰러트려진다. 앞서 말한 포이케 반도의 하나모모코와 하나우에에페의 싸움의 전설은 이러한 내전을 말해주고 있다.

조인鳥人 의례와 부조

옛날에 모아이 숭배를 대신해서 오래된 마케마케신의 신앙과 그에 따른 탄가타마누조인(鳥人) 의례가 있었다. 그 의례의 중심지는 오론고였다. 오론고는 섬의 남서단에 위치한 라노 카오 산의 화구와 해발 200m의 절벽 사이에 위치하며, 해안에서 2km 떨어진 바다에는 모투 카오카오, 모투 이티, 모투 누이라는 세 개의 작은 섬이 일렬로 줄지어 서 있다. 남반구의 봄에 해당하는 9월부터 10월에 걸쳐 이들 섬에 마누타라로 불리는 갈매기가 알을 낳기 위해 큰 떼를 지어 날아온다. 아나케나에 이 갈매기를 나타내고 있는 암각화가 있다. 그리고 그 알을 누가 제일 먼저 손에 넣을까를 둘러싸고 조인 의례가 행해졌다.

조인 의례를 주최한 것은 마타트아로 불리는 전사 계급이었다. 그들은 한 해에 한 번, 9월에 체력이 뛰어난 젊은이를 뽑아 오론고에 모이게 했다. 그 때문에 라노 카오의 호쿠로쿠의 마타베리에 일시적으로 그들이 체재할 큰 집이 지어졌다. 젊은이들이 상륙할 수 있는 유일한 섬인 모투 누이에 토토라 다발을 띄워 식인 상어가 득실거리는 거친 바다를 헤엄쳐 건넜다. 그리고 동굴에서 갈매기가 알을 낳는 것을 기다린다. 최초의 알을 찾아낸 사람은 알을 넣은 작은 바구니를 가지고 오론고로 헤엄쳐 돌아온다. 그리고 섬의 권력은 최초로 알을 가지고 돌아온 젊은이가 속한 지역 집단으로 옮겨져, 이 집단

| 오론고에서 모투 누이를 내려다본 정경 |

의 수장은 탄가타마누조인의 칭호를 취득한다.

탄가타마누는 신성한 왕으로서의 종교적 권위와 세속적 권력을 얻게 됨과 동시에 새로운 이름을 갖고 그 후 1년간은 그 이름으로 불린다. 이 조인의 교대는 대대로 전승되었다. 지금까지 알려진 가장 오래된 조인 의례는 1500년경에 행해졌고, 가장 최근은 1867년으로 확인되고 있다. 이 조인 의례는 처음에는 각 지역 집단이 참가해 갈매기의 알을 가져오는 경쟁이기도 했고, 성인식에 따르는 행사인 것 같기도 하다. 그러나 내전으로 모아이가 넘어지기 시작하면서 모아이에 의해 상징되는 세습의 수장이 아니라 실력자인 전사 계급에서 일 년 임기의 신성한 왕을 골라내는 의식으로서 큰 의미를 갖기 시작한다.

오론고에는 조인 의례용 돌집이 몇 채 있다. 또 부근의 암면에는 마케마케나 그 화신인 조인이 많이 부조되어 있고, 후자만도 150개나 있다. 전설에 의하

| 오론고의 조인 의례용 돌집 |

면 마케마케는 태양, 달, 별, 대지, 인간을 낳은 창조신으로 큰 눈을 가진 하트형의 얼굴로 나타난다. 이 하트형의 얼굴에 대해 헤위에르달은 멕시코와 페루에서 보여지는 것으로 페루에서는 약간 변화된 삼각형으로 직물이나 토기, 암각화에 일반적이고, 그중에는 코소크와 같이 완전한 하트형의 얼굴도 있다고 한다.

그런데 남태평양에서는 뉴질랜드 체탐 제도의 나무껍질에 조각된 모리오리상을 제외하면, 하트형도 삼각형의 얼굴도 발견되지 않는다고 한다. 그러나 헤위에르달설은 잘못된 것으로, 이런 종류의 하트형 얼굴은 전술한 것 같이 피지의 와트 레레 섬에 있으며, 멜라네시아에서는 매우 일반적이다. 특히 뉴기니의 세픽 강 유역에서는 가면이나 목상에 빈번히 나타난다. 또 아프리카에서는 서부의 멘데이인이나 바가인으로부터 가봉의 쿠웨레인 등의 여러 부족, 카메룬

이나 콩고분지의 여러 부족 그리고 탄자니아의 마콘
데인이나 남아프리카의 줄루인까지 넓게 분포되어
있다. 게다가 유럽의 거석문화와 일본의 죠몽
토우에서도 발견된다. 또 하트형은 아니지만
홀쭉한 코와 폭이 넓은 눈을 가지고 있는 마케마
케와 매우 닮은 얼굴상을 마르키즈, 타히티, 하와
이에서 찾아볼 수 있다.

　　등을 구부린 채, 위에 올린 양손에 알을 들
고 있는 조인의 부조에 대해 헤위에르달은 볼리
비아 티아후아나코의 '태양의 문'의 부조 조인과
의 관련성을 주장하였다. 그것은 콘도르와 같은
짧은 주둥이를 가진 머리와 군관조와 같이 긴 주
둥이를 가지고 있는 인간이지만, 태평양에는 이
런 종류의 조인이 없고 굳이 이야기하자면 마오

| 하트형 얼굴의 죠몽 토우 |

리에는 마나니아라는 상상의 동물이 있는데 그것이 무엇을 의미하는지 알려져
있지 않고, 숭배의 대상도 아니라고 한다. 그러나 티아후아나코의 '태양의 문'의
조인은 매우 추상적이며, 오론고의 조인과 양식적으로 완전히 다르다. 거기에
반해 하와이 오아후 섬의 양손을 들고 등을 구부린 두 명의 부조 인물은 그 형식
및 표현이 오론고의 조인과 완전히 같고 조인 그 자체를 나타낸 암각화나 암채
화가 라나이 섬과 마우이 섬에도 있다. 또한 솔로몬 제도를 중심으로 멜라네시
아 전역에서 조인 숭배가 행해지고 있다.

　　마케마케는 하트형 이외의 사실적인 얼굴에서도 나타난다. 라노 카오에 높
이 50cm의 인두가 있다. 이것은 태양 관측이 행해졌다고 하는 세 개의 둥근 모

| 오론고의 조인 부조 |

| '태양의 문' 중앙 부분의 부조(중앙열의 좌우에 조인이 새겨져 있다) |

양의 구멍이 암상에 뚫어진 곳에서 발굴되었다. 큰 눈, 두꺼운 입술, 높은 광대뼈가 특징적이지만 이런 종류의 얼굴은 마르키즈에서도 발견된다.

오론고에는 마케마케나 조인 외에 거북, 물고기, 새, 바닷가재 등이 새겨져 있는데, 같은 모티프의 암각화가 이스터 섬 전역에 분포되어 있다. 헤위에르달은 거북이나 물고기는 폴리네시아에서는 예외적으로 밖에 나타나지 않는다고 하지만 이것은 잘못된 것으로, 먼저 소개한

| 라노 카오의 인두 |

| 탕아리키의 물고기 암각화 |

것처럼 동폴리네시아 각지에서 많이 발견된다. 그럼 그 의미는 무엇인가? 풍어를 기원하기 위해서인가, 그렇지 않으면 소시에테 제도의 보라보라 섬처럼 신성시되었는가? 아마 양쪽 모두일 것이다. 또 오론고에 인간의 얼굴을 한 갈매기가 나타났다고 하지만 이것은 갈매기가 되어 바다에 사는 탄갈로아 신을 의미하는 것이다. 탄갈로아 전설이란, 어느 날 인간의 얼굴을 한 갈매기를 포획해 화로에 넣어 구웠는데, 계속 구워지지 않아 만능의 신 탄갈로아의 화신이라는 것을 알았다는 이야기이다. 이 탄갈로아 신은 폴리네시아의 다른 섬들에도 알려져 있으며, 멜라네시아에서도 타가라신으로 숭배되고 있다. 또 여성의 생식기인 코마리가 오론고나 테페우 등의 암면에 새겨져 있다. 테페우의 여성 생식기는 마케마케나 탄가타마누와 함께 우물의 암면에 나타나 있고, 이 우물물을 마시면 마나초자연적인 힘를 얻는다는 전승이 있다.

| 탕아리키의 거북 암각화 |

| 탕아리키의 조인 암각화 |

| 아나 카이 탄가타의 동굴 암채화 |

| 아나 카이 탄가타의 암채화 |

조인은 동굴 벽화에도 나타
난다. 라노 카오 산의 호쿠로쿠
해안에 아나 카이 탄가타사람을 잡
아 먹는 동굴가 있는데, 천장에 빨강
과 흰색으로 조인과 새가 많이 그
려져 있다. 현재는 암반이 벗겨지
고 떨어졌지만 그 벗겨지고 떨어
진 단편이 이스터 섬의 고고학박
물관 등에 보관되어 있다. 이 동
굴의 명칭은 조인 의례 기간에 이
곳에서 식인이 행해진 것에서 유
래한다.

| 오론고의 조인 의례 돌집의 암채화 |

오론고의 의례용 돌집 안의
석판에도 암채화가 있다. 그것들은 아오, 즉 상부에 인면을 본뜬 권력의 상징으
로서 무도용 노櫓를 나타내고, 이 돌집에서 행해진 의식과 관련된다. 아오는 목
제이다. 또한 아오의 인면과 같은 형식이 뉴질랜드 체탐 섬의 석제 및 고래 골제
의 곤봉에도 새겨져 있다.

조인 의례가 행해지고 있는 동안에도 이스터 섬의 쇠퇴는 진행되었다. 18세
기에 탐험가들이 내방한 당시 인구는 이미 감소했고 메트로는 3,000~4,000명
으로 추정하고 있다.

19세기가 되자 이스터 도민은 노예사냥의 대상이 되었다. 1805년, 미국의
범선 낭시호가 22명을 노예로 끌고 간 것이 최초이다. 백인의 약탈은 그 후에도
계속되어, 1859~62년에는 페루의 노예상인이 잇따라 섬에 들이닥쳤다. 1862년

12월에는 페루인에 의해서 약 1,000명이 끌려가 탄광의 채굴인으로 일하게 되었다. 납치된 사람들의 상당수는 상류 계급이었기 때문에 그들과 함께 이스터 섬의 문화, 기술, 전승이 없어졌다. 프랑스 등의 항의로 살아남은 약 100명이 송환되었지만 거의 배 안에서 사망하였고, 이스터 섬에 도착한 것은 겨우 15명이었다. 게다가 이 사람들이 천연두를 전염시켜 인구는 한층 더 줄어들었다. 그리고 1877년에는 불과 111명으로 줄었다. 이러한 사정으로 섬의 전승은 단절되어 모아이 등의 수수께끼를 푸는 열쇠의 대부분이 없어졌다.

남아메리카와 동남아시아

수수께끼의 문자 롱고롱고

이스터 섬의 거석문화가 동쪽에서 유래하는 것인지, 그렇지 않으면 서쪽에서 기원하는지를 분명히 하기 위해서는 남아메리카의 프레 잉카문화와 동남아시아 문화를 조사하지 않으면 안 된다. 나는 이스터 섬에서 남아메리카로 날아갔다. 그리고 칠레, 볼리비아, 페루의 박물관과 유적을 방문했다.

칠레의 산티아고에서는 프레 콜롬비아 미술박물관과 국립 자연사박물관에 '이야기하는 판'이라고 불리는 롱고롱고 판을 조사했다. 프레 콜롬비아 미술박물관에는 2개, 국립 자연사박물관에는 3개가 있었는데 모두 트로미라의 나무로 만들어졌으며 형태는 판 모양이다. 판 모양 중 하나는 모코미로, 즉 파충류를 본뜬 목조로 그 일부에 롱고롱고가 새겨져 있다. 이것들은 정식으로는 코한롱고롱고로 불려 '롱고롱고 이야기의 지팡이'라는 뜻이며, 메트로는 성가聖歌를 전승하는 사람들이 들고 다닌 지팡이였을 것이라고 한다.

이 문자는 이른바 브스트로페돈우경식으로, 우선 왼쪽에서 오른쪽으로 쓰고,

| 롱고롱고 판 |

행이 끝나면 다음 행은 금방 다른 곳으로 문자를 거꾸로 세워서 쓴다. 이 문자에 대해서 많은 학자가 해독을 시도해 슈메르 문자, 크레타 문자, 인더스 문자, 중국 문자, 안데스 문자, 또 파나마의 쿠나인 문자와 관련이 있다고 했지만 모두 해독에는 성공하지 못했다. 롱고롱고는 상형문자이기 때문에 각종 상형문자를 닮은 것은 당연하고, 특정 문자와의 유사점을 나열해도 의미가 없다.

그보다 백인과의 접촉에 의한 자극으로 롱고롱고가 성립했다고 하는 에모리설이 매력적이다. 그는 1770년에 곤잘레스F. Gonzalez 탐험대가 오고 나서 1860년대에 프랑스인 선교사 에로E. Eyraux가 롱고롱고를 처음으로 발견했을 때까지의 사이에 성립하여 발달했다고 한다.

또 독일의 바르텔T. Barthel의 연구가 있다. 그는 초기의 프랑스인 선교사 조상T. Jaussen이 도민인 타아라M. Tauara에게 롱고롱고를 읽게 하고, 받아쓰기 한 노트를 추적한 끝에 마침내 로마 근교의 사원에서 발견해, 체계적인 방법을 사용해 1959년에 롱고롱고의 번역을 발표했다. 그에 따르면 대부분의 내용은 신에 대한 기도, 신관에게 내린 지시, 섬의 신화였다고 한다. 그러나 바르텔의 번역을 부정하는 학자들도 많다.

바르텔은 스팀손F. Stimson의 견해를 참조하여 오스트랄 제도의 라이바바에 섬에 타파라카우라는 문자가 있어, 그것을 새긴 목판180×60cm이 신관의 집 문에 붙여져 있던 점, 소시에테 제도의 후아히네 섬과 라이아테아 섬에도 문자가 있던 것을 소개하고 있다. 그리고 이스터 섬으로의 이민은 마르키즈 제도로부터의 제1차 이민 후에 소시에테 제도 및 라이바바에 섬에서 남쪽 루트로 행해졌는데, 그 시기는 1400년경으로 이것이 호투 마투아의 이민이라고 한다. 따라서 롱고롱고의 고향은 동폴리네시아로 추정된다.

이 바르텔 가설은 소시에테 제도의 마라에가 이스터 섬의 아후와 그 형식 및 기능을 같이하는 것이나 라이바바에 섬에 이스터 섬의 가장 오래된 석상과 상당히 닮은 석상이 있는 것 등에 의해 매우 암시적으로 나타내고 있다. 덧붙여서 바르텔은 라이바바에의 문자판이 미국 사렘의 피보디박물관에 있다고 했는데 내가 박물관에 직접 문의해본 결과 존재하지 않았다.

어쨌든 롱고롱고의 수수께끼 같은 해독은 향후에도 계속될 것이다. 이 문자는 이스터인의 발명인지, 동폴리네시아의 어딘가에서 유래한 문자였는지, 아시아 기원으로 서쪽에서 왔다가 도중의 섬들에서 사라졌는지, 그렇지 않으면 미국 대륙에서 유래했는지 알 수 없다. 여기서 주의해야 할 것은 이스터 섬의 말이 폴리네시아어에 속한다는 것이다. 칠레에서 이스터어 사전이 출판되고 있는데 P. S. Englert I dioma Rapanui 외, 사전을 보면 이스터 섬에서 만들어진 말 모두가 폴리네시아의 음운 구조에 준거하고 있다. 따라서 롱고롱고도 폴리네시아어로 해독하지 않으면 안 되고, 인더스어나 안데스어로 해독하고자 하는 것은 무의미한 시도이다.

프레 콜롬비아 미술박물관에는 모아이 카바 카바라는 적갈색의 트로미로 나무로 만들어진 인상이 있다최대의 것이 높이 93cm. 상어의 등뼈와 흑요석을 상감

| 모아이 카바 카바 상 |

시킨 눈, 매부리코, 삐져 나온 이빨, 산양과 같은 턱수염, 긴 귀, 굽혀진 허리 그리고 툭 튀어 나온 갈비뼈가 움푹 들어간 배 위에 새겨져 있다. 이 이상한 인상은 도대체 무엇인가? 6년간 고행을 해서 신체가 고목과 같이 되어, 해탈을 얻지 못하고 금강좌를 향해 가려고 하는 이른바 출가 석가상 안에 이 모아이 카바 카바 상과 같이 야윈 상이 있다. 그것과 같이 긴 항해 끝에 겨우 이스터 섬에 도착한 최초의 선조를 나타낸 것일까? 그렇지 않으면 사자의 영혼을 표현한 것일까?

모아이 카바 카바의 눈이 흑요석의 눈동자와 뼈로 상감되는 것에 대해 헤위에르달은 멕시코나 페루의 석제나 목제의 인상에 조개나 흑요석이 끼워 넣어진 눈이 발견된 것을 강조한다.

그러나 멜라네시아, 하와이, 뉴질랜드의 나무 인상도 눈 안에 조개로 상감되어 있는데, 이러한 상감은 매우 일반적이다. 또한 모아이 카바 카바의 코는 뉴기니의 가면이나 선조 상의 코와 비슷하다.

그 밖에도 기묘한 상이 있다. 여성의 모습을 하고 있는데 턱수염을 붙인 모아이 파파, 두 개의 머리를 가지고 있는 모아이 카바 카바, 여성상의 머리 뒤에 반대로 남자의 얼굴이 붙어 있는 양성상, 도마뱀과 인간이 합체한 상 등이 있다. 또 전투용 곤봉의 끄트머리에 조각된 인간의 얼굴은 길게 늘어진 귀, 상감된 눈,

일자형의 입 등에 모아이와 공통되는 특징이 발견되는데, 이 얼굴은 인도 앗삼의 나가인의 목상의 얼굴과 비슷하다.

●● 라파스와 티티카카 호수

라파스를 출발하여 티티카카 호수로 향했다. 4,000m의 고원인데 기후적으로는 열대권에 속해 있으므로 낮에는 따뜻하다. 그러나 해가 지면 곧바로 추워진다. 티티카카 호수로 가는 길은 감자밭 고원을 오르락내리락 해야 한다. 아드베벽돌로 만든 주거 외에 초가의 창고가 있지만 후자는 고구마 종자를 부관하기 위한 것이다. 동쪽에는 이얀프 등 6,000m급의 눈 쌓인 산줄기들이 늘어선다.

| 티티카카 호수의 토토라 배 |

티티카카 호수의 면적은 물이 많을 때에는 8,171km²이지만 수위가 1m 변화하는 것만으로 250km²나 바뀐다고 한다. 호면 표고는 3,808m로 세계에서 가장 높은 지역에 위치한 호수이며, 인디언의 성지 코파카바나에 가까운 티키나호 폭 1km에서 두 개로 갈라진다. 남쪽의 작은 호수에 있는 스리키 섬으로 건너갔다. 인디언이 옛날부터 호상 생활을 하고 있다는 섬이다.

헤위에르달이 대서양을 항해한 유명한 라 2세호는 이 섬에서 만들어져 도민이 선원으로 승선했다. 호안에는 높이 약 2m의 토토라라는 풀이 자라고 있는데 이 토토라를 소재로 하여 현재도 배가 만들어지고 있었다. 이것은 보통 갈대 배라고 불리고 있는데, 토토라는 벼과의 갈대와는 별종으로 카야트리그사과의 식물이다. 이 배는 토토라를 대량으로 묶은 2개의 선체로 이 선체를 하나로 합치기 위하여 두 개의 긴 토토라 다발을 단단하게 묶은 다음 몸통을 굵게, 뱃머리를 가늘게 결합시킨다. 이것은 예부터 전승되어 온 기술이다. 왜냐하면 페루의 1,000년 이상 전의 토기에서 이와 같은 배를 본뜬 것이 발견되었기 때문이다. 토토라의 뿌리로 만들어진

| 옷감을 짜는 스리키 섬의 여인 |

떠 있는 섬도 있어, 그 위에 집을 세울 수 있으며, 작물도 재배되고 있다.

이 토토라는 이스터 섬의 라노카카나 라노 카오의 화구호에서도 번식하지만 폴리네시아의 다른 섬에는 없다. 따라서 토토라는 이스터 섬 문화의 남아메리카 기원을 주장하는 헤위에르달설의 하나의 근거가 되었다.

스리키 섬에서는 여자들이 옥외에서 옷감을 짜고 있다. 직물을 짜는 방법도 전통적인 방법을 답습하고 있다. 이 직물은 프레 잉카 미술을 가장 특징적으로 나타내는 것이지만 이스터 섬에는 없다. 또 뉴기니 동쪽의 태평양 섬들에는 직물이 없고, 의류는 오로지 타파로만 만들어졌다. 만약 헤위에르달이 주장했듯이 남아메리카로부터의 이민에 의해 이스터 섬 문화가 만들어진 것이라면 왜 그들은 신변의 직물 기술을 가져오지 않았던 것일까? 또 왜 직조 기술을 잊어버린 것일까?

●● 티아후아나코의 신전과 신상

티아후아나코에 갔다. 라파스에서 서쪽으로 60km 떨어진 거리에 위치해 있다. 이 유적은 헤위에르달 가설에 있어서 결정적인 의미를 가지므로 이스터 섬 거석문화의 계보를 탐사하는 나의 조사여행에서도 매우 중요했다. 티아후아나코 유적은 황량한 고원의 아카파나라는 언덕 아래에 펼쳐져 있었고, 왜 이런 불모의 땅에서 대문명이 흥했는지가 궁금해서 견딜 수 없었다.

가장 큰 카라사사야 신전은 180×135m의 넓이에 높고 견고한 석벽으로 둘러싸여 있다. 현재의 석벽은 수복된 것이지만 크고 작은 가지각색의 돌이 쌓여 있고, 이스터 섬의 비나푸 제1 아후의 석축과는 형태가 완전히 다르다. 따라서

| 카라사사야 신전 |

| 카라사사아 신진의 입구 |

전술한 바와 같이 양자를 관련짓는 헤위에르달설은 인정할 수 없다. 이 신전의 입구는 5단의 높은 돌층계와 큰 문을 갖고 있다. 그 문을 빠져나가면 안마당 중앙에 큰 석상이 보인다. 높이 2.8m의 당당한 규모를 자랑하는 석상이다.

얼마나 입체적인 조형인가! 얼굴, 손, 머리띠 등을 엷게 부조했으며, 더욱이 전신에 추상적인 도안 모양을 선각했지만 완전히 사각형의 돌기둥 그 자체이다. 얇은 부조의 코, 귀, 손, 허리띠 등도 모두 각이 져 있고, 유기적인 요소가 전혀 없으며, 완전히 각주에 흡수되어 있다. 게다가 거기에 그려진 도안은 예를 들어 머리 부분만 언급하더라도, 날개가 있는 눈에서는 독수리가 하강하고, 왼쪽 눈에서 떨어지는 눈물은 카라치라는 물고기를 나타내며, 늘어진 머리카락을 나타내는 문양은 물고기의 머리에서 끝나고, 머리띠에 새겨진 반인반수는 가슴과 어깨에도 펼쳐진 상태로 전신이 기하학적인 기괴한 도안 모양으로 감싸여 있다. 그것은 마치 공간의 공포처럼 추상적인 형태가 더욱더 추상성을 강하게 한다.

| 카라사사야 신전의 석상 |

이러한 석상은 다른 곳에서는 그 유례를 찾아볼 수 없는 표현으로 그 조형 원리는 이스터 섬의 모아이는 물론 마르키즈나 오스트랄의 석상과도 완전히 다르다. 이 신전의 남서 끝에 11기의 석상이 있는데 이것은 신체 표면의 선각 도안이 마멸되어 있지만 앞의 석상과 같은 표현이다.

카라사사야 신전의 북서쪽 끝에 유명한 '태양의 문'이 있다. 안산암으로 만들어진 높이 3m, 폭 3.75m의 문으로 상부 중앙에 정면을 향해 서 있는 부조의 인물은 태양신이라고도 하고, 비라코차창조신이라고도 불리지만 근거가 있는 것은

| 태양의 문 |

아니다. 그 모습이 체빈데 원탈의 라이몬디 비석의 신상과 비슷하다는 지적도 있지만 이 신상의 두발이나 띠에 뱀이 나타나 있는 데 비해서 태양의 문의 신상은 퓨마의 머리 부분이 많이 새겨져 있다.

홀笏의 첨단은 콘도르의 머리를 나타낸다. 퓨마나 콘도르는 티아후아나코의 채색문 토기 등에서 자주 보이고, 매우 중요시한 것을 알 수 있다. 눈 아래에는 눈물로 보이는 둥근 구멍이 있다. 머리가 매우 큰 데 비해 다리가 매우 짧지만 계단 모양의 받침대 위에 세움으로써 구도적으로 모양이 갖추어져 있다. 이 중앙 신神의 양쪽에는 그 신의 방향을 향해 홀을 든 채, 날개를 달고 달리는 48기의 신이 3열로 새겨져 있는데, 중앙열의 신만은 콘도르의 마스크를 쓰고 있다. 프리즈의 최하단에는 중앙신의 얼굴과 콘도르의 머리를 가지고 있는 직선 문양이 번갈아 새겨져 있다.

헤위에르달은 이 태양 문의 날개를 달고 콘도르의 마스크를 쓴 조인鳥人과 이스터 섬의 조인을 관련시킨다. 그러나 전자는 무기적이고, 후자는 유기적으로 양자의 양식은 대립하고 있어, 사람과 새가 합체되어 있는 점이 비슷할 뿐이다. 그리고 이런 종류의 새와 사람의 합체는 동서고금의 미술에서 매우 일반적이다.

카라사사야 신전의 동쪽에 한 변이 30m인 방형의 반지하식 신전이 복원되어 있다. 중앙에는 랴마나 뱀을 부조한 각주의 석상이 서 있다. 주위의 벽면에는 많은 사람의 머리 조각이 끼워져 있지만 그 형식은 천차만별이다. 헤위에르달은 이러한 인두상은 후두부에 수평의 목을 가지고 있는데 마르키즈의 석상 인두에는 없다고 주장하며 이스터 섬 석상의 남아메리카 기원설의 근거로 제시한다. 그러나 이러한 형상의 목은 석벽에 끼워 넣는 기능에서 유래한다. 따라서 지면에 세워진 석상의 경우는 수직의 목이 필요하다. 하지만 목의 유무가 반드시 특

| 반지하식 신전 |

정 문화의 특징을 나타내는 것은 아니다. 인상의 경우도 마찬가지로 지면에 세우기 위한 부분을 만드는 경우가 있다. 전술한 마르키즈의 헤엄치는 모습의 티키에는 가슴 아래에 원통형의 기초부가 붙어 있고, 또 라이바바의 석상이 229cm의 신체부 아래에 높이 43cm의 기초부를 가지고 있는 것은 이 때문이다. 이 외에 티아후아나코에는 여러 신전이 있지만 파손이 현저하다.

　　이상의 유적은 길이 1,000m, 단경 500m 정도의 구역에 있지만 토기의 산란 상태 등을 고려하면 그 주위의 2.5km² 내지 3km²의 지역에 5,000명 내지 2만 명의 사람이 살고 있었다고 생각된다. 그러나 현재는 약 300명의 주민이 오래된 유적의 석재를 재이용한 석조 주택에 살고 있다. 마을의 중앙에 있는 기독교교회 앞에 2개의 꿇어앉은 석상이 있다. 이것들은 헤위에르달에 의해 이스터 섬에서 가장 오래된 라노라라쿠의 꿇어앉은 석상과 관련한다고 하지만 조형적으로는 완전히 이질적인 것이다.

　　라파스에는 테하다 소르사노 광장이 있다. 여기에는 티아후아나코의 세미스브테라네오 신전의 레플리카가 있는데, 그 안마당에 티아후아나코 유적에서 발굴한 많은 석상이 서 있다. 훨씬 높이 중앙에 서 있는 7.3m의 거상은 1933년에 베넷트W. C. Bennett가 발견한 것으

| 티아후아나코 교회 앞의 꿇어앉은 석상의 얼굴 |

| 테하다 소르사노 광장 |

로 카라사사야 신전의 신상과 같은 양식을 나타낸다. 꿇어앉은 2개의 석상은 헤위에르달이 라노 라라쿠의 오래된 꿇어앉은 석상과 비교한 것이 있는데, 그중의 하나는 노출한 늑골을 가지고 있으며, 다른 하나는 두 갈래의 변발이 등 끝까지 내려갔다가 다시 어깨까지 올라오는 머리띠의 표현도 특이하고, 라노 라라쿠 석상과는 전혀 다르다. 그 외에 다리를 구부리고 서 있는 상, 퓨마와 인간이 합체한 상, 의인화된 동물상 등이 있다. 또, 라파스의 국립고고학박물관에도 티아후아나코에서 출토된 석상이 4개 있다. 모두 카라사사야 석상과 같은 입방체 형태이다.

티아후아나코 문화의 기원은 분명하지 않지만 폰세 산히네스C. Ponce Sangines는 주로 토기에 의해서 5기로 구분되고 있다. 제1, 2기는 형성기 후기BC 300~기원 무렵에 속하고, 제3, 4기인 고전기~600년에 대부분의 신전이나 신상이 만들어졌지만 태양의 문이나 세세한 장식이 있는 카라사사야 석상 등은 제4기에 속한다. 제5기인 후기 고전기~1000년가 되면 외부로 영향력을 발휘해 페루의 사리 문화와 결합해 큰 문화권을 형성했다. 이것이 이른바 티아후아나코 문화이다.

●● 페루의 토기

    페루의 수도 리마에서 오른쪽으로 태평양을 바라보면서 32km 정도 사막을 남하하다 보면 작은 언덕에 이른다. 이곳이 파체카마 유적이다. 파체는 '천지'를, 카마는 '창조자'를 의미한다. 이곳에는 고대의 천지 창조신의 신전이 있어, 그것을 중심으로 예부터 종교 센터로서 번창해 10세기에는 도시로 발전했다. 그 후 잉카 시대가 되면서 거대한 태양의 피라미드, 달의 여신의 신전 등이 만들어졌다. 유적은 길이 1.4km, 폭 1km의 구역에 걸쳐 신전들을 둘러싸고 도시가 형성되었다.

    이런 사막에 어떻게 이와 같은 수준 높은 문화가 번영했을까? 그 이유는 관개조직에 의해 르린 강을 이용해서 고도의 농경이 이루어졌기 때문이다. 이것은 북부나 남부의 해안지대에서도 마찬가지였는데, 예를 들어 치카마 계곡에는 전체 길이 113km의 운하나 폭 1,000m의 수로가 있어 현재도 사용되고 있다.

    리마에는 국립 인류고고학박물관이 있어 방대한 양의 토기 등을 소장하고 있다. 페루의 고대 문화는 토기를 중심으로 해서, 특히 초기 중간기BC 200~AD 600에 큰 발달을 이루었다. 그 대표적인 것이 북쪽 해안 기슭의 모치카와 남해안의 나스카인데, 전자는 구체적, 후자는 추상적으로 그 양식은 대조적이다. 그러나 여기서는 이스터 섬 문화와 관계된 토기만을 다룬다.

    사진은 모치카 토기의 일부로 움푹 들어간 눈, 홀쭉한 뺨, 꾹 다문 듯한 입가, 돌출된 광대뼈 등 나이 든 맹인의 개성적 풍모가 잘 그려져 있다. 얼굴 높이만 8cm 길이의 초상에 로댕A. Rodin의 조각과도 통하는 박력감이 있다. 모치카의 인물 토기에는 이와 같이 신체에 장애를 가지고 있는 사람을 나타낸 것이 많은데 왜일까?

| 맹인을 본뜬 모치카 토기(부분) |

서그스는 매독 때문에 눈이 찌그러지고 코가 움푹 파인 인물을 나타낸 것은 아닐까라고 한다. 매독은 미국 인디언의 풍토병으로, 신대륙 발견 후에 유럽인들이 온 세상에 만연시켰다. 폴리네시아에서도 마찬가지였다. 따라서 만일 폴리네시아인이 미국으로부터 이주했다고 한다면 매독을 가져왔을 것이고, 그 시기는 유럽인이 내항했을 때보다 몇 세기 전이었을 것이다. 그러나 이스터 섬을 비롯해 폴리네시아에는 유럽인 내항 이전에는 매독이 없었다. 따라서 한번 이 병이 들어오면 순식간에 퍼져, 전술한 것 같이 급격한 인구 감소를 초래했다.

병과 관련해서 폴리네시아인의 혈액 분포에 관한 헤위에르달의 가설이 있다. 그것은 중앙 및 동폴리네시아와 남아메리카의 인디언은 모두 O형의 비율이 많고, A형이 적다. 또 B형과 AB형이 적다. 이것은 양자가 기원적으로 피를 나누고 있음을 나타낸다고 그는 주장한다. 그러나 후톤E. A. Hooton은 형질적으로 달라도 친인척 관계가 아닌 인종은 비슷한 혈액형을 가진다고 하며, 예를 들어 래브라도의 에스키모는 오스트레일리아 원주민과 거의 같은 혈액형 빈도를 나타내고, 또 후리의 피그미인, 러시아인, 이란인도 같다는 등 그 예는 열거할 수 없을 정도라고 반론을 제기한다.

오사카 의과대학의 마츠모토 히데오 교수에 의한 혈액 속의 항체 유전자의 연구가 있다. 이 연구에 이용된 유전자는 신체의 면역 반응에 중요한 역할을 담당하는 항체IgG 단백질의 H 쇠사슬 영역 유전자Gm유전자로 이것은 민족에 따라서 타입이 다르다. 말하자면 '민족 표지 유전자'이다. 이 유전자 연구로 마츠모토 교수는 몽고계에는 '북방형'과 '남방형'이 있어, 전자는 바이칼 호수 부근의 주민에게 가장 많은 빈도로 나타나고, 일본인은 이 북방형 몽고계라고 한다. 한편, 남방형 몽고계 유전자는 중국 남부의 윈난 성이나 광시 성의 치완 자치구 집단의 출현 빈도가 95%로 가장 높고, 대만, 필리핀, 인도네시아로부터 미크로네시아나 멜라네시아의 섬들에 걸친 주민도 70~90%이고, 하와이 제도에서도 69%이다. 게다가 최근의 연구에서 마츠모토 교수는 후쿠시마 현 의과대학의 히라이와 고이치 교수가 채취한 쿡 제도 주민 293명의 혈액 속의 Gm유전자를 분석한 결과 남방형 몽고계 유전자가 67%나 출현했으며, 특히 라로통가 섬에서는 75%에 달했다고 한다. 이에 대해 페루, 브라질 등 남아메리카의 11개의 원주민의 남방형 몽고계 유전자의 출현율은 최고 3%이며, 이 유전자가 전혀 없는 집단도 많다. 이 연구는 직접적으로는 이스터 섬과 관계되지 않지만 남태평양 주민의 대부분이 남아메리카와 인종적인 연결이 없다는 것을 나타내고 있다.

모치카의 토기에는 턱수염이 있는 인물이 극히 예외적으로 나타나지만, 이것과 모아이 카바카바를 관련지어 헤위에르달은 이스터 섬 문화의 남아메리카 기원설의 유력한 증거로 보고 있다. 그는 다음과 같이 말한다. "유럽인이 남아메리카에서 처음으로 인디언을 접했을 때 그들은 수염을 기르지 않았고, 또 수염을 기를 수 없었다. 그런데 오래된 시대의 토기를 보면 모치카에서는 턱 수염을 기른 인물이 그려져 있다. 그리고 이스터 섬에서도 유럽의 초기 항해자는 수염을 길게 기른 섬사람을 많이 보았다." 모아이 카바카바의 수염은 그 반영이라고

| 수염이 있는 인물 토기(부분) |

본 헤위에르달은 이스터 섬의 거석문화는 남아메리카의 인디언이 아니라 그가 말하는 장이족인 백인이 만들었다는 것이기 때문에 전술한 기술은 모순된다. 만약 그러면 모치카의 토기도 인디언이 만든 것이 아니라 프레 잉카의 정체를 알 수 없는 백인에 의해서 만들어진 것이 되기 때문이다.

또 이스터 섬의 턱수염을 기른 인물상은 목제 내지 석제인데 페루의 인물상은 토우라는 차이가 있다. 프레 잉카 미술은 전술한 것 같이 토기에 의해서 특징 지을 수 있으며, 그 편년도 토기를 중심으로 해서 행해지고 있는데 이스터 섬에는 토기가 없다. 헤위에르달은 이스터 섬에서 발굴작업 때 열심히 토기의 파편을 찾았지만 발견되지 않았다. 프레 잉카인이 이스터 섬에 왔다고 한다면 왜 그들은 생활필수품인 토기문화를 가져오지 않았던 것일까? 또 토기 제작 기술을 왜 이스터 섬에 전하지 않았던 것일까?

●●● 인도네시아의 거석문화

인도네시아의 수마트라 섬 서해안 바다의 인도양 상에 니아스 섬이 있다. 길이 120km, 폭 40km의 섬으로 약 35만 명이 살고 있다. 이 섬은 거석문화가 현재까지도 이어지고 있는 것으로 알려졌다.

1967년, 나는 인도네시아 해군의 소형 해정에 편승해, 저녁 무렵에 수마트라 시보르가 항을 출발했다. 이튿날 아침 니아스 섬의 남단인 트르크다람에 상륙하자 마을은 쥐 죽은 듯이 조용했다. 내가 목표로 하는 마을은 바워마타르오였다. 트럭에서 내려 정글의 돌이 깔린 길을 2km 정도 올라갔다. 그리고 마을 입구의 80단 정도의 돌층계를 오르자 홀연히 큰 취락이 나타났다. 눈앞에는 나무 하나, 풀 한 포기 없이 돌을 가득 깔아놓은 길과 광장이 있었다. 그 양쪽에는 특이한 배 모양의 집들이 즐비하게 서 있었고, 집 앞에는 엄청난 거석 기념물이 줄지어 서 있었다. 마치 용궁에 온 것 같은 느낌이었다. 특히 호화로운 집은 오모 세브아라는 곳이다. 직경 50cm의 거대한 기둥 66개가 떠받치는 마룻바닥이 있고, 높이 약 22m의 커다란 목조 건축물이었다. 마루 밑의 기초 구조는 하계의 신神 라트레 다노를, 마루 위의 거주 부분은 천상계의 신神 로와랑이를 상징한다. 이 집 앞에 아름다운 장식이 그려진 거대한 테이블 형식의 돌멘이 두 개 놓여 있었다. 오른쪽 돌멘이 라오워를 기념하는 것으로 1881년에 만들어졌고, 왼쪽은 그 장남인 사오니게호의 돌멘이라고 한다.

오모 세부아뿐만 아니라 각 집 앞에도 거석 기념물이 놓여 있었는데, 거기에는 수직으로 세운 것과 수평으로 놓여진 것이 있었다. 입석을 남니아스에서는 니타루오, 북니아스에서는 베후라고 불러 남성 및 천상계를 상징한다. 돌멘은 남부에서는 다로다로, 다른 지방에서는 하레파라고 불러 여성 및 하계를 상징한다. 이것과는 별도로 북니아스에서는 남근형의 입석과 중앙에 구멍이 있는 돌이 조합되는 경우가 있다. 이것은 성교를 나타내며 남녀의 합체에 의한 통일적 우주관을 상징하고 있다. 또 고모에는 이스터 섬의 아후와 유사한 석단이 있다.

이러한 거석 기념물은 니아스인이 새로운 신분과 지위를 얻은 것을 선언하

| 라오워의 돌멘 |

| 바워마타르오의 다로다로와 니타르에 |

는 오와사로 불리는 독특한 의식과 연회 때에 만들어지는데, 이것과 비슷한 의례와 거석 건조물이 인도 앗삼의 나가인에게서 볼 수 있기 때문에 니아스의 거석문화는 아마도 나가인에서 유래되었다고 생각할 수 있다. 또 나가인과 같이 니아스에서도 석제 및 목제의 인상이 만들어진다. 그중에 남녀 양성상, 즉 유방과 남근을 가지고 있는 서상이 있다. 이러한 양성 석상은 전능의 신인 시레웨 나자라타의 주술력을 보유하는 것으로 초월적인 힘을 얻어 임신, 죽음, 치병 등에 있어서 효력을 발휘한다.

| 오노와엠보의 양성상 |

    수마트라 남부의 서해안 근처, 남위 4도에 뎀포 산이 있다. 표고 3,159m, 광대한 저변을 가지고 있는 후지산을 닮은 수려한 산이다. 이 산을 바라보는 지역을 파세마 고원이라고 한다. 이 고원에는 거석 기념물이 많이 잔존하고 있다. 몇백 기의 돌멘, 멘히르, 벽화가 있는 석실묘, 인물이나 동물의 큰 석상 그리고 석제 유발 등. 그 규모의 크기에서 보면 이 지방은 아마도 옛날에는 많은 사람이 살고 있었다는 것을 알 수 있다. 그러나 이러한 제작자나 제작 시기는 불분명하다. 켐페르스A. J. B. Kempers는 트구르 왕이의 머리 부분만을 지상에 나타내는 인왕상과 같은 인상을 신석기시대의 것이라고 추정하고 있지만 근거가 있는 것은

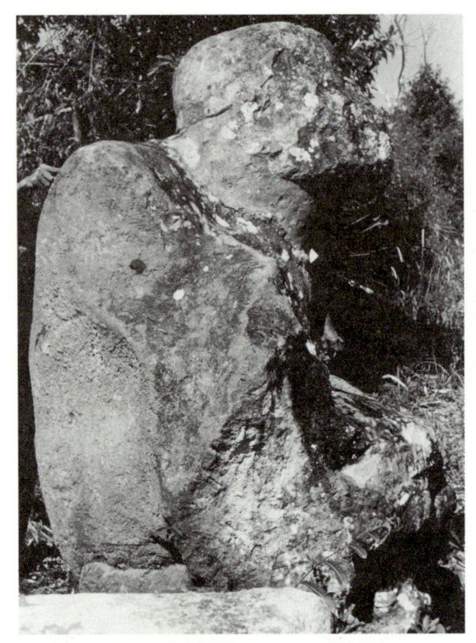

| 팅기 하리의 양성상 |

| 신야르 블안의 석상 |

| 탄중 메강의 석제 용기 |

아니다. 이것과 비슷한 조형의 인상
은 많이 있어, 팅기 하리의 남녀 양
성상, 탕가 마니크의 목걸이를 한
남자, 신야르 블안의 아이를 데리고
있는 인물, 소를 타고 검을 등에 걸
친 인물 등의 석상이 있다.

주목할 만한 것은 거석으로 만
들어진 탄중 아로의 벽화고분으로
석실의 안쪽 벽면에 다채로운 원이

| 탄중 아로의 벽화고분 |

그려져 있다. 벽화의 주제는 알 수 없지만 자카르타의 국립박물관에 옮거진 다
른 벽화에는 코끼리와 인간이 나타나 있다.

또한 수마트라 중부에는 움프 소리부투 왕이나 움프 니우중베리타 왕 등의
거대한 석관이 있다. 큰 눈을 가지고 있는 인두 및 인물이 입체 혹은 부조로 강
렬하게 조각되어 있으며, 약 400년 전의 것으로 전해진다.

술라웨시 섬 중부의 산악지대에 사는 토라자인은 장의에 즈음하여 거대한
입석을 세운다. 토라자인은 장대하고 화려한 주거와 곡식 창고를 소유한 것으로
알려져 있는데, 장의도 호화롭고 복잡하다. 토라자 마을에는 방형의 란테라는
광장이 있어, 장례식을 할 때마다 거기에 입석을 세워 이러한 돌에 물소를 연결
해 그것을 죽이고 제물로 공납한다.

1978년, 토라자인의 마지막 왕인 푸앙 마람바의 여섯 째 딸인 라이 말가토
의 장례식은 그녀가 사망한 지 2년 후에 장례 준비를 갖추어 성대하게 치러졌다.
토라자인은 왕족, 귀족, 평민, 노예의 4계급니아스에서는 귀족, 신관, 평민, 노예이 있는
데 그녀는 최고인 왕족에 속하기 때문에 참석자들을 위해 38동의 집이 신축되었

| 바탁인의 왕의 석관 |

| 파라와의 곡식 창고 |

| 토라자의 입석 |

고, 121마리의 물소가 제물로 공납되었으며, 약 1만 명이 장의에 참여했다.

또한 술라웨시 남부의 마카사르에서 북쪽으로 약 30km 떨어진 마로스 부근에 동굴 벽화가 있다. 그 하나인 리앙 파타케레 동굴 내부의 통로 천장에 갈색으로 소 모양의 동물이나 음형의 손자국이 그려져 있다. 이 동굴에서 남쪽으로 약 3km 떨어진 리앙 부룽 동굴에서 그 지역의 소년들이 벽화의 존재를 알려주었다. 매우 선명한 음형의 손자국 형태 하나와 선명하지 않은 음형의 손자국 형태 둘이 있었다. 제작 시기에 대해서는 잘 모르지만 바위 그늘은 아니고 동굴 내에 그려져 있는 것이나 오래된 색깔로 판단해볼 때 아마도 신석기시대까지 거슬러 올라갈 수 있다고 생각된다.

니아스인, 바탁인, 토라자인은 다른 인도네시아 여러 부족과는 달리 플로토 말레이인계에 속한다. 그들은 말레이인계보다 훨씬 이전에 도래했지만 모두 엄격한 신분 조직과 복잡하게 발달한 장의 제례, 거석문화를 가지고 있는 것이 주목된다.

항해에 의한 거석문화의 전파

이스터 섬을 포함한 폴리네시아 거석문화의 기원에 관한 제설을 요약하면 다음의 세 가지이다. 첫째는 인도네시아를 기점으로 해서 미크로네시아에 들어 갔다고 하는 설, 둘째는 인도네시아에서 출발해 멜라네시아를 거쳐왔다고 하는 설, 셋째는 남아메리카 기원설이다.

제1설에 대해서는 미크로네시아와 폴리네시아의 자연환경이 매우 유사하므로 문화적으로도 어떤 관계가 있었다고는 생각되지만 양자를 잇는 고고학적 유물이 발견되지 않았기 때문에 문제가 있다. 그리고 반대로 동미크로네시아와 동멜라네시아와의 관계가 언어학적 조사에 의해 뒷받침되고 있다. 따라서 만약 동미크로네시아에서 토기가 발견된다면 그것은 아마도 라피타식 토기일 것이라고 생각된다. 그러나 최근 키리바티구칭 길버트 제도에 대해 동폴리네시아 특유의 조개제 유사바늘이나 치아로 만든 펜던트가 타카야마 준 씨에 의해서 발굴되었다. 이 발견은 중요하고, 향후의 고고학적 조사에 의해서 미크로네시아와 폴리네시아를 연결하는 행방불명된 링크가 발견될 가능성이 있다. 그때는 포나페 등의 거석 기념물도 새로운 관점에서 재검토될 것이다.

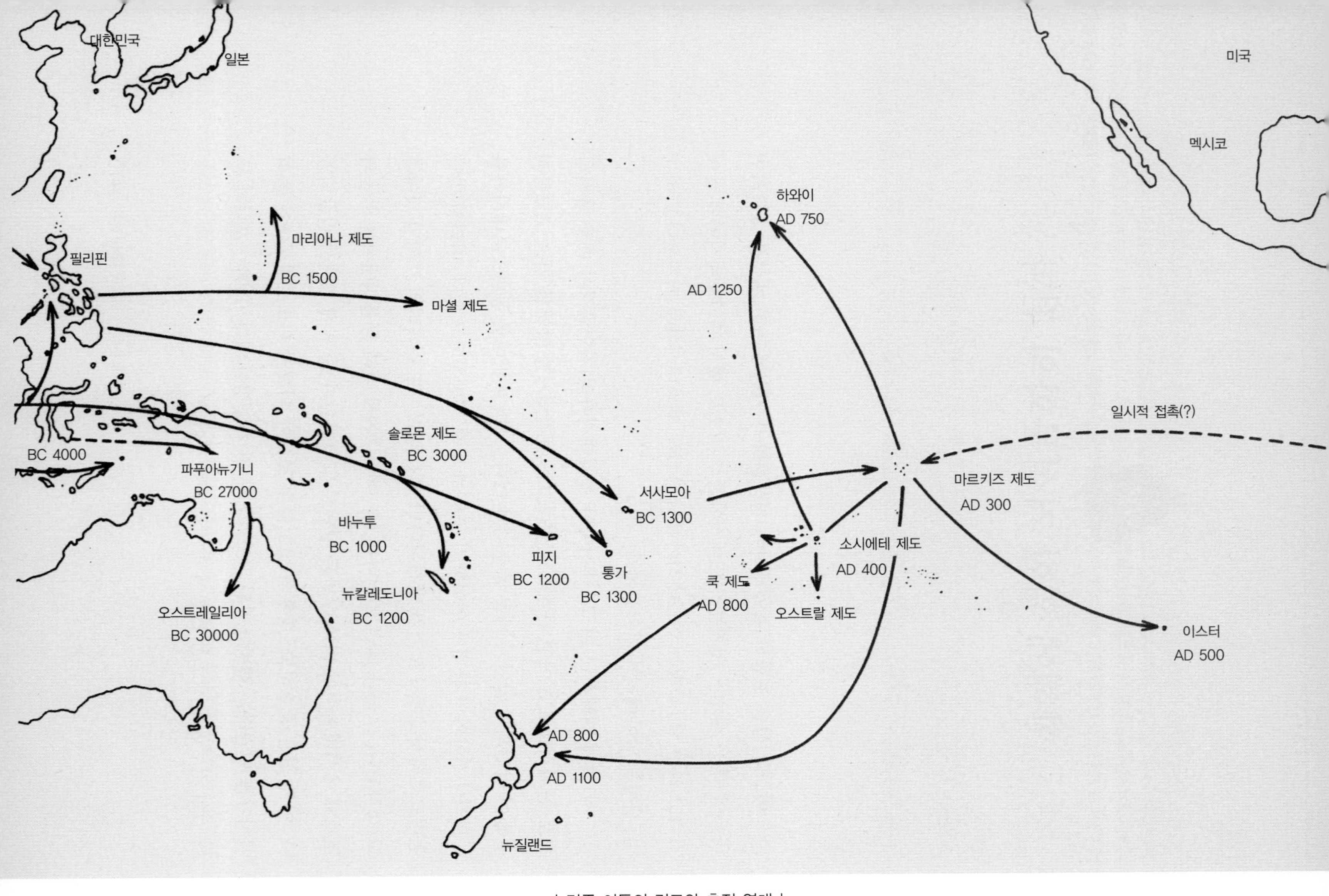

| 민족 이동의 경로와 추정 연대 |

제2설은 동멜라네시아 및 서폴리네시아의 고고학적 조사에 의해예를 들어 라피타식 토기 뒷받침되고 있다.

제3설은 헤위에르달이 주장하는 가설인데, 그는 남아메리카 기원 외에 또 하나의 루트를 첨가한다. 즉, 인도네시아에서 북태평양을 돌아 미국 북서 기슭에 이르러, 여기에서 하와이를 거쳐 폴리네시아로 들어간 루트이다. 즉, 이스터 섬 도민을 포함한 폴리네시아인의 조상을 페루의 프레 잉카의 수수께끼의 '백인'과 동남아시아에서 북쪽 주위로 온 인디언이라고 하고, 전자에는 남동 무역풍, 후자에는 북동 무역풍이 큰 역할을 했다고 한다.

여기서 지금까지의 연구 성과를 근거로 하여 이 지역의 민족 이동을 개관해보자. 고고학적인 자료는 그중에서 오세아니아 제족이 갈라져 나온 잡다한 기본 집단이 아시아 대륙 남부에서 형성된 것을 나타내고 있다. 이 집단이 태평양으로 이동하는 도화선이 된 것은 한족漢族의 팽창이었다. 이렇게 해서 인도차이나 반도나 말레이 반도를 거쳐 한 그룹은 인도네시아, 다른 그룹은 필리핀에 진출했다. 그리고 나서 기원전 1500년경에 미크로네시아에 정착했다. 다른 흐름은 인도네시아로부터 기원전 3000년경에 솔로몬 제도에, 그리고 기원전 1200년경에 뉴칼레도니아와 피지에 이르렀다. 폴리네시아에서는 사모아와 통가가 가장 빠른 기원전 1300년경에 정착했다. 이윽고 서기 300년경에 다시 이동이 시작된다. 최초의 이주지는 마르키즈 제도로 4,000km의 바다를 카누로 건너갔다. 그리고 5세기부터 6세기에 걸쳐 소시에테 제도와 이스터 섬, 8세기에 하와이 제도, 그리고 9세기에 뉴질랜드가 식민화되었다.

1977년에 시노토 요시히코 씨는 소시에테 제도의 후아히네 섬에서 카누의 일부인 목판, 마스트, 키잡이 탁 등을 발굴했다. 목판은 카누의 측판으로 길이 7m, 폭 0.5m의 것 2매, 마스트는 길이 12m, 그리고 키잡이 꼬리는 길이가 4m나

| 보로부두르의 범선 부조 |

되는 거대한 것이었다. 이것들을 기초로 하여 그는 원래의 배는 전체 길이 20~25m의 항해용 더블 카누로, 1000년경의 것이라고 추정했다.

마르키즈에는 거대한 더블 카누 전설이 있다. 이 배는 히바오아 섬의 프아마티키의 보고(寶庫) 사람들이 만들었다. 선체가 깊기 때문에 사람의 손이 배 끝에 닿지 않고, 사다리를 이용한 것, 두 개의 카누를 결합시키는 깔판 위에는 짠 야자잎과 기둥으로 만든 차양 오두막이나 빵나무의 열매를 발효시킨 식량을 저축하는 선실 몇 개가 세워져 있었다고 전해진다. 이 배를 타고 그들은 우선 누크히바 섬으로 향했으며, 나아가 동쪽으로 가서 테 피티라는 큰 나라의 해변에 도착했다. 마르키즈의 동쪽에 있는 땅이라고 하면 남아메리카뿐이다. 따라서 이 전설은 신세계와의 접촉을 이야기하고 있다.

인도네시아의 유명한 석조 불교 유적인 보로부두르의 벽에는 8척의 범선이 부조되어 있다8~9C. 아우트리가가로대는 5척에는 있고 3척에는 없다.

쿡J. Cook은 1772년에 통가 제도에서 이 지방의 더블 아우트리가 카누가 시속 7노트로 항해할 수 있었던 것을 관찰했고, 영국의 항해자 댐피어W. Dampier는 17세기의 미크로네시아에 유럽 범선의 2배 속력이 나는 싱글 아우트리가 카누가 있었던 것을 보고하고 있다. 전문가는 항해 카누의 평균적인 시속을 5~7노트로 보고 있지만 만일 5노트로 하루 종일 밤낮을 가리지 않고 달리면 120리가 되고, 5일 정도 달리면 600리, 즉 1,000km를 넘는 대항해를 할 수 있다. 따라서 우리의 상상 이상으로 항해용 카누의 행동 범위는 넓고 빠르다.

1976년에 고대 폴리네시아의 더블 아우트리가 카누를 본뜬 호크레아호가 하와이와 타히티 간 편도 5,000km의 왕복 항해를 시도해 성공했다. 그리고 이러한 싱글 아우트리가 또는 더블 아우트리가 카누의 분포는 서쪽으로는 동남아시아의 도서부로부터 멜라네시아나 미크로네시아를 거치고, 동쪽으로는 폴리네시아까지, 오스트로네시아 어족이 살고 있는 지역과 겹친다.

그런데 헤위에르달이 강조하는 고구마에 대해 언급해야 할 것 같다. 그는 이스터 섬 도민의 주식은 고구마이며, 그것은 남아메리카가 원산지이기 때문에 그들은 남아메리카로부터 왔다고 주장하고 있다. 그러나 해양 식물학자인 메릴 E. D. Merrill은 1767년에 채집된 이래 영국에서 보존해 온 엔데바호의 쿡 탐험대가 수집한 식물 표본을 면밀하게 연구하고, 나아가 과학자들의 기억, 책이나 일기를 면밀히 조사해서 다음과 같이 결론을 내린다. 즉, 1769년의 고구마와 두세 가지 재배 식물을 제외하고 태평양 제도의 모든 재배 식물은 과거에 폴리네시아에 온 사람들이 동남아시아로부터 가져온 것이라고 한다.

이스터 섬의 재배 식물과 가축은 고구마를 제외하면 모두 아시아가 원산지이다. 따라서 남아메리카 기원설은 맞지 않는다. 고구마는 아마도 남아메리카와 일시적으로 접촉한 마르키즈인에 의해 폴리네시아에 도래해 그것이 이스터 섬에 전해진 것이다. 또 이스터 섬에는 남아메리카의 프레 잉카인이 주식으로 한 옥수수나 감자가 없고, 또 그들이 일상에 이용한 토기나 직물도 없다. 만약 헤위에르달이 주장했듯이 남아메리카로부터의 이민에 의해 이스터 섬의 문화가 만들어진 것이라면 왜 그들은 주식이나 생활필수품을 가져오지 않았던 것일까?

어쨌든 다른 지역에 유사한 문화가 존재하는 경우 전파에 의한 것도 있을 것이며, 독립적으로 발생한 것도 있을 것이다. 헤위에르달은 이스터 섬 문화의 남아메리카 기원설을 입증하기 위해 대단한 노력을 기울였다. 그 노력에는 나도 경의를 표한다. 그러나 그는 폴리네시아어가 인도네시아어와 강한 친연성을 가지는 반면 남아메리카의 인디안어와는 전혀 무관한 것 등 자신의 가설에 불리한 사실을 무시했다. 그리고 그가 제시하는 많은 근거에서 잘못된 점은 내가 각 장에서 자세하게 검토한 대로이다. 게다가 이스터 섬에서는 문화의 단절은 없었고 이 섬에 사람들이 살기 시작한 이래 현재까지 민족이 바뀐 사실도 없다. 따라서 모아이를 만든 남아메리카 기원의 장이長耳족이 폴리네시아인인 단이短耳족에게 멸망했다고 하는 헤위에르달설은 잘못된 것이다. 즉, 이스터 섬 모아이의 루트는 아시아이다.

▮▮▮▮ Reference 참고문헌

김병모,「제주도 돌하르방과 인도네시아 석상」,『월간문화재』, 1982.

______,「한국 석상문화 소고」,『한국학 논집』제2호, 한양대학교, 1982.

김유정,「돌하르방 북방 · 남방 기원설에 대한 재론」,『탐라문화』제31호, 2007.

김정선,「옹중석: 돌하르방에 대한 고찰」,『탐라문화』제33호, 2008.

김태곤,『한국 민간신앙의 연구』, 집문당, 1987.

D. 바이에르 저, 박원길 역,『몽골 석인상의 연구』, 도서출판 혜안, 1994.

박원길,『몽골의 문화와 지리』, 도솔, 1996.

양종열,「제주도 지석묘에 대한 일고찰」, 영남대학교 석사학위논문, 1993.

유홍준 · 이태호,「생명의 힘, 파격인 아름다움」,『장승』, 열화당, 1988.

이두현,『한국의 가면극』, 문화재관리국, 1989.

이영문,『전남 지방지석묘사회의 연구』, 한국교원대학박사학위논문, 1993.

이종철,「호남지역 장승의 현지연구」,『민간신앙』, 교문사, 1989.

______,「장승의 기원과 변천 고」,『이대사학연구』제13 · 14호 합집, 1983.

이청규,『제주도 고고학연구』, 학연문화사, 1995.

이필영 · 한창화,「바위 구멍의 해석에 관한 시론: 고고 민속자료를 중심으로」,『역사 민속』제11輯, 1988.

주채혁,「제주도 돌하루방 연구의 몇 가지 문제점, 그 기능과 형태 및 계통: 동몽골 다리강가 훈촐로와 관련하여」,『강원사학』제9輯, 1993.

______,「제주도 돌하루방 연구의 몇 가지 문제점, 그 명칭과 개념 정의 및 존재 시기: 동몽골 다리강가 지역의 훈촐로와 관련하여」,『청대사림』6, 1994.

황용훈,「한국 선사시대 성혈고」,『지역 개발 논문집』제5호, 1974.

門脇禎二,『飛鳥』, 日本放送出版協會, 昭和52年.

猪熊兼勝,「飛鳥の猿石」,『季刊 明日香風』2號, 1982.

______,「猿石と龜石」,『季刊 明日香風』3號, 1982.

______,「飛鳥猿石考」,『文化財論叢』, 1983.

齊藤 忠,「奈良 吉備姬墓の墓域內にある猿石とその源流」,『日本古代遺跡の研究』, 昭和51年.

小川光暘,『黑潮に乘ってきた古代文化』, 日本放送出版協會, 1990.

______, 環太平洋,「のマッシブ彫刻」,『環太平洋文化』第3號, 1991.

______,「환태평양 서부의 매시브 조각」,『周亨孫大俊敎授華甲記念日本學論叢』, 1992.

網干善敎,『飛鳥發掘成果と展望』, 駸々堂, 1988.

李光奎,「韓國の巨石文化」,『環太平洋文化』第8號, 1994.

秋葉 隆,『朝鮮巫俗の研究』, 大阪屋號書店, 1938.

林俊雄,「モンゴルの石人」,「研立民族研博物館研究報告』21-1, 1996.

畠山禎,「北アジアの鹿石」,『古文化談叢』27, 1992.

賈鍾壽,「スラウェシ島中部のマッシブ彫刻」,『環太平洋文化』第3號, 1991.

______,「韓國の石人像」,『研究年報』第13號, 1996.

______,「東モンゴルの石人像」,『研究年報』第17號, 2000.

______,「齊州島の石像の現地資料」,『研究年報』第18號, 2001.

______,「ナプ盆地の石造遺物」,『史學論集』第18號, 2003.

______,「パセマ高原の石像」,『史學論集』第20號, 2005.

______,「ベソアの石像遺物」,『民族芸術』第26號, 2010.

木村重信,『巨石人像を追ってー南太平洋調査の旅』, 日本放送出版協會, 昭和61年.

木村重信 編,『世界の大遺跡1先史の世界』, 講談社, 1987.

A. J. B. Kempers, Ancient Indonesian Art, Cambridge, 1959.

A. Lavnndes Artancientde Tahiti, Paris, 1979.

A. Metraux, Easterlsland, A stone age civilization of the Pacific, London, 1957.

A. SpoehrMariana's Prehistory, Archaeological Survey and Excavations on Saipan, TinianandRota, Fieldiana, Anthropology 48, Chicago, 1957.

Bayar, D. 1985. "On Dating Daliganga Stone Statues." Imformation Bulletin of The International Association for the Study of the Cultures of Central Asia, Moscow, 1995. "A Comparative Study of Mongolian Stone Statues and the Tolharubang of Cheju Island, Korea." A collection of theseson KORAN STUDIES, Korea Foundation, Seoul.

C. D. Oilier, D. K. Holdsworth, G. Heers, Cave Painting from Kitava, Trabriand Islands, Records of the Papua and New Guinea Museum, Vol. 1, No. 1, 1970, pp.16-34.

Chu Chaehyok, 1993, "On the History of Relations between Korea and Mongolia." Korea-Mongol Joint Study No.2, Korea-Mongol Joint Studies Association, Seoul.

E. A. Hooton Up from the Ape, NewYork, 1946, p.557, Table 9.

E. U. Merrill The Botany of Cook's Voyages, Chronica Botanica, Vol. 14, Nos. 5/6, 1954, p.191.

F. M. Relnman, An Archaeological Siirvey and Preliminary Test Excation in the Island of Guam, MarianaIslands, 1965-66, 1972.

F. W. Christian, The Caloline lslands, London, 1899.

Heekeren, H. R. van, 1958, The Bronze Iron Age of Indonesia. S. Gravenhage Martinus Nijhoff.

J. Garanger, Archeologie des Nouvelles Hebrides, Paris, 1972.

J. Garanger et C. Robineau Bora Bora, Paris, 1978, p.10.

J. Golson Thol Heyerdahl and the Prehistory of Easter Island, Oceania 36, 1965.

J. M. Brown, The Riddle of the Paciffic, London, 1924.

J. S. Kubary, Ethnqgraphische Beitragezur Kenntniss des Karolinen Archipels, Leiden, 1898.

Kaudern, W. 1938, Megalithc Finds in Centtral Celebes, Ethn. Studies Celebes V, Goteborg.

Kruyt, Alb. C. 1908, De berglandschappen Napoe en Besoa in Midden Celebes XI. Deoudhedn van Besoa en Napoe, in Tijdschrift K. Nedderl. Aardrijksk. Genootschap, Leiden.

P. Carano and P. C. Sanchez, A Complete History of Guam, Rutland, 1964.

P. Hambruch, Ponae 3. Teilband, Die Ruinen, Ponapegeschichten, Sudsee Expedition 1908-1910, Prof. Dr. G. Thilenius, Hamburg, 1919.

P. M. Gracia, Lettresurles Isles Marquises, Paris, 1843, p.58.

R. Linton, Archaeoogy of the Marguesas Islands, Honolulu, 1925, p.116.

R. C. Suggs, The Island Civilizations of Polynesia, New York, 1960.

S. Athens, Nan Madol, Ponape's Spectacular Pains, Glimpses of Micronesian and the Western pacific, Vol. 20, No. 3, 1980.

S. Giedion, Eternal-Present, Begiinnings of Art, NewYork, 1962, p.51.

Soejono, R. P. 1984, "On The Conditions and Scope of the Development of Archaeology in Indonesia." prehistoric indonesia a reader.

Sukendar, H. 2000, "Budaya Batu · Batu Besar Dari Bumi Pasemah." Kabupaten Lahat.

T. Barthel, Grundlagen zur Entzifferung der Osterinselschrift, Abhandlung aus dem Gebiete der Auslandkunde, Vo1. 64, Hamburg, 1959.

Van Der Hoop, 1932, "Megalthic Remains in South-Sumatra." Zutphen.

W. Mulloy, The Ceremorial Center of vinapuu, The Tupa of Hiramoko Reports of the Norwegian Archaeological Expedition to Easter Island and the East Pacific. Vol. 1, SantaFe, 1961.

마이니치 신문, 1988년 8월 12일.

※ 제2부는 N.H.K.북스(일본방송출판협회)의 많은 도움이 있었다.